KB212450

예수님을 따라 (상)

김동희 지음

엘맨
하나님의 사람을 만들어 가는 ELMAN

예수님을 따라 (상)

초판1쇄 2020년 2월 10일

지은이 ㅣ 김동희
펴낸이 ㅣ 이규종
펴낸곳 ㅣ 엘맨출판사
등록번호 ㅣ 제13-1562호(1985.10.29.)
등록된곳 ㅣ 서울시 마포구 신수동 448-6
전화 ㅣ (02) 323-4060,6401-7004
팩스 ㅣ (02) 323-6416
이메일 ㅣ elman1985@hanmail.net
www.elman.kr
ISBN 978-89-5515-670-6   03230

값 14,800원

예수님을 따라 (상)

김동희 지음

엘맨
하나님의 사람을 만들어 가는 ELMAN

목 차

Ⅰ 들어가는 말

교회에 다니기 시작하기 전에 손바닥만 한 책을 읽었었다. 누군가 나에게 전해준 단권으로 된 '요한복음'이었다. 그 후 얼마를 지나 교회에 출석한 후 주일학교에서 재미있게 율동을 배우며 부른 노래가 요한복음 3:16이었다. 그리고 학습을 받고 세례를 받기 위에 교회에서 반드시 읽도록 한 성경 역시 요한복음이었다. 목사가 되어 목회를 하는 나도 새 가족에게 가장 먼저 읽으라고 권하는 성경이 요한복음이고 가장 먼저 외우라고 하는 요절이 요한복음 3:16이며, 가장 자주 설교하는 성경도 요한복음이다.

왜 그럴까? 사람에게 있어서 가장 중요한 문제가 죄로 부터의 구원인데, 요한복음을 통해 이 문제에 대한 해답을 아주 간결하고도 명확하게 해 주는 성경이 요한복음이기 때문이다. 그래서 많은 사람들이 요한복음을 통해 예수님을 알려고 한다. 좋은 일이다.

그러나 예수님에 대해서 아는 것도 중요하지만 예수님에 대해서 느껴야 하고, 한 걸음 더 나아가 예수님을 닮아 예수님처럼 살려고 최선을 다해야 한다. 이는 20세기 초반까지 만해도 인간의 능력을 판단하는 척도는 IQ(Intelligence Quotient) 지능지수 중심이었다가 20세기 후반기에 이르러 EQ(Emotional Quotient) 감성지수 중심으로 바뀌더니 이제는 SQ(Spiritual Quotient) 영성지수로 바뀌고 있다. 이는 성경의 원리를 사람들이 비로소 발견한 것이다. 하나님께서 요한복음을 통해 우리에게 원하시는 바는 '예수님에 대해서 알고(JIQ-Jesus Intelligence Quotient), 느끼고(JEQ-Jesus Emotional Quotient), 닮아 살라(JSQ-Jesus Spiritual Quotient)'는 것이다.

나를 사자로 세우셔서 신창동교회에서 하나님의 말씀을 선포하라고 하신 하나님께서 예배당 건축과 헌당을 하게 하신 날 새벽에 나에게 명하신 말씀이 '내가 너에게 분부한 모든 것을 가르쳐 지키게 하라'(마28:20)는 말씀이었다. 하나님께서는 우리가 성경을 통해 예수님에 대해서 머리로 알고, 가슴으로 느끼고 나아가 삶 속에 지켜 살기를 원하신다.

설교자로서 하나님이신 예수님께서는 나를 구원해 주시기 위해 비우셨고, 작아지셨고, 내려오셨고, 낮추셨고, 참으셨고, 희생하셨고, 죽으셨다. 그 은혜로 내가 구원을 받아 하나님의 자녀가 되었으니 나도 이웃을 구원하기 위해 교회를 섬기기 위해 그리고 선교를 위해 그렇게 사는 것이 JSQ를 실천하는 일이다. 요한복음을 통해 예수님을 따라 살기 JSQ를 실천 해 보자!

| 제 1 장

내가 믿는 예수님은
어떤 분이신가?

_ 요한복음 1장 1~13절

　사람이 사람으로서 알아야 할 것들이 참으로 많습니다. 그래서 사람들은 배우려고 애쓰며 삽니다. 그런데 사람으로서 알아야 할 것들 중에 가장 중요한 것이 무엇일까요?

　그것은 내가 누구인가를 아는 것입니다. 내가 누군가를 알려면 예수님이 누구신가를 알아야 합니다. 예수님이 누구신가를 알게 되면 내가 누구인지 나를 알게 되고 세상을 알게 되며 현재를 알고 미래도 알게 되기 때문입니다.

　따라서 저는 예수님 알아가기 요한복음 강해, 예요강을 시작하려고 합니다. 예수님 알아가기 요한복음 강해 예요강을 통해 예수님에 대해서 더 확실하게 알고 예수님을 확실하게 믿고 그래서 예수님을 통해 더 큰 복을 받아 누리시기를 소원합니다.

　요한복음은 신약성경 중 복음서에 해당되는 성경입니다. 복음서는 마태복음, 마가복음, 누가복음, 요한복음 이 4권을 말합니다. 그 중에 마태복음, 마가복음, 누가복음을 공관복음이라고 합니다.

공관복음(共觀福音)을 영어로 Synoptic Gospels 라고 하는데 이는 고대 그리스어의 syn(함께)와 opsis(봄)이 합쳐진 말입니다. 마태복음, 마가복음, 누가복음을 공관복음이라고 하는 이유는 마태복음, 마가복음, 누가복음이 예수님에 대해서 같은 관점으로 기록했다고 보기 때문입니다. 그래서 같은 복음서이지만 요한복음과 구별하는 이름을 붙여 부르는 것입니다.

공관복음서와 요한복음의 내용을 비교해 보면 실제로 서로 다른 부분이 있습니다. 예수님에 대해 강조점이 다릅니다.

공관복음은 예수님이 인간이셨음을 강조하는 반면에 요한복음은 예수님의 신성에 대해서 강조합니다. 공관복음에는 있는 내용이 요한복음에는 없는 부분이 있습니다.

첫째, 예수님의 세례 받으시는 모습입니다.(마 3:13-17, 막 1:9-11, 눅 3:21-22에 기록되었으나 요한복음에는 없다.)

둘째, 예수님께서 광야에서 시험 당하신 기록이 그렇습니다.
(마 4:1-11, 막 1:12-13, 눅 4:1-13에 있으나 요한복음에는 없다.)

셋째, 요한복음에는 있지만 공관복음에는 없는 부분이 있습니다. 예수님의 선재하심(요 1:1-3), 최초의 이적(2:1-11), 유대에서의 전도(4:3), 사마리아 방문(4:4-42) 등이 그렇습니다.

이런 이유에서 요한복음과 공관복음을 구별하는데 요한복음만 가지고 있는 특징 중에 중요한 것은 요한복음 속에 성경전체를 집약한 진리가 기록되어져 있다는 것입니다. 예수님이 가장 잘 드러나 있는 성경이 요한복음입니다. 그러기 때문에 예수님을 알아가기 위해 가장 좋은 성경 말씀이 바로 요한복음인 것입니다.

그러므로 예수님 알아가기 요한복음 강해를 여러분이 빠지지 않고 잘 들으시면 우리가 믿는 예수님에 대해서 바르게 알게 되고 바르게 믿게 되는 은혜가 임하게 될 줄 믿습니다.

먼저, 본문의 전체적인 내용을 살펴보겠습니다.

태초에 말씀이 계시니라 이 말씀이 하나님과 함께 계셨으니
이 말씀은 곧 하나님이시니라. (1절)

태초에 말씀이 계셨는데 그 말씀은 곧 하나님이시라는 것입니다.

그 안에 생명이 있었으니 이 생명은 사람들의 빛이라. (4절)

예수님 안에 생명이 있는데 그 생명은 사람들의 빛이라는 것입니다.

빛이 어둠에 비치되 어둠이 깨닫지 못하더라. (5절)

그 빛이 어두운 세상에 오셨으나 세상이 그 빛에 대해서 깨닫지 못했다는 말씀입니다.

하나님께로부터 보내심을 받은 사람이 있으니
그의 이름은 요한이라 그가 증언하러 왔으니 곧 빛에 대하여
증언하고 모든 사람이 자기로 말미암아 믿게 하려 함이라. (6–7절)

그래서 사람들이 그 분을 알게 하고 믿게 하려고 하나님께서 요한을 보내셨다는 것입니다.

자기 땅에 오매 자기 백성이 영접하지 아니하였으나
영접하는 자 곧 그 이름을 믿는 자들에게는
하나님의 자녀가
되는 권세를 주셨으니.(11-12절)

그 분에 대해서 전하는 소식을 듣고라도 그 분을 믿고 영접하면 하나님의 자녀가 되는 권세를 받게 됩니다.

이는 혈통으로나 육정으로나
사람의 뜻으로 나지 아니하고
오직 하나님께로부터 난 자들이니라.(13절)

이렇게 되는 것은 사람의 뜻대로 되는 것이 아니라 하나님께서 하시는 일이시다는 것입니다.

이상이 오늘 본문이 우리에게 강조하는 말씀입니다. 이 말씀들을 종합해보면 태초부터 하나님과 함께 계셨고, 생명이시고 빛이시며, 믿는 사람에게 하나님의 자녀가 되게 하시는 그 분이 누구라고 말하고 있는 것 같습니까?

그렇습니다. 예수님입니다. 본문은 예수님이 어떤 분이신가를 우리에게 밝혀 주시려고 기록하신 말씀입니다. 할렐루야!

이처럼 요한복음 속에는 예수님에 관한 말씀이 가득합니다. 오늘도 말씀을 통해 우리가 믿는 예수님을 더 자세히 알고, 믿어도 바르게 믿는 저와 여러분이 되시기를 소원합니다.

이제 본문 말씀을 더 자세히 살펴보겠습니다.

태초에 말씀이 계시니라 이 말씀이 하나님과 함께 계셨으니
이 말씀은 곧 하나님이시니라.(1절)

이 말씀은 예수님이 언제부터 어떻게 존재하셨는가를 밝혀주는 말씀입니다. 그 내용이 구약성경의 첫 말씀인 창세기 1장 1절과 비슷한 말씀입니다.

태초에 하나님이 천지를 창조하시니라.

이 두 말씀을 보면 구약성경은 하나님께서 태초에 하신 일에 대한 설명으로 시작하고 신약성경은 그 하나님이 어떤 분이신가를 설명하는 말로 시작한다는 것을 알 수 있습니다.

그러면 요한복음에서 하나님이 어떤 분이라고 설명하고 있습니까? 하나님은 곧 말씀이시라는 것입니다. 말씀은 헬라어로 로고스(λογοσ)라고 하고, 히브리어로 다바르(דבר) 라고 하는데 이것은 초월자이신 하나님의 말씀을 말하고 그 말씀은 예수님이라는 것입니다.

하나님께서 세상만물을 어떻게 지으셨는지 여러분은 아실 것입니다. 그 내용이 창세기 1장에 나오는데 그 내용을 보면 한 가지의 공통점이 있습니다.

빛을 지으실 때

하나님이 이르시되 빛이 있으라 하시니 빛이 있었고.(3절)

궁창을 지으실 때

하나님이 이르시되 물 가운데에 궁창이 있어 물과 물로 나뉘시니
그대로 되니라.(6,7절)

땅을 지으실 때

하나님이 이르시되 천하의 물이 한 곳으로 모이고
뭍이 드러나라 하시니 그대로 되니라.(9절)

풀과 나무를 지으실 때

하나님이 이르시되
땅은 풀과 씨 맺는 채소와 각기 종류대로
씨 가진 열매 맺는 나무를 내라 하시니 그대로 되어
하나님이 보시기에 좋았더라.(11,12절)

이 정도 말씀만 보아도 하나님께서 천지만물을 지으실 때 어떻게 지으셨는지 공통점을 찾을 수 있지요? 만물을 지으실 때마다 어떻게 지으셨다고요?

하나님이 이르시되.

말씀으로 지으셨다는 것입니다. 하나님께서는 천지만물을 말씀으로 지으셨음을 믿으시기를 소원합니다. 천지만물을 다스리시는 것도 말씀으로 다스리십니다. 사람에게 복을 주실 때에도 말씀으로 복을 주십니다.

사람에게 은혜를 주실 때에도 말씀으로 복을 주십니다. 사람을 심판하실 때에도 말씀으로 심판을 하십니다.

이렇듯 하나님의 말씀이 귀한 것입니다. 그러므로 하나님을 믿는 우리가 하나님의 말씀을 가까이 해야 할 줄 믿습니다. 그런데 그 말씀이 예수님이십니다. 하나님을 가까이 하는 것이 하나님의 말씀을 가까이 하는 것이고 하나님의 말씀을 가까이 하는 것이 예수님을 가까이 하는 것입니다. 하나님을 가까이 하고, 말씀을 가까이 하며, 예수님을 가까이 하시다가 복 받는 여러분이 되시기를 주님의 이름으로 축원합니다.

그러면 말씀이신 예수님은 언제부터 계셨을까요?

태초에 말씀이 계시니라.(1절)

예수님은 태초부터 계셨습니다. 태초란 이 세상이 시작하던 때를 말합니다. 시간과 공간이 시작되기 이전 영원 전을 태초라고 합니다. 그런데 그때부터 예수님은 계셨다는 것입니다. 우리가 믿는 예수님은 태초부터 계시는 하나님이십니다. 우리가 예수님께서 이 땅에 태어나심을 기념하는 성탄절을 지금도 지키고 있습니다만 예수님의 출생과 사람들의 출생은 다릅니다. 사람은 이 세상에 태어남으로부터 그 인생이 시작됩니다. 그런데 예수님은 성탄절 이전 태초부터 하나님과 함께 계셨던 분이십니다. 그러기 때문에 예수님은 우리의 이 세상 문제만 아니라 우리의 영원한 문제도 해결해 주실 수 있는 분이시고, 우리의 육신의 문제만 아니라 영생의 문제도 해결해 주시는 분이신 줄 믿습니다.

예수님은 성탄 이전 태초부터 계신 하나님이십니다. 그러면 예수님은 태초부터 계시면서 무슨 일을 하셨을까요?

그가 태초에 하나님과 함께 계셨고 만물이 그로 말미암아 지은 바
되었으니 지은 것이 하나도 그가 없이는 된 것이 없느니라.(2,3절)

예수님은 태초부터 하나님과 함께 계시면서 만물을 지으셨다는 것입
니다.

하나님이 이르시되 우리의 형상을 따라
우리의 모양대로
우리가 사람을 만들고.(창1:26,27)

라고 하셨습니다. 그 말씀 중에 이런 말씀이 있습니다.

우리의 형상을 따라 우리의 모양대로
우리가 사람을 만들고...

이 말씀을 하시던 때는 태초이기 때문에 사람이 없던 때인데 이 말씀
에 나오는 "우리"가 누구냐 하는 것입니다. 여기서 말하는 "우리"는

(1) 아버지이신 하나님과
(2) 아들이신 독생자 예수님과
(3) 영이신 성령님을 말합니다.

이 말씀을 통해 우리가 확실히 알 수 있는 사실은 예수님은 태초에 하
나님 아버지와 함께 천지 만물과 사람을 지으시던 조물주 하나님이라는
것입니다. 예수님은 만물과 사람을 지으신 창조자 하나님이십니다.
그래서 요 1:3에서는 이렇게 선포합니다.

만물이 그로 말미암아 지은 바 되었으니 지은 것이
하나도 그가 없이는 된 것이 없느니라.(요 1:3)

내가 믿는 예수님은 만물을 지으신 주인이시고 나를 지으신 하나님 아버지이십니다. 예수님이 내 모든 것의 주인이시고 나의 주인이십니다. 그래서 그런 믿음을 가진 자들이 예수님을 향하여 고백하기를 "주님"이라고 부르는 것입니다. 나의 주인님이라는 말입니다.

그러기 때문에 이 세상 사람들이 믿고 의지해야 할 참된 신은 오직 예수님뿐이십니다. 예수님만이 이 세상 모든 사람들이 믿어야 할 참된 신이십니다. 그런데도 세상에는 신이 많습니다. 사람들이 신이라고 생각하는 것들에는 어떤 것들이 있습니까?

1) 불상 – 그림, 나무 조각, 바위, 쇠를 녹여 부처의 형상의 신
2) 옥황상제 – 하늘과 땅의 으뜸 신
3) 염라대왕 – 죽은 사람의 죄를 심판
4) 저승차사 – 죽은 사람을 저승으로 데려가는 신
5) 용왕 – 바다를 다스리는 신
6) 칠성님 – 별을 다스리는 신
7) 몽달귀신 – 결혼하지 않고 죽었다는 이유 때문에 제사를 받아먹지 못해 한이 된 총각귀신
8) 처녀귀신 – 남자를 알지 못해 죽어 한이 된 귀신
9) 나무귀신 – 오래되어 고목이 된 나무를 당산나무라 하여 제사

사람들이 말하는 어떤 신이든 그런 신들은 본래 스스로 존재하는 조물주가 아니고 사람이 만든 사상이나 물건들인 피조물들입니다. 피조물은 신이 될 수 없습니다. 사람들이 그렇게 믿고 있을 뿐이지 아무것도 아

닌 것이 우상입니다.

　그런데도 사람들이 이런 우상들을 만들어놓고 신이라고 섬기는데 그런 것이 얼마나 어리석은 일인지를 밝혀주는 말씀이 있습니다. 시편 115편 5-7절을 보시기 바랍니다.

　입이 있어도 말하지 못하며 눈이 있어도 보지 못하며 귀가 있어도 듣지 못하며 코가 있어도 냄새 맡지 못하며 손이 있어도 만지지 못하며 발이 있어도 걷지 못하며 목구멍이 있어도 작은 소리조차 내지 못하느니라.

　그런데도 우리 조상들이 우상을 섬겼던 것은 삶이 고달프고 불안한데 참신이 누구인지를 알 수 없었기 때문입니다. 그래서 우리 조상들이 당한 문제를 해결하고 싶고 불안함을 달래보고 싶어서 눈에 보이는 우상들을 만들어놓고 그 앞에 나가 하는 일 잘 되기를 빌고 자식들 잘 되기를 빌고 복을 빌었던 것입니다.

　그러나 이제는 시대가 달라졌습니다. 하나님께서 선교사들을 통해 우리 민족에게 복음을 듣게 하시고 하나님의 말씀을 읽고 듣고 세상만물을 지으신 조물주가 하나님이시고 예수님이시라는 것을 알게 하셨고 믿고 구원 받는 복을 주셨습니다. 그 은혜로 우리가 참 신이신 예수님을 믿고 우주만물의 조물주가 되시는 하나님의 자녀가 되는 복을 받은 것입니다. 이런 복을 받아 누리고 사는 것에 감사하는 여러분이 되시기를 소원합니다.

　우리가 믿는 예수님이 어떤 분이십니까?

　그 안에 생명이 있었으니 이 생명은 사람들의 빛이라.(4절)

예수님은 생명이시고 사람들의 빛이십니다. 그러기 때문에 "아들이 있는 자에게는 생명이 있고 하나님의 아들이 없는 자에게는 생명이 없느니라."(요일 5:12)고 하셨습니다.

> 그런즉 누구든지 그리스도 안에 있으면 새로운 피조물이라
> 이전 것은 지나갔으니
> 보라 새 것이 되었도다.(고후 5:17)

누구든지 예수님을 믿기만 하면 죽어버렸던 영혼이 살아나 영생을 얻게 됩니다. 마귀의 종이었던 사람이 하나님의 자녀가 됩니다. 그런데 우리는 예수님을 믿어 죽었던 영혼이 살아났고 마귀의 종이 되어 저주 아래 있던 우리가 이제는 하나님의 자녀가 된 것입니다.

그러면 어떻게 해야 할까요? 예수님을 믿어 하나님의 자녀가 된 것에 감사해야 할 줄 믿습니다. 이제는 우상이나 섬기고 죄나 즐기던 삶을 버리고 새 생명을 가진 하나님의 자녀답게 살아야 할 줄 믿습니다.

그렇게 사는 것은 생명의 말씀을 사모하는 것입니다. 기도로 영적인 호흡을 지속하는 것입니다. 죄를 멀리하고 하나님께서 기뻐하시는 일에 관심을 가지고 전도와 봉사에 힘쓰는 것입니다. 이런 하나님의 자녀들이 되시기를 주님의 이름으로 축원합니다.

우리가 믿는 예수님은 어떤 분이십니까?

> 참 빛 곧 세상에 와서 각 사람에게 비추는 빛이 있었나니.(9절)

예수님은 빛이십니다. 빛 중에서도 참 빛이십니다. 참 빛이신 예수님께서 죄로 어두워진 세상을 밝히시려고 이 세상에 오셨습니다. 참 빛이신 예수님께서 죄와 저주로 어두움에 갇혀 있는 사람들을 비추어 빛 가운데

로 나오게 하시려고 이 세상에 오셨습니다. 사망의 그늘에 가려진 사람들을 위해 생명의 구주가 오신 것입니다. 마귀의 종이 되어 지옥으로 끌려가던 사람들에게 천국 길로 인도하실 구원자가 오신 것입니다.

이 소식이 얼마나 대단한 소식인지 밝혀주는 말씀이 있습니다.

누가복음 2장 10,11절을 보시기 바랍니다.

천사가 이르되 무서워하지 말라
보라 내가 온 백성에게 미칠
큰 기쁨의 좋은 소식을 너희에게 전하노라
오늘 다윗의 동네에 너희를 위하여 구주가 나셨으니
곧 그리스도 주시니라.

생명이시고 빛이신 예수님께서 이 세상에 오셨다는 이 소식은 온 백성에게 미칠 큰 기쁨의 좋은 소식입니다. 그래서 예수님께서 이 세상에 오셨다는 이 소식을 복된 소식, 복음이라고 하는 것입니다.

들기만 해도 기쁘고 복 받는 이 소식! 우리는 이 소식을 듣고 그 분 예수님을 믿고 수지맞은 사람들입니다. 운명이 바뀌어진 행운아들입니다.

그러면 이 소식을 듣고 이런 횡재를 한 우리들이 어떻게 해야 합니까? 누구라도 듣고 새 생명을 얻고 구원을 얻을까봐 누구한테도 알리지 않고 우리만 알고 있어야 합니까? 좋은 소식, 복된 소식을 들었으면 가만히 있을 수 없습니다. 주변 사람들에게 알려야 합니다. 빨리 알려야 합니다. 아직도 그 소식을 알지 못하고 있는 사람들에게 빨리 알려야 합니다.

왜 그렇습니까? 생명의 구주 예수님이 이 세상에 오셨다는 소식을 듣기만 해도 그 분 예수님을 믿고 구원을 받을 예비 된 사람들이 우리 주변에 아직도 많이 있기 때문입니다. 그래서 예수님께서는 먼저 예수님을 믿는 성도들에게 당부하기를 너희들이 예수님의 복음을 듣고 믿고 구원을 받은 것처럼, 예수님의 소식 듣기를 기다리는 사람들이 많이 있으니 네가 믿는 예수님을 전하여 알려주라는 것입니다. 내 증인이 되라는 것입니다. 이것이 전도요 선교입니다.

'내 증인이 되라! 때를 얻든지 못 얻든지 가리지 말고 누구에게든지 어디에서든지 전도에 힘쓰라! 3사람 이상 예비신자로 정하여 전도해서 1사람 이상 전도 결실하라!' 하시는 예수님의 당부의 말씀을 따라 예수님의 소식을 전하는 전도에 최선을 다하는 여러분이 되시기를 주님의 이름으로 축원합니다.

빛이시고 생명이신 예수님께서 이 세상에 오셨을 때 당시 사람들은 어떻게 반응을 했을까요? 10,11절을 보시기 바랍니다.

그가 세상에 계셨으며 세상은 그로 말미암아 지은 바 되었으되
세상이 그를 알지 못하였고 자기 땅에 오매 자기 백성이 영접하지
아니하였으나.

말씀이시고 빛이신 분이 세상에 오셨으나 사람들이 그 분을 알아보지 못했다는 겁니다. 그러니 당시 사람들이 오신 예수님을 영접하지도 않았습니다. 사람의 주인이 이 세상에 오셨는데도 사람들이 그 분을 알아보지 못했습니다. 주인이 왔는데도 주인이 누구인지도 모르는 이것이 사람의 한계입니다.

영혼이 죽어버렸기 때문입니다. 영혼이 어둠에 속했기 때문입니다. 그래서 빛이 비추는데도 빛에 대해서 모르는 것이 인간입니다. 그러기 때문에 죽은 자들은 죽은 자들밖에 모르고 죄인들은 죄 속에 사는 것이 즐겁고 편하고 어둠에 속한 자들은 어둠이 좋을 뿐 빛이 싫은 것입니다. 이것이 죽은 자, 어둠에 속한 자들이 겪어야 하는 비극입니다.

이런 인간을 바라보시는 하나님의 뜻은 어떠했을까요?

하나님은 모든 사람이 구원을 받으며 진리를 아는 데에 이르기를
원하시느니라.(딤전 2:4)

사람이 죄를 지어 저주 속에 간히고 죽음 그리고 어둠 속에 눌려 살고
있지만 하나님께서는 그런 사람이라도 구원받기를 원하셨습니다. 그래서
하나님께서 아주 놀라운 일을 하십니다.

하나님이 세상을 이처럼 사랑하사 독생자를 주셨으니 이는
그를 믿는 자마다 멸망하지 않고 영생을 얻게 하려 하심이라.
(요3:16)

하나님께서 독생자 예수님을 이 세상에 보내신 것입니다. 독생자 예
수님을 십자가에 사람 대신 죽게 하시고 저주 아래 있는 자, 어둠속에 머
무는 자를 빛 가운데로 이끄시려고 하시는데도 사람들은 그것을 모르는
것입니다. 사람들은 예수님에 대해서 관심이 없습니다.

그래도 사람을 구원하시기 위한 하나님의 열심에는 중단이 없습니
다. 그래서 예수님에 대해서 모르는 사람들을 위해 하나님께서 이런 일
을 하셨습니다.

하나님께로부터 보내심을 받은 사람이 있으니 그의 이름은 요한이라
그가 증언하러 왔으니 곧 빛에 대하여 증언하고 모든 사람이
자기로 말미암아 믿게 하려 함이라 그는 이 빛이 아니요 이 빛에
대하여 증언하러 온 자라.(6-8절)

요한을 예수님보다 먼저 세상에 보내셨습니다. 그리고 그 요한에게 사명을 주시기를 빛이시고 생명이신 예수님에 대해서 사람들에게 증언해서 사람들이 세상에 오신 예수님을 믿도록 하라는 것입니다. 그래서 사람들이 예수님을 믿고 구원을 받도록 하라는 사명을 요한에게 주셨습니다. 그래서 요한은 광야에 나가 사람들에게 세례를 베풀며 외칩니다(6-8절).

회개하라 천국이 가까이 왔느니라 빛 가운데로 나오라 나는 빛이 아니다 나는 빛으로 너희를 인도하는 자이다 내 뒤에 오시는 그 분이 참 빛이시다 그 분 예수님을 믿고 구원을 받으라

요한은 이렇게 사람들에게 예수님을 소개하였습니다. 당시 요한이 사람들에게 이렇게 했다면 오늘날 세례 요한과 같은 일을 해야 할 사람이 바로 저와 여러분인 줄 믿습니다.

하나님께서 저와 여러분을 다른 사람들보다 먼저 예수님을 믿게 한 이유가 무엇이라고 생각하십니까? 그것은 우리가 이 시대에 세례 요한이 되어 주변 사람들에게 예수님을 전하라고 그러신 줄 믿습니다.

우리는 주변 사람들에게 우리가 믿는 예수님을 알려 주어야 합니다. 나의 전도를 통해 그들이 예수님을 알고 믿어 새 생명을 얻도록 예수님을 전해야 할 사명이 있음을 믿으시기를 소원합니다.

사람이 예수님을 믿으면 어떻게 될까요?

영접하는 자 곧 그 이름을 믿는 자들에게는 하나님의 자녀가 되는 권세를 주셨으니.(12절)

영적으로 죽었던 사람이 살아나게 됩니다. 죄인이 의인이 됩니다. 지

옥에 가서 영벌 받을 사람이 하늘나라 천국 백성이 됩니다. 마귀의 종이 하나님의 자녀가 되는 복을 받게 됩니다.

죽었던 마귀의 종이던 사람이 예수님을 믿어 이렇게 된다는 것은 마치 죽었던 종이 살아나 주인의 자녀가 되는 것과 같은 일입니다. 종으로서는 상상도 못할 일입니다. 불가능한 일입니다. 그러나 예수님을 믿으면 이렇게 상상도 못할 일, 도저히 불가능한 일들이 실제로 일어나게 됩니다.

사람이 예수님을 믿어 하나님의 자녀가 된다는 것은 마귀에게 속했던 사람이 하나님께 속하게 된다는 것을 말합니다. 마귀의 종이었던 사람이 하나님의 사람이 되었다는 것을 말합니다. 필요한 것이 있을 때 하나님께 구할 수 있고 하나님께 구하면 하나님께서 구한 것을 이루어주십니다. 하나님의 능력을 힘입어 그 능력으로 세상을 살아가게 됩니다. 마귀를 이기며 살게 되고 하나님의 자녀만이 누릴 수 있는 특권을 누리게 됩니다. 그래서 성경은 예수님을 믿어 하나님의 자녀가 되는 것을 하나님의 자녀가 되는 권세를 얻는 것이라고 하는 것입니다.

예수님을 믿으면 마귀를 꾸짖어 물리칠 수 있는 권세가 주어집니다. 하나님의 능력을 힘입어 살 수 있는 권세가 주어집니다. 믿음의 말을 할 때 말대로 이루어지는 권세가 주어집니다. 믿음을 실어 기도할 때 기도대로 이루어지는 권세가 주어집니다. 하나님의 것이 내 것이 되는 권세가 주어집니다. 천국을 유업으로 받을 권세가 주어집니다. 이런 권세를 저와 여러분이 받았음을 믿으시기를 소원합니다.

권세를 받았으면 받은 권세는 사용해야 가치가 나타납니다. 마귀가 시험할 때 예수님의 이름으로 마귀를 꾸짖어 물리쳐야 합니다. 그러면 마귀는 물러가게 될 줄 믿습니다.

문제가 있고 소원이 있을 때 하나님의 자녀의 권세로 예수님의 이름을 의지하여 기도해야 합니다. 그러면 하나님께서 여러분의 기도대로 응답해 주실 줄 믿습니다. 이것이 예수님을 믿는 우리들이 누릴 수 있는 권세입니다.

우리가 믿는 예수님은 태초부터 계신 하나님이십니다. 만물을 지으신 분이십니다. 나를 지으신 분이십니다. 생명이시고 빛이신 분이십니다. 하나님의 자녀가 되는 권세를 주시는 분이십니다.

이런 예수님을 믿어 구원 받은 성도답게 예수님을 전하며 예수님 안에서 승리하는 여러분이 되시기를 주님의 이름으로 축원합니다.

제2장

우리가 믿는 예수님은
어떤 분이신가?

_ 요한복음 1장 9~13절

참 빛 곧 세상에 와서 각 사람에게 비추는 빛이 있었나니.(9절)

예수님은 빛이십니다. 빛 중에서도 참 빛이십니다. 죄로 어두워진 세상을 밝히시려고 참 빛이신 예수님께서 이 세상에 오셨습니다. 죄와 저주로 어두움에 갇혀 있는 사람들을 비추어 빛 가운데로 나오게 하시려고 참 빛이신 예수님께서 이 세상에 오셨습니다. 사망의 그늘에 가려진 사람들에게 생명을 주시려고 참 빛이신 예수님께서 이 세상에 오셨습니다. 마귀의 종이 되어 어둠의 지옥으로 끌려가던 사람들을 천국 길로 인도하시려고 참 빛이신 예수님께서 이 땅에 오신 것입니다.

이 소식이 어떤 소식입니까? 이 소식이 어떤 소식인지를 밝혀주는 말씀이 있습니다. 누가복음 2장 10-11절을 보시기 바랍니다.

천사가 이르되 무서워하지 말라 보라 내가 온 백성에게 미칠
큰 기쁨의 좋은 소식을 너희에게 전하노라 오늘 다윗의 동네에

너희를 위하여 구주가 나셨으니 곧 그리스도 주시니라.

　생명이시고 빛이신 예수님께서 이 세상에 오셨다는 이 소식은 온 백성에게 미칠 큰 기쁨의 좋은 소식입니다. 어느 한 지역 어느 한 나라 사람들만이 아니라 온 세상 사람들이 다 기뻐할 큰 기쁨의 좋은 소식입니다. 그래서 예수님께서 이 세상에 오셨다는 이 소식을 '복된 소식', '복음(福音)'이라고 하는 것입니다.

　듣기만 해도 기쁘고 복 받는 이 소식, 우리는 이 소식을 듣고 예수님을 믿어 죄 용서를 받았고 하나님의 자녀가 되었으니 우리는 수지맞은 사람들입니다. 우리는 예수님을 믿고 운명이 바뀐 행운아들입니다.

　그러면 이 소식을 듣고 이런 횡재를 한 우리들은 어떻게 해야 합니까? 내가 믿는 예수님에 대한 소식을 듣고 믿어 새 생명을 얻고 구원을 얻을까봐 누구한테도 알리지 않고 나만 알고 있어야 합니까?

　좋은 소식, 복된 소식을 듣고 구원을 받은 사람이라면 가만히 있어서는 안 됩니다. 아직도 예수님을 모르는 주변 사람들에게 알려야 합니다. 알려도 지체하지 말고 빨리 알려야 합니다.

　왜 그렇습니까? 생명의 구주 예수님이 이 세상에 오셨다는 소식을 듣기만 해도 그 분 예수님을 믿고 구원을 받을 예비 된 사람들이 우리 주변에 아직도 많이 있기 때문입니다.

　그래서 예수님께서는 먼저 예수님을 믿는 성도들에게 당부하기를 너희들이 예수님의 복음을 듣고 믿어 구원을 받은 것처럼, 복음을 기다리는 사람들이 많이 있으니 네가 믿는 예수님을 전해주라는 것입니다. 내 증인이 되라는 것입니다. 이것이 전도요 선교입니다.

　"내 증인이 되라! 때를 얻든지 못 얻든지 가리지 말고 누구에게든지 어디서든지 전도에 힘쓰라! 3사람 이상 예비신자로 정하여 전도해서 1사람 이상 전도 결실하라!" 하시는 예수님의 당부의 말씀을 따라 예수님의 소식을 전하는 전도에 최선을 다하는 여러분이 되시기를 주님의 이름으로 축원합니다.

그러면, 빛이시고 생명이신 예수님께서 이 세상에 오셨을 때 당시 사람들은 어떻게 반응을 했을까요? 10-11절을 보시기 바랍니다.

그가 세상에 계셨으며 세상은 그로 말미암아 지은 바 되었으되 세상이 그를 알지 못하였고 자기 땅에 오매 자기 백성이 영접하지 아니하였으나

말씀이시고 빛이신 분이 세상에 오셨으나 사람들이 그 분을 알아보지 못했다는 것입니다. 그러기 때문에 당시 사람들은 하나님이신 예수님께서 그들을 구원하시러 오셨는데도 그분 예수님을 영접하지도 않았고 믿지도 않았습니다. 사람의 주인이 이 세상에 오셨는데도 사람들이 그 주인을 알아보지 못했던 것입니다. 주인이 왔는데도 주인을 알아보지 못하는 것이 인간의 한계입니다.

왜 그렇습니까? 사람이 죄를 지음으로 영혼이 죽어버렸기 때문입니다. 사람의 영혼이 죽어버려서 빛과 어둠을 구분하지 못하기 때문입니다. 그러기 때문에 참 빛이신 예수님께서 오셨는데도 빛이 누구인지를 모르고 빛이 비추는 것을 싫어하는 것입니다.

땅 속에서만 살던 두더지가 햇빛이 있는 땅 위로 나오면 싫어하고 빛을 피해 땅 속으로 숨는 것처럼 말입니다. 그러기 때문에 어둠에 속한 자들이 어둠을 좋아하고 죄를 지은 사람들은 죄를 지으며 사는 것이 즐거운 것입니다. 그러다가 망하는 것 이것이 죽은 자, 어둠에 속한 자들이 겪어야 하는 비극입니다.

이런 인간을 바라보시는 하나님의 뜻은 어떠했을까요?

하나님은 모든 사람이 구원을 받으며 진리를 아는 데에 이르기를
원하시느니라.(딤전 2:4)

사람이 죄를 지어서 저주 속에 갇혔고 어둠 속에 눌려 사망으로 치닫
는 삶을 살고 있는 것은 당연한 일이지만 하나님께서는 그런 사람이라도
망하지 않고 구원받아 살기를 원하셨습니다. 그러나 인간 스스로 그렇게
할 수 없음을 아신 하나님께서 비참한 가운데 빠져 있던 사람들을 위해
아주 놀라운 일을 하십니다. 그것이 무엇이었습니까?

하나님이 세상을 이처럼 사랑하사 독생자를 주셨으니
이는 그를 믿는 자마다 멸망하지 않고 영생을 얻게 하려 하심이라.
(요 3:16)

하나님께서 독생자 예수님을 이 세상에 보내셨습니다. 독생자 예수님
을 십자가에 저주 받아 죽게 해서라도 저주 아래 있는 사람들을 건지시고
어둠 속에 머무는 사람들을 빛 가운데로 이끄시려고 예수님을 이 세상에
보내신 것입니다. 그런데도 사람들은 그것을 모릅니다. 예수님에 대해서
아는 사람들은 예수님을 하나님께서 보내신 구원자로 아는 것이 아니라
목수 요셉의 아들로 알고 야고보의 형으로 아는 것입니다. 그래서 사람들
은 예수님에 대해서 관심이 없습니다.

그래도 사람을 구원하시기 위한 하나님의 열정은 중단되지 않았습니
다. 그래서 하나님께서 이런 일을 하셨습니다.

하나님께로부터 보내심을 받은 사람이 있으니 그의 이름은 요한이라
그가 증언하러 왔으니 곧 빛에 대하여 증언하고 모든 사람이 자기로
말미암아 믿게 하려 함이라 그는 이 빛이 아니요 이 빛에 대하여

증언하러 온 자라.(6-8절)

요한을 예수님보다 먼저 세상에 보내신 것입니다. 그리고 그 요한에게 사명을 주시기를 빛이시고 생명이신 예수님에 대해서 사람들에게 증언하라. 그래서 사람들이 세상에 오신 예수님을 메시아요 구원자로 믿도록 하라는 것입니다. 하나님께 사명을 받은 요한은 광야에 나갑니다. 그리고 모여드는 사람들에게 세례를 베풀며 외칩니다.

회개하라 천국이 가까이 왔느니라.
빛 가운데로 나오라.
나는 빛이 아니다.
나는 빛으로 너희를 인도하는 자이다.
내 뒤에 오시는 그 분이 참 빛이시다.
그 분 예수님을 믿고 구원을 받으라.

요한은 사람들에게 이렇게 예수님을 소개하였습니다. 당시 세례 요한이 사람들에게 이렇게 예수님에 대해 증언을 했다면 오늘날 예수님을 믿어 구원을 받은 우리들이 세례 요한이 했던 그런 일을 지금 해야 할 줄 믿습니다.

하나님께서 저와 여러분을 다른 사람들보다 먼저 예수님을 믿게 하신 이유가 무엇이라고 생각하십니까? 그것은 우리가 이 시대에 세례 요한이 되라는 것입니다. 그래서 주변 사람들에게 예수님을 전하라고 우리를 다른 사람들보다 먼저 예수님을 믿도록 하신 줄 믿으시기를 주님의 이름으로 축원합니다.

우리는 세례 요한처럼 우리의 주변 사람들에게 우리가 믿는 예수님을 알려 주어야 합니다. 이것이 전도인 줄 믿습니다. 이것이 예수님께서 우리에게 당부하신 "내 증인이 되는 일"인 줄 믿습니다.

　내가 전도를 통해 예수님을 믿어 구원을 받은 것처럼, 나도 주변 사람들에게 예수님을 전해서 나를 통해 주변 사람들이 예수님을 믿어 새 생명을 얻도록 예수님을 전해야 할 사명이 저와 여러분에게 있음을 믿으시기를 소원합니다.

　사람이 예수님을 믿으면 어떻게 될까요?

> 영접하는 자 곧 그 이름을 믿는 자들에게는 하나님의 자녀가 되는 권세를 주셨으니.(12절)

　영적으로 죽었던 사람이 예수님을 믿으면 살아나게 됩니다. 죄인이 예수님을 믿으면 의인이 됩니다. 지옥에 가서 영벌 받을 사람이 예수님을 믿으면 하늘나라 천국 백성이 됩니다. 마귀의 종이었던 사람이 예수님을 믿으면 하나님의 자녀가 됩니다.

　사람이 예수님을 믿어 하나님의 자녀가 된다는 것은 마귀에게 속했던 사람이 하나님께 속하게 된다는 것을 말합니다. 마귀의 종이었던 사람이 하나님의 사람이 되었다는 것을 말합니다. 필요한 것이 있을 때 하나님께 구할 수 있고 하나님께 구하면 하나님께서 구한 것을 이루어주십니다. 하나님의 능력을 힘입어 그 능력으로 세상을 살아가게 됩니다. 마귀를 이기며 살게 되고 하나님의 자녀만이 누릴 수 있는 특권을 누리게 됩니다. 그래서 성경은 예수님을 믿어 하나님의 자녀가 되는 것을 하나님의 자녀가 되는 권세를 얻는 것이라고 합니다.

　왜 그럴까요? 예수님을 믿으면 마귀를 꾸짖어 물리칠 수 있는 권세가 주어집니다. 하나님의 능력을 힘입어 살 수 있는 권세가 주어집니다. 믿음의 말을 할 때 말대로 이루어지는 권세가 주어집니다. 믿음을 실어 기도할 때 기도대로 이루어지는 권세가 주어집니다. 하나님의 것이 내 것이 되는 권세가 주어집니다. 천국 하나님 나라를 유업으로 받을 권세가 주어집니다.

그래서 예수님을 믿어 하나님의 자녀가 되는 것을 권세를 얻는다고 하는 것입니다. 이런 권세를 예수님을 믿는 저와 여러분이 이미 받았음을 믿으시기를 소원합니다.

예수님 권세 예수님 권세 예수님 권세 내 권세
예수님 권세 예수님 권세 예수님 권세 내 권세
할렐루야! 할렐루야!
예수님 권세 예수님 권세 예수님 권세 내 권세
할렐루야! 할렐루야!
예수님 권세 예수님 권세 예수님 권세 내 권세

우리가 이런 권세를 받았으면 어떻게 해야 할까요? 받은 권세는 사용해야 가치가 나타납니다. 마귀가 시험할 때 우리는 예수님의 이름으로 마귀를 꾸짖어 물리칠 수 있습니다. 이런 권세가 여러분에게 있는 줄 믿습니다.

그런데도 마귀가 미혹하고 시험을 할 때 이 권세를 사용하지 않으면 아무 소용이 없습니다. 제가 대림동 흰돌교회에서 부목사로 사역할 때의 일입니다. 장로님 한 분이 대한농구협회 이사이셨습니다. 그런데 어느 날 저에게 카드 한 장을 주십니다. 대한농구협회에서 주관하는 어떤 농구경기든 경기장 입구에 가서 이 카드를 보이면 VIP 석에서 경기를 관전할 수 있는 출입증이었습니다.

얼마나 귀한 카드입니까? 농구를 좋아하는 사람들에게 굉장한 특혜가 주어지는 카드였습니다. 그런데 그 카드 유효 사용기간 1년 중 단 한 번도 농구경기장에 가지 못했습니다.

왜 그렇습니까? 그 카드를 가지고는 있었지만 부목사 시절이라 바빠서 농구장에 가서 그 카드를 사용하지 않았기 때문입니다. 아무리 귀한 특혜와 특권도 사용하지 않으면 아무 소용이 없습니다.

우리가 예수님을 믿어 얻은 하나님의 자녀의 특권도 마찬가지입니다. 예수님을 믿는 우리에게 하나님께서 특별하게 주신 권세는 사용할 때 그 효과가 나타나게 될 줄 믿습니다.

마귀를 꾸짖어 물리치는 권세를 마귀가 여러분에게 장난칠 때 믿음으로 사용하시기를 소원합니다. 예수 그리스도의 이름으로 마귀를 꾸짖으시길 소원합니다. 그러면 하나님께서 여러분에게 주신 마귀를 물리치는 권세가 나타나 여러분에게 찾아와 장난치던 마귀는 예수님의 이름의 권세로 기겁하여 일곱 길로 줄행랑칠 줄 믿습니다.

다음으로 하나님께서 예수님을 믿는 저와 여러분에게 주신 권세는 기도의 권세입니다. 여러분에게 문제가 있고 이루지 못한 소원이 있을 때 하나님의 자녀의 권세로 예수님의 이름을 의지하여 기도해야 합니다.

그러면 하나님께서 여러분의 기도를 들으시고 여러분의 믿음의 기도에 응답해 주실 줄 믿습니다.

이는 혈통으로나 육정으로나 사람의 뜻으로 나지 아니하고
오직 하나님께로부터 난 자들이니라.(13절)

'이는'이라고 했습니다. 예수님을 믿어 하나님의 자녀가 되는 일은 예수님을 믿어 구원 받는 일은 혈통으로나 육정으로나 사람의 뜻으로 나지 아니한다는 말입니다.

구원 받는 것이 믿음의 부모님에게 출생했다고 그 자식이 예수님을 자동으로 믿는 것이 아니고 예수님을 믿는다는 것이 부모가 자식에게 시

켜서 되는 일이 아니라는 것입니다. 목사의 자녀라고 해서 저절로 예수님을 믿고 장로의 자식, 권사의 손주들이라고 저절로 예수님을 잘 믿는 것이 아니라는 말입니다.

다른 것은 다 큰소리를 칠 수 있어도 자식 문제만큼은 큰 소리를 칠 수 있는 사람이 없다고 합니다. 그렇습니다. 아무리 능력 있고 믿음 좋은 사람이라고 해도 자식들의 신앙문제만큼은 마음대로 할 수 없습니다.

그럼 어떻게 해야 할까요?

매를 아끼는 자는 그의 자식을 미워함이라 자식을 사랑하는 자는
근실히 징계하느니라.(잠 13:24)

매를 들고서라도 자녀를 믿음으로 키워야 합니다. 초등학교 3,4학년이 되기 전까지 매를 들고서라도 믿음생활을 잘 하도록 해야 합니다. 사춘기 전에 믿음을 갖도록 키워야 합니다. 가정에서 가정예배하고 주일학교에 보내 예배 생활하며 믿음의 친구들과 어울리며 자라도록 해야 합니다.

사춘기가 되면 억압해서는 안 됩니다. 때려서도 안 됩니다. 오히려 예수님을 경험하도록 해야 합니다. 성령을 체험을 하도록 해야 합니다. 스스로 성경을 읽는 아이가 되도록 해야 합니다. 스스로 기도하는 아이가 되도록 해야 합니다. 그래서 집에서는 가정예배가 중요하고 교회에서는 성경학교, 수련회에 참석하도록 하는 것이 중요합니다.

그래서 아이들이 좌우 눈치를 살피는 수준에서 위를 바라보고 위에서 지켜보시는 하나님을 의식하는 신전의식(神前意識)을 가지고 코람데오(Coram Deo - Before the face of God)의 삶을 살도록 해야 합니다.

무엇보다 자녀의 믿음생활을 위해 부모가 기도를 많이 해야 합니다. 하나님께서 아이의 마음을 만져주시도록 기도해야 합니다. 하나님이 아이에게 믿음을 부어주시도록 기도해야 합니다.

왜냐하면 13절 말씀처럼 "이는 혈통으로나 육정으로나 사람의 뜻으로 나지 아니하고 오직 하나님께로부터 난 자들이니라" 이라고 했기 때문입니다.

믿음은 혈통을 통해 자동으로 대물림 되는 것이 아니라 하나님께서 주셔야 받는 선물이기 때문입니다. 자녀의 마음을 움직이실 수 있는 분은 하나님이시기 때문입니다.

자녀를 이렇게 믿음으로 키우려면 자녀가 어떤 아이인지를 부모가 알아야 합니다. 많은 부모들이 자녀에 대해 착각하는 것이 있습니다. 그것은 자기가 낳았으니 자기 자식이라는 생각입니다.

그런 생각을 하는 부모가 자식을 학대합니다. 자살을 하면 안 되지만 자살을 할 때 자기 자식을 죽이고 자살합니다. 자녀를 자기 소유물처럼 생각하는 것입니다. 그러나 자녀는 자기가 낳아 길렀어도 자기 소유물이 아닙니다.

아무리 어린 자식이라도 그 자식은 하나님의 자녀입니다. 하나님의 자녀를 하나님께서 나에게 부모와 자식이라는 관계로 맡기셨기 때문에 하나님께서 맡기신 자녀를 내가 하나님 대신 양육하는 것입니다. 부모들이 이것을 확실하게 알아야 합니다. 내가 양육하는 자녀는 하나님께서 내게 맡기신 하나님의 자녀인 줄로 믿으시기를 소망합니다.

자녀를 내 자식으로 알고 내 방식으로 키우려 하는 사람에게는 하나님께서 도와주시지 않습니다. 그러면 네 방식대로 해보라고 내버려두십니다.

자녀를 내 자식이라고 생각하고 내 방식으로 키우려 하는 사람은 자녀를 위해 아무리 수고를 하고 아무리 많은 돈을 드려 가르쳐도 자기 능력 이상의 결과를 자녀에게 얻지 못합니다.

그러나 자녀를 하나님께서 내게 맡기신 하나님의 자녀로 알고 하나님께 맡기는 마음으로 기도하며 하나님의 말씀 중심, 교회 중심으로 자녀를 키우면 그런 자녀의 앞길을 하나님께서 책임져 주실 줄 믿습니다. 내 능력 이상의 자녀가 되도록 하나님께서 그 자녀를 축복해 주실 줄 믿습니다.

우리가 믿는 예수님은 태초부터 계신 하나님이십니다. 만물을 지으신 분이십니다. 나를 지으신 분이십니다. 생명이시고 빛이신 분이십니다. 하나님의 자녀가 되는 권세를 주시는 분이십니다.

예수님을 믿어 구원 받은 성도답게 예수님을 전하며 예수님 안에서 승리하는 여러분 되시기를 주님의 이름으로 축원합니다.

| 제 3 장

나는 아니요
예수님이 그리스도이시다

_ 요한복음 1장 14~28절

    우리가 믿는 예수님은 우리가 이 세상에 태어나기 전, 태초부터 계시던 분이시고 하나님 아버지와 함께 만물을 지으시던 창조자이시며 세상 모든 것의 주인이십니다. 그리고 예수님은 죽은 자에게 생명을 주시는 구원자이시고 죄악으로 어두워진 사람을 밝혀주시는 참 빛이십니다.

    이런 예수님께서 죄로 죽어버린 우리 사람들을 살려 구원해 주시기 위해서 대단히 놀라운 일을 하셨습니다. 그 일이 과연 어떤 일일까요? 그것을 설명해주는 말씀이 바로 본문 14절 말씀입니다.

> 말씀이 육신이 되어 우리 가운데 거하시매
> 우리가 그의 영광을 보니
> 아버지의 독생자의 영광이요 은혜와 진리가 충만하더라.

    말씀이신 예수님께서 이 세상에 육신으로 오셨다는 것입니다. 천지만물을 지으시던 조물주 되신 예수님께서 이 세상에 육신을 가진 사람으로 오셨다는 것은 상상할 수 없는 놀라운 일입니다. 어떻게 창조자 하나님께서 피조물인 사람으로 이 세상에 아기로 태어나셔서 오셨다는 말입니까?

여러분은 이해가 되십니까? 저는 이해가 되지 않습니다. 초대교회 당시 성도들 중에서도 이런 사실을 믿지 못하는 사람들이 많았습니다. 하나님을 믿고 예수님을 믿고 성경이 하나님의 말씀이라는 것을 믿는다고 하면서도 14절과 같은 이런 말씀들은 믿지 못한 겁니다.

그래서 그들이 주장하기를 세상 것은 다 악한데 선하신 하나님이신 예수님께서 어떻게 악하고 약한 육신의 모습으로 이 세상에 오실 수 있겠는가? 그럴 수 없다는 것입니다.

천지를 지으시고 만물을 다스리시는 전능하신 하나님이 어떻게 사람에게 붙잡혀 십자가에 달려 죽임을 당하실 수 있겠느냐? 그럴 수 없다는 것입니다.

그럼 예수님께서 어떻게 세상에 오셨다는 것입니까? 그들은 설명하기를 예수님께서 세상에 오신 것은 사실이지만 그 예수님은 실제로 육체로 오신 것이 아니라 영만 세상에 왔고 그 예수님의 영은 탈을 쓰듯이 육체 하나를 빌어 그 육체 속에 머물다가 가셨다는 것입니다.

이런 주장을 가현설(Docetism 假現說)이라고 하고 이런 주장을 하는 사람들을 영지주의자(Gnosticism 靈知主義)라고 합니다. 이런 주장들이 듣기에는 그럴듯하게 들릴지 모르나 그들의 이런 주장은 성경말씀과 전혀 맞지 않습니다. 그래서 이런 가현설을 주장하는 사람들이나 이를 믿는 자들을 이단이라고 하는 것입니다.

성경에 보면 이 땅에 오셨던 예수님은 우리와 똑같은 육신을 가지셨고 우리와 똑같은 희로애락을 느끼고 겪으셨던 100% 사람이셨습니다. 할렐루야!

그 예를 성경에서 찾아봅니다.

사마리아 여자 한 사람이 물을 길으러 왔으매
예수께서 물을 좀 달라 하시니
이는 제자들이 먹을 것을 사러 그 동네에 들어갔음이러라.(요 4:6,7)

어느 날 예수님께서 전도하시기 위해 사마리아 동네를 지나가시다가 우물가에서 물을 길으러 나온 한 여인을 만나게 됩니다. 그 때 예수님께서 그 여인에게 물을 좀 달라고 하십니다. 예수님이 육신을 가지신 사람이시기에 목이 마르신 것입니다.

또 예수님께서 십자가에 달려 돌아가시기 전에 "내가 목마르다."고 하셨습니다.

그 후에 예수께서 모든 일이 이미 이루어진 줄 아시고
성경을 응하게 하려 하사 이르시되 내가 목마르다 하시니.(요 19:28)

예수님께서는 겟세마네 동산에서 땀이 핏방울처럼 쏟아지도록 기도하셨고 사람들에게 붙잡히신 후 채찍에 맞으시고 사형선고를 받고 십자가를 지시고 쓰러지고 넘어지시면서 골고다 언덕을 향하여 가셨습니다. 가시관이 씌워진 머리에서 피가 흐르고 못 박힌 손과 발이 체중에 밀리고 당겨지면서 피를 흘리셨습니다. 그래서 목이 타서 목마르다고 하신 것입니다.

우리 죄인들의 죄 값을 대신 치르시기 위해서 고통을 당하셨습니다. 예수님은 영으로만 세상에 오신 분이 아니라 육체로 이 세상에 오신 분이십니다. 할렐루야!

육체로 오셔서 배고픔과 목마름의 고통을 당하신 분이십니다. 그러기 때문에 예수님은 육체를 가지고 이 세상에 사는 우리의 배고픔과 목마름의 고통을 너무나 잘 아십니다. 그래서 예수님은 육체를 가지고 사는 우리의 배고픔과 목마름을 해결해 주시려고 이렇게 말씀하십니다.

> 너희 모든 목마른 자들아 물로 나아오라
> 돈 없는 자도 오라 너희는 와서 사 먹되
> 돈 없이, 값없이 와서 포도주와 젖을 사라.(사 55:1)

이 음성을 듣고 예수님께 나아가는 자마다 예수님께서는 생수 같은 은혜와 응답으로 영육 간의 목마른 문제를 시원하게 해결해 주실 줄 믿습니다.

> 또 예수께서 눈물을 흘리시더라.(요 11:35) 고 했습니다.

예수님께서 전도하시러 나가실 때 피곤하시고 시장하실 때면 베다니 마리아와 마르다의 집에 자주 가셨습니다. 다른 집들도 많지만 마리아와 마르다가 예수님을 편히 정성으로 잘 대접했기 때문입니다.

그런데 한동안 그 집에 가지 못하던 사이에 그들의 오라비 나사로가 죽었습니다. 그 소식을 듣고 예수님께서 문상을 가셨습니다. 그리고 상을 당한 마리아와 마르다를 만난 예수님께서 눈물을 흘리셨습니다. 예수님은 죽어 무덤에 장사 지내진 나사로를 살려주셨습니다.

예수님은 죽은 자도 살리시는 하나님이셨지만 동시에 상을 당해 슬퍼하는 사람들과도 마음을 같이 하며 눈물을 흘리시던 분이셨음을 믿으시길 소원합니다.

이처럼 예수님은 식사를 거르시면 시장해 하시고 땀을 많이 흘리시면 목이 마르시고 슬픔 당한 자를 만나시면 당한 슬픔에 공감하며 눈물을 흘리시던 100% 사람이셨음을 믿으시기를 소원합니다.

그렇다고 예수님을 100% 사람으로만 생각해도 안 됩니다. 예수님은 죄를 사하십니다. 죽은 자를 살리십니다. 마귀를 꾸짖어 물리치십니다. 물 위도 걸으십니다. 성난 파도를 잔잔케 하시고 폭풍을 멎게 하십니다.

이런 예수님의 모습은 100%로 육체를 가지신 사람이시며 100% 하나님이신 신성을 가지신 분임을 증거하고 있습니다. 우리가 믿는 예수님은 인성과 신성을 동시에 가지신 분이심을 믿으시길 소원합니다.

그런데도 많은 사람들이 예수님을 믿는다고 하면서도 사람이 이해가 되는 부분만 믿고 이해가 되지 않는 것은 부정하고 믿지 않습니다. 이것이 이단들의 공통적인 특징입니다. 지금도 이런 이단들이 많습니다.

예수님을 믿어도 성경대로 믿어야 합니다. 성경과 다른 주장을 하는 이런 이단들의 말에 미혹을 당하면 믿는다고는 해도 구원은 받지 못합니다. 그럼 이런 이단들에게 미혹을 당하지 않으려면 어떻게 해야 합니까? 예수님을 믿어도 머리로 믿으려 하지 말고 성경말씀대로 믿고 알아야 합니다.

그럼 성경 말씀대로 믿으려면 어떻게 해야 할까요? 집에서는 성경을 열심히 읽고 공예배 시간에는 빠지지 말고 교회에 나와 설교말씀을 한 번이라도 더 들으려고 해야 합니다. 그리고 설교를 들어도 진리를 바르게 성경대로 가르치는 설교를 들어야 합니다. 우리교회가 성경을 성경대로 바르게 가르치는 그런 교회인 줄 믿습니다.

> 말씀이 육신이 되어 우리 가운데 거하시매
> 우리가 그의 영광을 보니 아버지의 독생자의 영광이요
> 은혜와 진리가 충만하더라.(14절)

말씀이시고 하나님이신 예수님께서 육신으로 이 세상에 태어나셔서 우리 가운데 계십니다. 그래서 우리가 그 분 예수님을 이 땅에서 보게 되었고, 우리가 예수님을 본다는 것은 하나님의 영광을 보는 것입니다. 그

리고 예수님에게는 진리와 은혜가 충만하다는 것입니다.

그러기 때문에 우리가 예수님을 믿음으로 영원한 생명을 얻게 되었고 어둠 속에 살던 우리가 빛 가운데 거하게 되었으며 예수님을 통해 진리의 말씀을 들을 수 있게 되었고 은혜를 받으며 살게 된 것입니다.

요한이 그에 대하여 증언하여 외쳐 이르되
내가 전에 말하기를 내 뒤에 오시는 이가 나보다 앞선 것은
나보다 먼저 계심이라 한 것이 이 사람을 가리킴이라 하니라.(15절)

요한은 영어로는 John이라고 합니다. 독일어로는 요한을 Johann 이라고 기록하는데 이것을 소리 나는 대로 우리말로 기록하여 요한이라고 부르게 된 것입니다.

요한이라는 이름의 뜻은 "여호와는 은혜로우시다", "여호와의 사랑하는 자"라는 것입니다. 이런 좋은 의미 때문에 당시 기독교인들이 자녀를 낳으면 요한이라는 이름을 지어 부르는 부모들이 많았습니다.

그래서 요한이라는 이름을 가진 사람이 많아서 요한을 소개할 때 어떤 요한인가를 특정 짓기 위해 그가 한 사역을 이름 앞에 붙입니다.

(1) 사도 요한 – 사도 요한은 예수님의 12 제자 중 한 사람입니다. 그는 요한복음, 요한 서신, 요한계시록을 기록하신 분입니다.

(2) 세례 요한 – 세례 요한은 광야에서 천국이 가까웠다고 외치며 세례를 베푼 분입니다.

본문에 나오는 요한이 바로 세례 요한입니다.
그럼 세례 요한이 한 일은 무엇이었을까요?

요한이 그에 대하여 증언하여 외쳐 이르되. (15절)

요한이 그에 대하여 증언했다고 했는데 그분이 바로 예수님입니다. 요한은 예수님에 대하여 증언하였습니다. 증언이란 여러분이 잘 아시는 바와 같이 남이 알지 못하는 사안에 대해 듣고 보고 경험해서 알고 있는 사람이 알지 못하는 사람들에게 그것을 알게 하는 것을 말합니다.

우리나라 법정에서 재판을 할 때 하나의 원칙이 있는데 그것은 증거재판주의입니다. 원고든 피고든 목소리 크게 주장한다고 그 말만 듣고 판사가 판단하는 것이 아니라 증거가 있어야 그 증거를 근거로 판단을 하는 제도입니다. 객관적이고 공평한 판단을 위해 만든 제도적으로 좋은 장치입니다. 이처럼 사람들이 사는 세상에서 증언이 대단히 중요합니다. 그런데 요한은 누구에 대해 증언했다고 했습니까? 예수님에 대해서 증언했습니다.

하나님께서 요한을 이 세상에 보내신 뜻이 사람들에게 예수님에 대해서 증언하라는 것이었기 때문에 그것을 알게 된 요한은 사람들에게 예수님을 알리는 것을 사명으로 알고 외롭고 힘이 들어도 광야에 나가 사람들에게 열심히 예수님에 대해서 증언하는 삶을 살았습니다.

그러면 우리를 구원해 주신 하나님의 뜻은 과연 무엇일까요? 하나님께서 저와 여러분을 왜 특별히 구별하셔서 이렇게 예수님을 믿어 구원 받게 하셨다고 생각하십니까?

오직 성령이 너희에게 임하시면 너희가 권능을 받고
예루살렘과 온 유대와 사마리아와 땅 끝까지 이르러
내 증인이 되리라 하시니라(행 1: 8)

예수님께서 이 땅에 있는 성도들에게 당부하시기를 성령이 임하면 권능을 받을 것이니 그 힘으로 예수님에 대해서 증인이 되라는 것이었습니다. 하나님께서는 요한에게만 예수님에 대해 증언하라고 하셨을까요? 아닙니다. 예수님께서는 당시 제자들에게만 땅 끝까지 이르러 내 증인이 되라고 하셨을까요? 아닙니다.

저와 여러분에게도 하나님께서는 예수님의 증인이 되라는 사명을 주셨음을 믿으시길 소원합니다. 그러므로 우리도 세례 요한처럼 예수님에 대해 증언하는 자들이 되어야 할 것입니다. 예수님의 제자들처럼 예수님의 증인이 되어 예수님에 대해서 전하는 전도자들이 되어야 할 줄 믿습니다.

그런 삶이 바로 우리가 예비신자들을 정하고 그들과 좋은 관계를 맺고 그들의 친구가 된 후에 그들에게 복음을 전하고 그들을 교회에 초청하여 예수님을 믿도록 하는 일입니다.

지옥으로 가는 사람을 천국에 가도록 전도하는 이 일이야말로 사람이 이 세상에서 할 수 있는 일 중에 가장 보람된 일이고 하나님께서 가장 기뻐하시는 일입니다.

전도에 조금 더 관심을 가지고, 전도에 조금 더 힘쓰셔서 길 주님의 이름으로 축원합니다. 금년에는 어떤 일이 있어도 한 사람씩 전도하여 결실하는 여러분이 되시기를 주님의 이름으로 축원합니다.

우리가 다 그의 충만한 데서 받으니 은혜 위에 은혜러라.(16절)

우리는 누구나 은혜를 받기를 원하는 줄 믿습니다. 성도 여러분! 그러면 우리가 은혜를 어디서 받습니까? 16절 말씀을 보니 "우리가 다 그의 충만한 데서 받는다"고 합니다. 여기서 말하는 "그의" 그러니까 그분은 예수님이십니다.

예수님은 은혜가 충만하신 분이십니다. 은혜가 차고 넘치시는 분이십니다. 모자라거나 부족해서 주고 싶은데 줄 수 없는 분이 아니라 사모하는 모든 사람에게 넘치도록 주실 수 있는 능력을 가지고 계신 분이십니다.

그러기 때문에 예수님을 가까이 하는 사람마다 은혜를 받게 됩니다. 은혜를 사모하는 자마다 예수님은 은혜를 주십니다. 공예배 시간마다 은혜를 사모하시고 말씀을 들으실 때마다 예수님을 통해 은혜를 받으시되 차고 넘치도록 충만하게 받으시길 주님의 이름으로 축원합니다.

> 율법은 모세로 말미암아 주어진 것이요
> 은혜와 진리는 예수 그리스도로 말미암아 온 것이라.(17절)

율법과 은혜를 비교 설명하는 말씀입니다. 율법은 모세를 통해 하나님께서 주신 것이고 은혜는 하나님이신 예수님께서 주신 것입니다. 그러므로 율법도 소중하고 은혜도 소중합니다. 구약성경도 소중하고 신약성경도 소중합니다.

그러나 굳이 율법과 은혜를 비교를 한다면 율법보다는 은혜가 더 소중합니다. 구약성경도 소중하고 신약성경도 소중하지만 그 중에 그래도 어느 것이 더 중요하냐고 한다면 신약성경이 더 중요하다고 말할 수 있습니다.

왜냐하면 율법은 사람들의 죄를 깨닫게 하도록 주신 것이지만 은혜는 깨달은 죄를 용서 받게 해주기 때문입니다. 구약성경은 예수님이 오실 것을 예언한 말씀이지만 신약성경은 예언된 예수님이 오셔서 하신 일에 대한 말씀이기 때문입니다.

그러므로 우리는 율법을 통해 죄를 깨닫고 복음을 통해 죄 용서를 받아 구약성경과 신약성경 말씀을 읽고 들으면서 그 말씀대로 살려고 최선을 다하면서 다시 오실 예수님을 맞을 준비를 잘 하다가 주님 오실 때 칭찬받고 상급 받는 여러분이 다 되시기를 소원합니다.

본래 하나님을 본 사람이 없으되
아버지 품속에 있는 독생하신 하나님이 나타내셨느니라.(18절)

하나님은 태초부터 계셨지만 창조 이후 하나님을 본 사람은 없었습니다. 하나님이 나타나신다고 해도 사람이 하나님을 볼 수 없었습니다. 우리가 햇빛을 정면으로 볼 수 없듯이 죄인이 죄 없으시고 거룩하신 하나님, 참 빛이신 하나님을 볼 수 없는 것입니다.

그래서 하나님께서 늘 함께 계시던 독생자 예수님을 사람의 모습으로 이 세상에 태어나시도록 하신 것입니다.

유대인들이 예루살렘에서 제사장들과 레위인들을 요한에게 보내어
네가 누구냐 물을 때에 요한의 증언이 이러하니라
요한이 드러내어 말하고 숨기지 아니하니
드러내어 하는 말이 나는 그리스도가 아니라 한대
또 묻되 그러면 누구냐 네가 엘리야냐
이르되 나는 아니라 또 묻되 네가 그 선지자냐 대답하되 아니라.
(19-21절)

유대인들이 요한에게 사람을 보내어 여러 가지 질문을 합니다. 원래 유대인들은 유다 지파 사람들을 말합니다. 그러다가 이스라엘이 분열 된 이후에 유대인들은 유다지파와 베냐민 지파 사람들을 가리키고 예수님 당시 유대인들은 유대의 공회원들이나 제사장, 바리새인, 서기관, 장로들을 가리킵니다. 이 유대인들을 요한에게 보낸 사람들은 바리새인들(24절)이라고 합니다.

이때 요한은 그들에게 무엇이라고 대답하였을까요?

요한이 드러내어 말하고 숨기지 아니하니 드러내어 하는 말이
나는 그리스도가 아니라 한대.(20절)

아마도 그들이 와서 세례 요한에게 질문하기를 "네가 그리스도냐?"
이때 요한은 단호하게 말합니다. "나는 아니다."

왜 그랬을까요? 요한은 그리스도가 아니었기 때문에 사실대로 대답
한 것입니다. 우리 예수님을 믿는 사람들은 무슨 질문을 받든지 대답하는
원칙을 지켜야 합니다. 그 원칙이 무엇일까요?

오직 너희 말은 옳다 옳다, 아니라 아니라 하라
이에서 지나는 것은 악으로부터 나느니라.(마 5:37)

너희는 그저 '예.' 할 것은 '예.' 하고
'아니오.' 할 것은 '아니오.' 만 하여라.
그 이상의 말은 악에서 나오는 것이다.(공동번역)

예수님을 믿는 사람들은 말이 정직해야 합니다. 사실을 사실대로 대
답해야 합니다. 그것은 당연한 일입니다. 그러나 실제로 그렇게 한다는
것이 쉽지 않습니다.

왜냐하면 사람들은 이해타산을 해서 대답을 하기 때문입니다. 손해 될
것 같은 질문에는 "예" 해야 할 일에도 "아니오"라고 할 수 있고 이익이
될 질문에는 "아니오" 해야 할 일에도 "예"라고 하기 쉽기 때문입니다.
예수님을 믿는 우리들은 그러면 안 됩니다. '예.' 할 것은 '예.'하고 '아니
오.'할 것은 '아니오'하며 정직하게 살기를 바랍니다.

요한이 대답하기를 "나는 그리스도가 아니라"고 하자 바리새인이 보
낸 유대인들이 묻습니다. 그러면 엘리야냐? 아니다. 그럼 네가 그 선지자

냐? 모세가 예언한 그 선지자 메시아냐? 아니다.

그러니 묻는 입장에서 답답합니다. 그래서 말합니다. 그러면 도대체 네가 누구냐? 말해보라. 그래야 우리를 보낸 자들에게 우리가 가서 보고 할 것이 아니냐?

요한이 대답합니다.

> 이르되 나는 선지자 이사야의 말과 같이
> 주의 길을 곧게 하라고 광야에서 외치는 자의 소리로라 하니라.
> (23절)

이사야 40장 3절을 인용하며 자신이 하는 일이 자의적인 일이 아니라 성경에 예언 된 일임을 밝힙니다. 자신은 광야에서 외치는 소리에 불과하고 자기는 주님의 길을 예비하는 사람이라고 밝힙니다. 자신은 가리고 주님은 드러내려는 모습이고 자신은 낮아지고 주님은 높이는 자세입니다. 우리들도 요한의 이런 모습을 본받아야 할 줄 믿습니다. 그런 모습이 예수님의 증인의 삶을 살아가는 모습인 줄 믿습니다.

> 또 물어 이르되 네가 만일
> 그리스도도 아니요 엘리야도 아니요 그 선지자도 아닐진대
> 어찌하여 세례를 베푸느냐.(25절)

유대인들이 또 묻습니다. 집요한 질문 공세를 합니다. 네 말대로 네가 그리스도도 아니요 엘리야도 아니요 그 선지자도 아니라면 왜 사람들에게 세례를 베푸느냐는 것입니다.

당시 유대인들이 생각하는 세례는 이방인들이 개종할 때 더러움을 씻는 의식으로 여겼고 유대인들에게 세례를 베푸는 것은 메시아나 할 수 있

는 일이라고 알고 있었습니다.

그런데 요한이 유대인들에게도 세례를 베푸는 것을 보고 요한을 유대 사회를 무질서하게 만드는 이단적인 행동을 한다고 보고 조사단을 보내 요한에게 여러 질문을 하며 조사하고 있었던 것입니다.

이에 대해 요한의 대답합니다.

요한이 대답하되
나는 물로 세례를 베풀거니와
너희 가운데 너희가 알지 못하는 한 사람이 섰으니
곧 내 뒤에 오시는 그이라
나는 그의 신발 끈을 풀기도 감당하지 못하겠노라 하더라. (26,27절)

'너희가 나를 대단한 사람으로 착각하고 있구나. 나는 물로 세례를 줄 뿐 아무것도 아니라 정말 대단한 분이 계시는데 내 뒤에 오시는 분이시다. 나는 그 분의 신발 끈을 푸는 종으로도 부족한 사람이고 내 뒤에 오시는 그 분이 내가 전하고자 하는 그 분이시다'고 하면서 예수님을 전했습니다.

사람 앞에 자신은 낮추고 예수님은 높이고, 사람 앞에 자신은 감추고 예수님은 드러내는 요한의 모습이 아름답지요? 이런 요한처럼 저와 여러분들도 사람 앞에서 나는 낮추고 예수님은 높이고, 나는 감추고 예수님은 드러내는 삶을 사시기를 주님의 이름으로 축원합니다.

| 제 4 장

물세례와
성령세례를 받으세요

_ 요한복음 1장 29~34절

오늘은 예수님 알아가기 예요강 강해 4번째 시간입니다. 지금까지 살펴본 요한복음을 통해 알게 된 예수님은 태초부터 계시던 분이시고 성부 하나님과 함께 천지만물을 지으시던 분이시며 사람을 지으신 조물주요 창조자이십니다. 이런 예수님께서 죄인들을 구원해 주시려고 이 세상에 사람으로 태어나셨습니다.

예수님은 참 빛이시며 죽은 자를 살려 영생을 주시는 분이시고 사람이 안고 있는 모든 문제의 해결자가 되십니다. 그러기 때문에 누구나 예수님만 믿으면 죄 용서를 받고 영생을 얻게 되며 하나님의 자녀가 되고 구원을 받게 됩니다.

그런데도 사람들이 어떻게 하였습니까?

그가 세상에 계셨으며
세상은 그로 말미암아 지은 바 되었으되 세상이 그를 알지 못하였고
자기 땅에 오매 자기 백성이 영접하지 아니하였으나. (10-11절)

하나님이신 예수님께서 죄인들을 구원해 주시려고 자기들 옆에 와 계시는데도 알아보지 못합니다. 그러니 사람들이 예수님을 믿지도 영접하지도 않습니다.

하나님이 세상을 이처럼 사랑하사 독생자를 주셨으니 이는 그를
믿는 자마다 멸망하지 않고 영생을 얻게 하려 하심이라.(요3:16)

고 하시는 말씀과 같이 누구든지 예수님을 믿고 영생을 얻으라고 예수님께서 이 땅에 오셨는데도 사람들은 오신 예수님을 구원자로 믿지 않습니다. 왜냐하면 예수님의 주변 사람들은 예수님을 목수 집 아들로는 알았어도 예수님이 하나님의 아들이고 예수님이 세상에 참 빛으로 오신 구원자라고는 믿지 않았기 때문입니다.

그래도 하나님께서는 어떻게 해서든지 사람들이 예수님을 믿고 구원받도록 하시기 위해서 사람들의 수준에 맞는 방법을 동원하셨습니다. 그 방법이 바로

하나님께로부터 보내심을 받은 사람이 있으니 그의 이름은
요한이라.(6절)

요한을 보내어 사람들에게 예수님에 대해서 증언하도록 하셨습니다. 그러면 요한은 예수님이 어떤 분이라고 증언했을까요?

이튿날 요한이 예수께서 자기에게 나아오심을 보고 이르되
보라 세상 죄를 지고 가는 하나님의 어린 양이로다.(29절)

예수님은 세상 죄를 지고 가는 어린 양이라는 것입니다. 어린 양이 세

상 죄를 지고 간다는 말의 의미를 알려면 구약 시대의 제사제도에 대해 조금은 알아야 합니다.

구약 이스라엘 공동체에 죄를 용서 받기 위한 특별한 날이 1년에 한 번씩 있었습니다. 이 날을 속죄일이라고 하는데 속죄일이 되면 죄를 용서 받기 원하는 사람들이 염소 두 마리를 가지고 제사장에게 갑니다. 그러면 그 중 한 마리는 제사장이 하나님께 제물 삼아 제사를 드리고 다른 한 마리는 제물을 가지고 온 그 사람의 죄를 제사장이 그 염소 머리에 안수한 후에 광야로 내쫓습니다. 이 염소를 아사셀 염소라고 합니다.

이 아사셀 염소는 자기 죄가 아닌 사람의 죄를 짊어지고 광야로 나가 헤매다가 죄를 지은 그 사람을 대신해서 죽는 겁니다. 이 아사셀 염소 의식은 장차 오실 메시아, 예수 그리스도께서 사람들의 죄를 대신 지시고 십자가에 죽임을 당하실 것을 예표하는 의식이었습니다.

요한은 사람들에게 예수님에 대해서 증언하면서 예수님이 바로 너희들이 알고 있는 아사셀 염소와 같이 너희들의 죄를 대신 지시고 가는 하나님의 어린 양이시다라고 전한 것입니다. 죄 없는 염소가 구약의 사람들의 죄를 짊어지고 광야로 나가 죄 지은 사람들을 대신해서 죽은 것처럼, 죄 없으신 예수님께서 아사셀 어린 양이 되셔서 저와 여러분의 죄를 대신 지시고 십자가에 죽으셨음을 믿으시길 소원합니다.

그 은혜로 우리가 죄 용서를 받고 영생을 얻어 이렇게 하나님의 자녀로 살고 있음을 믿으시길 소원합니다. 그런 은혜를 베풀어 주신 하나님께 감사합시다. 그런 은혜를 베풀어 주신 어린 양되신 예수님께 감사드립시다.

그렇다면 요한은 예수님이 세상 죄를 지고 가는 하나님의 어린 양이시고 이 땅에 보냄을 받아 오신 하나님의 독생자라는 사실을 어떻게 알았을까요? 33절을 보시기 바랍니다.

나도 그를 알지 못하였으나
나를 보내어 물로 세례를 베풀라 하신 그이가 나에게 말씀하시되
성령이 내려서 누구 위에든지 머무는 것을 보거든
그가 곧 성령으로 세례를 베푸는 이인 줄 알라 하셨기에
내가 보고 그가 하나님의 아들이심을 증언하였노라 하니라.

요한도 처음에는 예수님이 어떤 분이신지를 몰랐었다고 고백합니다. 솔직한 고백입니다. 그런데 요한이 예수님에 대해 어떻게 알게 되었을까요? 33절 말씀을 보니까 요한에게 세례를 주라고 하신 하나님께서 말씀하시기를 "네가 사람들에게 세례를 주다가 하늘에서 성령이 내려 머리 위에 머무는 것을 보거든 바로 그 분이 사람들을 죄에서 구원하기 위해 이 세상에 오신 메시아로 알라"고 하셨다는 겁니다. 그리고 34절 말씀에 "내가 보고 그가 하나님의 아들이심을 증언하였노라 하니라."고 하였습니다. 요한이 보고 그가 하나님의 아들이신 것을 알게 되어 증언하고 있다고 합니다.

그런데 여기서 "내가 보고"라는 말이 무엇을 보고 믿게 되었다고 하는지 설명이 없습니다. 이 설명이 요한복음에는 생략되었습니다만 마태복음 3장15절에는 자세하게 설명하고 있습니다.

예수께서 대답하여 이르시되 이제 허락하라
우리가 이와 같이 하여 모든 의를 이루는 것이 합당하니라 하시니
이에 요한이 허락하는지라.

요한이 요단강에서 사람들에게 세례를 주는데 어느 날 예수님께서 그곳에 가셔서 요한에게 내게도 세례를 베풀라고 하셨습니다. 이때 요한은 적극적으로 사양합니다. 제가 어떻게 예수님께 세례를 베풉니까? 안 됩

니다.

그 때 예수님께서 말씀하시기를 "허락하라 우리가 이렇게 하는 것이 하나님의 의를 이루는 것이니라."고 하십니다. 그래서 요한이 마지못해 예수님께 세례를 베푸는데 바로 그 순간 예수님은 하나님께 보냄 받은 아들임을 확증해 주십니다.

예수께서 세례를 받으시고 곧 물에서 올라오실 새
하늘이 열리고 하나님의 성령이 비둘기같이 내려
자기 위에 임하심을 보시더니
하늘로부터 소리가 있어 말씀하시되
이는 내 사랑하는 아들이요 내 기뻐하는 자라 하시니라.(마 3:16,17)

예수님의 머리 위에 성령이 임하여 머물고 하늘에서 하나님의 음성이 들리는데 "이는 내 사랑하는 아들이요 내 기뻐하는 자라"고 하시는 겁니다.

그래서 그 장면을 보고 들은 요한은 다음과 같이 말했습니다.

나도 그를 알지 못하였으나
나를 보내어 물로 세례를 베풀라 하신 그이가 나에게 말씀하시되
성령이 내려서 누구 위에든지 머무는 것을 보거든
그가 곧 성령으로 세례를 베푸는 이인 줄 알라 하셨기에
내가 보고 그가 하나님의 아들이심을 증언하였노라 하니라.(33,34절)

예수님이 바로 성령으로 세례를 베푸시는 자이시고 하나님의 아들이신 것을 알게 된 것입니다.

그래서 요한은 사람들에게 담대하게 말하기를 '나는 물로 세례를 베

풀고 있지만 예수님이 성령으로 세례를 베푸실 하나님의 아들이시고 구원자이시다'라고 증언한 것입니다.

요한뿐만 아니라 저와 여러분에게도 예수님에 대해 증언해야 할 사명이 있습니다. 내가 알게 된 예수님, 내가 경험한 예수님을 사람들에게 증언하고 전하는 저와 여러분이 되시기를 소원합니다.

요한의 증언 중에 우리가 알아야 할 두 가지 세례가 나옵니다. 물세례와 불세례입니다. 예수님을 믿는 사람들은 물세례도 받아야 하고 불세례도 받아야 하는데 물세례는 무엇이고 불세례는 어떤 것일까요?

이것을 알기 위해 세례의 의미부터 알아야 합니다.

세례란 한문으로 洗禮라고 해서 씻는 예식이라고 할 수 있습니다. 그러면 무엇을 씻는다는 말입니까? 죄를 씻는 예식이 세례입니다.

그러면 세례는 물속에 몸이 잠기게 하거나 집례자가 손에 물을 적셔 세례를 주는데 몸에 잠긴 물이나 머리에 떨어진 물이 죄를 씻을까요? 그렇지 않습니다.

세례를 받기 전에 해야 할 아주 중요한 일이 있습니다. 그것은 세례를 받기 전에 복음을 들어야 하고 자신의 죄를 회개를 해야 하고 예수님을 자신의 주님으로 영접해야 합니다. 그리고 예수님을 자신의 주님으로 영접해야 한다는 믿음을 다른 사람들과 하나님 앞에 공개적으로 고백해야 합니다.

그리고 나서 세례를 받을 때 물을 사용합니다. 그래서 물세례라고 하는 것입니다. 이때 진정한 믿음으로 예수님을 믿고 물세례를 받는 사람에게는 성령이 강하게 역사하십니다. 이것을 불세례 또는 성령세례라고 합니다.

교인들 중에 이 두 가지 세례를 다 받은 사람이 있지만 물세례만 받고 불세례는 아직 못 받은 사람이 있습니다. 누가 그런지 사람은 알 수 없습니다. 그러나 신앙생활을 하는 모습을 보면 어느 정도 짐작은 할 수 있습니다.

물세례를 받았어도 불세례, 성령세례를 받지 못한 사람은 신앙생활을 하기는 해도 밋밋하게 합니다. 교회는 출석해도 말씀에 대한 사모함이나 열정이 약합니다. 신앙이 적극적이지 못합니다. 구원 받은 것에 대한 감격이 없습니다. 기도가 잘 안 됩니다. 전도를 해야겠다는 생각은 있지만 전도를 못합니다. 믿는다고는 해도 아직도 죄를 떠나지 못합니다. 교회 오면 교인 같은데 교회 밖에서는 불신자와 비슷합니다. 신앙생활을 한 지가 오래 되어도 신앙생활의 열매가 보이지 않습니다. 불세례, 성령세례를 받지 못했기 때문입니다.

예수님을 믿는 사람은 누구든 물세례를 받아야 하고 성령세례, 불세례도 받아야 합니다. 그런데 교회는 출석해도 세례는 받지 않는 분이 있습니다. 혹 비유하자면 그런 분은 입학하지 않고 학교에 다니는 사람과 같습니다.

우리 중에 아직 세례를 받지 않으신 분은 다음 기회에 학습과 세례 교육을 받고 참여하셔야 합니다. 그리고 이미 물세례는 받았는데 성령 세례를 받지 못했다고 생각되는 분이 있다면 죄를 회개해야 합니다. 그리고 성령충만을 사모해야 합니다.

성경말씀을 열심히 읽으며, 공예배 출석을 잘하며 힘써 기도하면서 성령충만 하기를 사모하면 하나님께서 성령의 불을 가슴에 부어 주실 줄 믿습니다.

그러면 작은 불씨에 기름을 붓는 것과 같아서 미지근했던 사람이 열정적인 사람으로 바뀌고 남 앞에 서기도 주저했던 사람이 담대하게 전도하는 사람으로 바뀌고 늘 힘없이 재미없이 교회에 다니던 사람이 긍정적이고 적극적인 능력의 사람, 누구 앞에서나 예수님에 대해 증언하는 요한과 같은 전도자로 변화되게 될 것입니다. 성령 충만하심으로 성령의 세례를 받는 여러분이 되시기를 주님의 이름으로 축원합니다.

그래서 이왕 신앙생활을 할 바에는 요한처럼 예수님에 대해 증언하는 것이 하나님께서 내게 주신 사명인 줄 알고 사람들에게 열심히 예수님을 전하며 하나님을 기쁘시게 해드리며 살아가는 여러분이 되시기를 주님의 이름으로 축원합니다.

▮ 제 5 장

예수님께서 행하신 첫 기적

_ 요한복음 2장 1~12절

> 사흘째 되던 날 갈릴리 가나에 혼례가 있어 예수의 어머니도
> 거기 계시고 예수와 그 제자들도 혼례에 청함을 받았더니.(1,2절)

먼저 사흘째 되던 날이라는 말씀이 나옵니다. 이는 기준이 되는 날의 이틀 후를 말합니다. 그 기준의 날은 예수님께서 세례를 받으신 날입니다. 사람으로 이 땅에 오신 예수님은 30년 동안 메시아로서의 공적인 삶을 준비하셨습니다. 그리고 세례를 받으심으로 비로소 3년 동안의 공적인 삶을 시작하셨습니다. 따라서 사흘째 되는 날이라는 의미는 예수님께서 세례를 받으시고 공생애를 시작한 지 3일째라는 말이기도 합니다.

예수님은 세례를 받으신 것을 기점으로 그 전과 그 이후의 삶이 달라졌다는 것입니다. 예수님께서 세례를 받기 전에는 공생애를 준비하셨다가 세례를 받으신 이후부터는 메시아로서의 공적인 사역을 시작하신 것처럼 우리도 예수님을 믿기 전과 그 이후는 달라져야 합니다.

왜냐하면 예수님을 믿는 우리는 불신자들과는 구별되는 사람이기 때문입니다. 우리는 불신자들과는 인생의 목표가 다른 사람들입니다. 불신자들은 인생의 종착역이 어디인지를 모르고 사는 사람들이지만 예수님

을 믿는 우리들은 지금 구원 열차를 타고 천국의 종착역을 향해 가고 있는 사람들이기 때문입니다.

그러기 때문에 우리는 죄는 멀리하고 하나님은 가까이하며 살아야 하고, 유행 따라 살지 말고 하나님의 말씀 따라 살아야 하며, 내 기분대로 살지 말고 예수님의 마음을 품고 살아야 할 줄 믿습니다. 그렇게 살아가는 저와 여러분이 되시기를 소원합니다.

그러면 예수님께서 공생애 3일째 되는 날 어떤 일이 있으셨는지 살펴보겠습니다.

사흘째 되던 날 갈릴리 가나에 혼례가 있어 예수의 어머니도
거기 계시고 예수와 그 제자들도 혼례에 청함을 받았더니.(1,2절)

갈대라는 뜻을 가진 가나의 어느 집 혼인잔치에 초대를 받아 어머니와 함께 방문하셨습니다. 예수님께서 이 집 혼인잔치에 어머니와 함께 잔치에 초대를 받아 참석한 것을 보면 친척 중 한 사람의 집이었을 것입니다. 그런데 마침 그날 그 혼인 잔칫집에 큰 문제가 발생하게 됩니다.

포도주가 떨어진지라
예수의 어머니가 예수에게 이르되
저들에게 포도주가 없다 하니.(3절)

그 잔칫집에 포도주가 떨어진 겁니다. 손님들을 대접하려고 준비했던 포도주가 모자란 것입니다. 이 집에 포도주가 왜 모자라게 되었을까요? 아마 그 집 주인이 잔치에 참석할 인원을 잘못 예측했기 때문이었을 것입니다. 그럴 수 있는 것이 당시 유대인의 전통적 혼인예식은 요즘 우리처럼 1-2시간에 끝나는 것이 아니라 1-2주간씩 계속되었기 때문입니다.

그래서 잔치에 몇 사람이나 참석할지 예상하기 어려웠을 것이고 또 그 집 잔치에 음식이 풍족하고 맛이 있다는 소문이 나면 잔치 막바지에 예상 외로 많은 손님이 왔을 수도 있기 때문입니다.

어쨌든 당시 잔치에 없어서는 안 될 포도주가 잔치 막바지에 떨어진 겁니다. 지금이야 쓰던 음식 떨어지면 마트에 가서 급히 사오면 되지만 당시에는 그럴 수도 없었잖아요. 잔칫집의 이런 고충을 잔치에 참여하러 왔던 예수님의 어머니가 알게 됩니다.

포도주가 떨어진지라
예수의 어머니가 예수에게 이르되
저들에게 포도주가 없다 하니.(3절)

그러자 마리아가 그 집에 포도주가 떨어져 그 집 주인이 지금 난처하게 되었다고 예수님께 말한 겁니다.

여러분! 마리아가 이 때 왜 예수님께 포도주가 떨어졌다는 사실을 말했을까요? 마리아가 이 집에 포도주가 떨어졌다고 하니 우리는 음식 접대 받을 생각 말고 주인에게 왔다고 인사나 하고 조용히 가자는 그런 말을 예수님께 했을까요? 아닙니다. 마리아는 그 집 주인의 난처해진 문제를 어떻게든 해결해 주고 싶었고 예수님은 이런 문제는 능히 해결할 수 있는 분이라는 것을 믿고 있었기 때문입니다.

마리아가 예수님을 어떻게 그렇게 믿을 수 있었을까요? 그것은 마리아 자신은 남자와 가까이 한 적도 없는데도 자기 몸이 불러와 고민하고 있을 때 천사가 나타나 잉태된 아이가 성령으로 잉태되었다는 것을 알려준 말을 기억하고 있었기 때문입니다.

그래서 마리아는 예수님을 키웠지만 예수님은 하나님의 아들이었다는 것을 믿고 있었습니다. 그래서 잔칫집에 떨어진 포도주 문제도 예수님은 해결할 수 있을 줄 믿고 그 말을 했던 것입니다. 우리도 예수님을 이런 분으로 믿어야 합니다. 예수님은 하나님의 아들이시고 예수님은 모든 문제의 해결 자가 되신 줄 믿습니다.

그러면 마리아가 잔칫집에 포도주가 떨어졌다는 문제를 말할 때 예수님은 어떻게 반응하셨습니까?

> 예수께서 이르시되
> 여자여 나와 무슨 상관이 있나이까
> 내 때가 아직 이르지 아니하였나이다.(4절)

첫 마디가 "여자여…"라고 합니다. 예수님은 아들이고 마리아는 어머니인데 아들이 어머니를 향하여 "여자여 그 일이 나와 무슨 상관이 있나이까?" 라고 하셨습니다. 바로 이 예수님의 말을 두고 예수님이 어떻게 어머니에게 그렇게 말할 수 있느냐? 예수님이 어머니에게 그렇게 말하는 것은 무례한 짓이다. 그래서 예수님은 불효자다라고 말하는 사람들이 있습니다.

그런데 예수님께서 어머니에게 "여자여"라고 부르신 것은 이번만이 아닙니다. 십자가에 달려 고난을 당하는 아들을 안타깝게 바라보며 슬피 우시는 어머니를 보시고도

"여자여 아들이니이다"(요 19:26)라고 하셨고 예수께서 부활하신 후 무덤을 찾아갔던 막달라 마리아를 부를 때에도(요20:15) "여자여 어찌하여 울며 누구를 찾느냐?"고 하셨습니다.

예수님께서 어머니에게 이렇게 "여자여 여자여" 라고 하시는 것이 우리의 정서로도 좀 어색하게 들리는 것이 사실입니다. 그러나 우리의 기준만으로 예수님을 그렇게 단정하는 것은 잘못입니다.

예수님은 사적으로 보면 가정에서 어머니의 아들이지만 영적으로 보

면 만인을 구속하러 오신 구원자 하나님이십니다. 그동안 예수님은 가정에서는 사적인 성장 과정을 거치셨지만 세례를 받으신 이후에는 공적인 사역을 시작하셨습니다. 그래서 예수님께서 잔칫집에서 어머니 마리아를 부르실 때에는 자식의 입장에서 대하지 않으시고 공적인 입장에서 어머니를 대하셨기 때문에 어머니지만 한 인간이요 여자로 불렀다고 생각할 수 있습니다.

그래서 예수님의 이런 호칭은 우리의 어감으로 이해하려 하기 보다는 당시의 상황으로 먼저 이해를 해야 합니다. 예수님 당시 왕들이 왕후를 부를 때에도 보면 "여자여"라고 불렀습니다. 그것은 왕이 왕후를 무시해서 부르는 것이 아니라 허물없이 존경하는 마음으로 그렇게 부른 겁니다.

예수님께서도 그랬을 것입니다. 공적인 입장 그리고 어머니를 존경하고 사랑하는 마음으로 그렇게 부른 것이지 무례한 태도로 그렇게 부른 것은 아닙니다.

그 다음 예수님께서 하신 말씀을 보면

나와 무슨 상관이 있나이까
내 때가 아직 이르지 아니하였나이다.

라고 하십니다. 예수님께서 이렇게 대답하시는 뜻은 '어머니, 저도 이 집의 문제를 해결하고 싶습니다. 그러나 그렇게 할 때가 아직 아니니 지금은 그렇게 할 수 없다'는 말씀입니다.

예수님의 이 말씀을 통해 우리가 알아야 할 아주 소중한 진리가 있습니다.

그것은 세상만사가 다 때가 되어야 이루어지는 법이라는 것입니다. 세상만사는 다 때가 되어야 이루어집니다.

때가 되어야 예수님께서 일하시는 이 원리는 오늘날 우리에게도 똑같이 적용됩니다. 내가 지금 간절하게 급하게 기도하는 기도도 때가 차야 이루어지게 될 줄 믿습니다. 내가 이루기를 원해서 급하게 서두른다고 되는 것이 아니고 때가 차야 이루어지게 될 것입니다. 모든 일이 다 그렇습니다. 그러기 때문에 우리가 기도를 해도 내 때에 맞추려고 고집하지 말고 하나님의 때에 맞춰 살려고 해야 합니다. 이것이 세상을 사는 지혜입니다. 그러므로 예수님을 믿는 우리는 내 시간표만 가지고 조급해 하면 안 됩니다. 내가 정한 내 시간표를 가지고 하나님이 내 시간표에 맞추어 주시기를 기대하지 말고 내가 그 하나님의 시간표에 맞추어 살면서 하루하루 믿음 안에서 최선을 다하다보면 여러분의 기도도 소원도 다 성취될 때가 올 줄 믿으시기를 주님의 이름으로 축원합니다.

이런 일이 있은 후 마리아가 그 집 하인들에게 이런 말을 합니다.

그의 어머니가 하인들에게 이르되
너희에게 무슨 말씀을 하시든지 그대로 하라 하니라.(5절)

예수님께서 무슨 말씀을 하시든지 그 말씀에 순종하라는 겁니다. 바로 이 말 한 마디가 마리아의 신앙을 보여줍니다. 마리아가 잔칫집에 포도주가 떨어진 문제를 알고 예수님께 이 문제를 해결해 달라고 부탁했을 때

그것이 나와 무슨 상관이 있나이까
내 때가 아직 이르지 아니하였나이다.

라고 하는 아들의 대답이 인간적으로 듣기에 서운했을 수 있습니다. 그럼에도 불구하고 마리아가 하인들에게 예수님이 "너희에게 무슨 말

씀을 하시든지 그대로 하라"고 말하는 것을 보면 마리아는 여전히 예수님은 무슨 문제든지 해결하실 수 있는 분, 하나님의 아들이라는 것을 믿고 있었던 것입니다.

오늘날 우리에게도 이런 믿음이 필요합니다. 예수님을 믿는 사람들은 예수님께서 무슨 말씀을 하시든지 말씀대로 순종해야 할 줄 믿습니다. 그럴 때 여러분의 삶 속에서도 기적의 역사가 일어나게 될 줄 믿습니다.

포도주가 떨어진 잔칫집 장면을 잠시 살펴보겠습니다.

> 거기에 유대인의 정결 예식을 따라
> 두세 통 드는 돌 항아리 여섯이 놓였는지라.(6절)

그 잔칫집에 돌 항아리 여섯이 놓여 있었습니다. 크기는 두세 통 드는 돌 항아리로 우리가 사용하는 큰 생수통의 4-5개 정도의 물을 담을 수 있는 큰 항아리인데 그런 항아리가 6개나 있었습니다.

이렇게 많은 물을 집에 보관하는 이유는 무엇이었을까요? 유대인의 정결 예식에 따라 외출했다가 돌아오면 씻고 또 목마르면 마셔야 했고 잔치를 할 때에는 더 많은 물이 필요했기 때문입니다. 그 집에서 예수님께서 하인들에게 직접 말씀하십니다.

> 거기에 유대인의 정결 예식을 따라
> 두세 통 드는 돌 항아리 여섯이 놓였는지라
> 예수께서 그들에게 이르시되 항아리에 물을 채우라.(7절)

"항아리에 물을 채우라."고 하셨습니다. 여기서 우리는 좀 이상한 점을 발견해야 합니다. 그것은 마리아가 이 집에 포도주가 떨어졌다고 말할 때에는 "내 때가 아직 이르지 아니했다"고 하신 예수님께서 왜 하인들에게는 갑자기 일을 시키셨는가 하는 점입니다.

아직 내 때가 아니라고 하시던 예수님이 왜 갑자기 이렇게 하셨을까요? 이것이 주는 아주 중요한 교훈이 있습니다. 그것은 예수님께서 여기서 말씀하시는 때는 시간적인 의미의 때가 아니라 예수님을 전능자, 문제 해결자, 구원자로 믿는 믿음의 때라는 것입니다.

그러기 때문에 아직 이루어지지 않은 일이라도 여러분이 진정으로 예수님을 문제 해결자, 구원자로 믿는다면 그 응답의 때는 앞당겨지게 될 줄 믿습니다.

그러나 여러분이 만일 예수님을 문제 해결자, 구원자로 믿지 않는다면 응답의 때는 이르지 않을 것입니다. 예수님을 문제의 해결자로 믿는 것이 예수님께서 나를 위해 일할 때를 앞당기는 것입니다.

예수님께서 하인들에게 "항아리에 물을 채우라"고 하실 때 하인들은 어떻게 반응을 했을까요? 하인들은 두말하지 않고 그 6개의 돌 항아리에 물을 길러다 붓습니다.

그러자 예수님께서 두 번째 말씀을 하십니다.

"이제는 떠서 연회장에게 갖다 주라." 고 하십니다. 하인들이 말씀에 순종하여 물을 퍼다가 항아리에 붓는 순간 예수님께서는 이미 물을 포도주로 만드신 줄 믿습니다. 순종이 기적을 일으킵니다.

예수님께서 하인들에게 항아리에 있는 것을 퍼다 연회장에게 갖다 주라고 하신 그 연회장은 어떤 사람입니까? 당시 연회장은 잔치를 위하여 시중드는 사람들의 총 책임자이고 손님들의 식탁을 돌보고 음식 맛을 미리 보는 역할을 하는 사람입니다.

그래서 예수님께서 말씀하시기를 그 항아리에 있는 것을 퍼다 연회장에게 갖다 주라고 하신 겁니다.

연회장은 물로 된 포도주를 맛보고도
어디서 났는지 알지 못하되 물 떠온 하인들은 알더라
연회장이 신랑을 불러 말하되 사람마다
먼저 좋은 포도주를 내고 취한 후에 낮은 것을 내거늘
그대는 지금까지 좋은 포도주를 두었도다 하니라.(9절)

연회장이 포도주 맛을 보니 기가 막힙니다. 그 포도주를 받아 마시던 손님들도 깜짝 놀랍니다. 그래서 손님들이 연회장에게 말하기를

사람마다 먼저 좋은 포도주를 내고 취한 후에 낮은 것을 내거늘
그대는 지금까지 좋은 포도주를 두었도다.

"보통 다른 집 잔치에서는 처음에는 좋은 포도주로 대접하다가 막판에는 질 낮은 포도주를 주던데 당신은 잔치 막판에 더 좋은 포도주를 내놓습니까? 하하하하!!!" 감탄하며 그렇게 말합니다.

여러분! 그 포도주가 왜 그렇게 맛이 좋은지 그 이유를 아시지요? 이전에 그들이 마시던 포도주는 'Made in human' 사람이 만든 것이었지만 방금 그들이 마신 포도주는 'Made in human' 이 아니라 'Made in Jesus' 이기 때문입니다.

포도주 원료는 포도입니다. 포도가 발효되면 포도주가 되는데 예수님은 포도로 포도주를 만드신 것이 아니라 물만으로 포도주를 만드셨습니다.

이것이 예수님께서 공생애를 시작하시고 나서 처음으로 일으킨 기적입니다. 그래서 가나의 혼인잔치에서 물로 포도주를 만드신 이 사건을 예수님의 공생에 첫 기적 사건이라고 하는 것입니다.

예수님은 물로도 포도주를 만드실 수 있는 문제의 해결자 되심을 믿

으시기를 소원합니다. 물로 포도주를 만드신 예수님께서 그 능력으로 죽었던 저와 여러분의 영혼을 살려주신 줄 믿습니다. 물로 포도주를 만드신 예수님께서 그 능력으로 아직 믿지 않는 여러분의 가족들을 구원해 주실 줄 믿습니다. 물로 포도주를 만드신 예수님께서 그 능력으로 아직 해결하지 못한 안타까운 문제들도 해결해 주실 줄 믿습니다.

이것이 우리에게 주는 교훈은 예수님의 기적은 예수님의 말씀에 순종하는 자가 경험하게 된다는 것입니다. 예수님의 말씀에 순종하지 않는 사람은 기적의 포도주를 맛보면서도 그것이 어디서 나왔는지를 알지 못하는 것처럼 오늘날 하나님의 기적 역시 순종하는 자가 경험하는 것입니다. 예수님의 말씀에 순종하다가 예수님의 기적을 체험하는 여러분이 되시기를 주님의 이름으로 축원합니다.

다음으로 예수님께서 가나의 혼인집에서 물이 포도주가 되게 하는 기적을 베푸신 이유가 무엇이었을까요?

예수께서 이 첫 표적을 갈릴리 가나에서 행하여
그의 영광을 나타내시매 제자들이 그를 믿으니라.(11절)

어머니의 부탁 때문이라고 할 수 있겠고 그 집의 낭패를 막아주기 위해서라고 말할 수도 있을 것입니다. 그러나 그보다 더 중요했던 이유는 그런 기적을 제자들에게 보여줌으로 제자들이 예수님이 메시아요 하나님의 아들 되심을 믿게 하는 데 있었습니다.

예수님께서 이 세상에 계시면서 여러 기적을 행하셨습니다. 병든 자를 고쳐주신 일, 귀신을 쫓아내신 일, 바다 위를 걸으신 일, 죽은 자를 살려주신 일, 보리떡 5개와 물고기 2마리로 오천 명을 먹이신 일 등 여러 기적을 행하셨습니다. 그런데 이런 기적들을 일으키신 목적은 한 가지였습니다. 예수님께서 이 땅에 오신 목적이 기적들을 보여주고서라도 사람들이 예수님을 믿도록 하려는 것이었습니다.

만일 예수님께서 이 땅에 오신 목적이 병든 사람들 병 고쳐주시는 것이 목적이었다면 예수님은 이 땅에 종합병원을 세우셨을 것입니다. 만일 예수님께서 이 땅에 오신 목적이 주린 자를 먹여주시는 것이 목적이었다면 예수님은 구호단체를 만드셨을 것입니다. 그러나 예수님께서 이 땅에 오신 목적은 죄인을 불러 예수님을 주님으로 믿게 해서 구원받게 하는 것이었습니다. 그래서 예수님께서 이 세상에 계시는 동안에는 직접 기적을 보여주면서 전도를 하셨습니다. 그래서 당시 사람들은 기적을 통해서 예수님을 믿어 구원을 받았습니다.

그러나 지금은 다릅니다. 지금은 예수님을 먼저 믿는 자들이 복음을 전할 때 그 복음을 듣는 사람이 믿고 구원을 받습니다. 그러기 때문에 지금은 이상한 기적이 일어나는 것을 보고 믿으려 해서는 안 됩니다.

이 눈에 아무증거 아니 뵈어도 믿음만을 가지고서 늘 걸으며(찬송가 545장) 라고 함과 같이 지금은 하나님의 말씀, 복음을 한 번이라도 더 들으려고 해야 하고 지금은 예수님을 믿는 자들이 아직도 예수님을 믿지 않는 자들에게 복음을 전해 주어야 하는 것입니다. 그래서 전도가 중요한 것입니다. 죄인은 복음을 듣고 들은 복음을 믿어야 구원을 받습니다. 그래서 우리는 열심히 복음을 전하는 일에 힘써야 합니다.

그 후에 예수께서
그 어머니와 형제들과 제자들과 함께 가버나움으로 내려가셨으나
거기에 여러 날 계시지는 아니하시니라.(12절)

예수님께서 가나의 혼인집에서 물로 포도주를 만드신 공생애 첫 기적을 행하셨습니다. 그랬으니 거기 있는 사람들이 그 사실을 알고 얼마나 예수님에게 잘해드렸겠습니까? 그러나 예수님은 거기에 여러 날 계시지

는 아니하셨습니다.

왜 그러셨을까요? 예수님은 공과 사를 분간하시는 분이셨기 때문입니다. 예수님은 본업과 부업을 구분하시는 분이셨기 때문입니다. 우리도 공과 사를 구분할 줄 알아야 합니다. 우리의 본업이 무엇이고 부업이 무엇인지를 구분할 줄 알아야 합니다.

예수님을 믿는 우리의 공적인 일은 성경대로 믿고 성경대로 사는 것이고 주일을 지키며 예배생활을 하고 전도하고 기도하는 것입니다. 그리고 예수님을 믿는 우리의 본업도 마찬가지입니다.

이 외의 일은 사적인 일이고 부업에 해당되는 일입니다. 그러기 때문에 일을 해도 주일을 지키면서 해야 수고하는 일이 헛되지 않고 공부를 해도 기도하면서 해야 복된 결과에 이르게 되는 것입니다.

성경대로 믿고 성경대로 사는 것이 우리의 공적인 일이고 주일을 지키며 예배생활을 하고 전도하고 기도하는 것이 우리의 본업인 줄로 믿습니다.

우리가 본업에 충실할 때 하나님께서는 우리가 해야 하는 다른 일들도 잘 되도록 복을 주실 줄 믿습니다. 그래서 주님의 은혜로 본업도 잘 감당하고 주님의 도우심으로 다른 일도 잘 하는 행복 자들이 되시기를 주님의 이름으로 축원합니다.

| 제 6 장

교회가 교회답기를 원하시는 예수님

_ 요한복음 2장 13~22절

지난 시간 우리는 공생애를 시작하신 예수님께서 가나의 혼인 잔치에 가셨다가 물로 포도주를 만드신 기적을 보면서 예수님이야말로 내가 안고 있는 어떤 문제도 해결해 주실 수 있는 문제의 해결자 되심을 깨달았습니다.

우리는 이런 예수님을 믿는 자들입니다. 그러므로 우리가 지금 어떤 문제를 안고 있든지 예수님을 믿는 믿음으로 기도하며 최선을 다하면 우리도 물로 포도주를 만드신 기적 그 이상의 기적을 경험하게 될 때가 올 줄 믿습니다. 우리는 문제의 해결자이신 예수님을 믿는 사람이므로 힘든 일이 있더라도 걱정할 것 없습니다. 때가 찰 때까지 믿고 기도하시기 바랍니다.

유대인의 유월절이 가까운지라
예수께서 예루살렘으로 올라가셨더니.(13절)

예수님은 공생애 중 처음으로 유월절을 맞이하셨습니다. 유월절이란 한문으로 逾越節(유월절), 過越節(과월절) 영어로 Passover 로 넘어간 것을 기념하는 절기입니다.

무엇이 넘어갔다는 말인가요? 이를 이해하려면 이스라엘의 역사를 알아야 합니다. 이스라엘 사람들은 애굽이라는 나라에서 430년 동안이나 종살이를 하며 살고 있었습니다. 이를 보신 하나님께서 이스라엘을 애굽에서 해방시키시려고 모세를 지도자로 세우셔서 애굽 왕 바로에게 나아가 하나님의 뜻을 전달하게 하셨습니다. 그러나 바로는 이스라엘 백성들을 내보내라는 하나님의 명령을 거절합니다.

그도 그럴 것이 애굽 사람들이 가장 싫어하는 소위 3D 업종을 이스라엘 사람들이 다 감당하였는데 60만에 해당하는 노예들을 내보낸다는 것은 쉽지 않은 일이었습니다.

그러자 하나님께서는 모세를 통해 이적 기사를 바로 앞에 보이시며 압박하게 하셨습니다.

피 재앙 → 개구리 재앙 → 이 재앙 → 파리 재앙 → 악질 재앙
→ 악성 종기 재앙 → 우박 재앙 → 메뚜기 재앙 → 흑암 재앙

9가지의 재앙을 보이시며 하나님의 말씀에 순종할 것을 압박하십니다. 그래도 바로는 하나님께 거역합니다. 그런 바로를 굴복시킨 마지막 재앙이 애굽 전역에 짐승의 첫 새끼와 사람의 큰 아들들이 죽는 재앙입니다. 장자 죽음의 재앙입니다.

그래서 애굽에 사는 짐승이든 사람이든 처음 낳은 것은 다 죽었는데 집 대문 문설주에 양의 피를 바른 이스라엘 사람들이 사는 집에는 이 죽음의 사자가 들어가지 않고 넘어갑니다. 그때서야 바로가 하나님 앞에 항복하고 이스라엘 사람들은 애굽에서 해방되어 홍해를 건너게 된 것입니다.

그래서 이 날은 이스라엘 사람들에게 잊을 수 없는 해방의 날이요, 기쁨의 날 축복의 날입니다. 그래서 하나님께서는 이스라엘 백성들에게 이

날을 대대로 기념하여 지키라고 하셨습니다.

이 날이 하나님께서 죽음의 사자가 넘어가게 하신 날 유월절입니다. 그 후로 이스라엘 사람들이 이 절기를 지키기 시작하였는데 예수님 당시까지 지켜지고 있었고 예수님께서 공생애를 시작하신 후 그 첫 유월절을 맞이하신 것입니다.

그럼 예수님께서는 이 유월절 절기를 어떻게 하셨을까요?

유대인의 유월절이 가까운지라
예수께서 예루살렘으로 올라가셨더니.(13절)

예수님께서도 유월절을 지키셨습니다. 어디서 지키셨을까요? 예루살렘에서 지키셨습니다. 왜냐하면 예루살렘에 성전이 있었기 때문입니다. 그래서 하나님을 믿는 사람들은 세계 어디서 살든지 절기를 지킬 때에는 예루살렘 성전에 와서 지켰습니다. 이것이 그들의 하나님을 중심한 신앙의 표현이었습니다.

우리도 이런 신앙을 가져야 할 줄 믿습니다. 예배는 아무데서나 드리는 것이 아닙니다. 하나님의 말씀만 들으면 된다고 TV 틀어놓고 집에서 설교를 듣는다고 예배를 드리는 것이 아닙니다. 예배는 반드시 교회에 나와서 성도들과 함께 교회에서 드려야 합니다. 왜냐하면 하나님은 구약에는 성전에서 성도들의 제사를 받으셨고 신약에는 교회를 통해서 예배를 받으시기 때문입니다. 예배는 반드시 교회에 출석해서 성도들과 함께 드려야 합니다.

다음으로 13절에서 우리가 좀 생각해야 할 내용은

예수님께서 예루살렘으로 올라가셨다.

는 말씀입니다.

일반적으로 "올라간다"는 말은 낮은 곳에서 높은 곳으로 이동하는 것을 말합니다. 본문의 경우 가버나움에 계시던 예수님께서 예루살렘으로 이동하셨다고 하는데 가버나움 지역보다 예루살렘 지역이 높은 곳이기 때문에 이때 예수님께서 올라가셨다라고 표현하는 것은 지역적으로 맞는 표현입니다.

그러나 성경에서는 높은 곳에서 낮은 곳으로 이동할 때에도 "올라간다."고 할 때가 있습니다. 어느 때 그러느냐 하면 성경에서 강조하는 기준을 중심으로 해서 그 중심에서 멀어지면 높은 지역으로 가더라도 내려간다고 하고, 그 중심으로 가까워지면 낮은 지역으로 가더라도 올라간다고 하기 때문입니다.

우리가 말을 할 때에도 이런 성경적인 의미를 알고 말을 해야 하는데 그런 생각을 하지 않고 하던 식으로 쉽게 말하는 경우가 있습니다.

예를 들어 어떤 분이 교회 근방에 살다가 차로 30분 걸리는 곳으로 이사 갔을 때 집이 멀어졌다고 말해야 할까요? 교회가 멀어졌다고 말해야 할까요? 자기 집이 중심인 사람은 교회가 멀어졌다고 할 것입니다. 그러나 교회 중심의 믿음을 가진 사람은 집이 멀어졌다고 말할 것입니다. 예수님께서 예루살렘에 올라가신 것처럼 우리도 날마다 올라가는 삶을 살아야 할 줄 믿습니다.

올라가는 삶이란 하나님을 가까이 하고 교회를 가까이 하는 삶입니다. 그래서 언제나 교회 중심, 하나님 중심의 신앙을 실천하는 여러분이 되시기를 축원합니다.

그러면 예루살렘 성전에 가신 예수님께서 어떻게 하셨는지 14절 말씀을 보시기 바랍니다.

성전 안에서

소와 양과 비둘기 파는 사람들과
돈 바꾸는 사람들이 앉아 있는 것을 보시고.

성전 안에서 보셨다고 하는데 성전이란 좁은 의미로 말할 때는 성소가 있는 곳을 말하지만 넓은 의미로 말할 때는 성전 뜰과 성전 건물 등을 포함한 곳을 말합니다. 그런데 여기서 "성전 안"이란 넓은 의미의 성전으로 성전 뜰을 말합니다. 따라서 예수님께서 성전 안에서 보셨다는 말은 성전 뜰에서 보셨다는 말입니다. 그럼 이때 예수님께서 성전 뜰에서 무엇을 보셨을까요?

성전 안에서
소와 양과 비둘기 파는 사람들과
돈 바꾸는 사람들이 앉아 있는 것을 보시고.(14절)

소와 양과 비둘기 파는 사람들과 돈 바꾸는 사람들이 앉아 있는 것을 보셨습니다. 이들은 어떤 사람들이었을까요? 이들은 성전에 제사 드리러 오는 사람들을 돕는 사람들이었습니다. 어떻게 도왔느냐 하면 사람들이 성전에 제사를 드리려면 반드시 제물을 바쳐야 하는데 그 제물은 흠 없고 정결한 1년생이어야 했습니다. 사람들이 그렇게 준비해 왔어도 그 제물이 합당한 정결한 제물인지 제사장으로부터 검사받아야 했습니다.

그런데 외국이나 먼 지역에 살던 사람들은 제물을 집에서 가져오기도 힘들고 흠이 없는 제물을 준비해 와도 오는 도중에 제물이 다치거나 잘못되는 일도 많았습니다.

이런 어려운 사정을 아는 사람들이 성전 뜰에 제물을 준비해 두었다가 제물이 필요한 사람들에게 팔기 시작하였습니다. 이렇게 되니 이제는 제물을 먼데서 끌고 오지 않아도 되었고 성전 뜰에서 제물을 사서 바치면 제사장의 어려운 제물 심사도 받지 않아도 되어서 무척 편리했습니다.

그리고 돈 바꾸는 사람들이 성전 뜰에 있었던 것도 비슷한 이유 때문에 생겨났습니다. 이스라엘의 20세 이상 되는 유대인이나 유대교로 개종한 이방인은 반 세겔의 속전을 바쳐야 했습니다. 그런데 로마 통치를 받고 있는 지역에 살던 사람들이 사용하던 화폐에는 로마의 황제 시저의 얼굴이나 이방 군주의 얼굴이 그려져 있어서 그런 화폐를 하나님께 드리는 것은 하나님의 신성을 모독하는 것으로 여겼습니다. 그래서 자기들이 사용하던 돈을 가지고 와서 성전에 드리기 전에 유대인들이 사용하는 돈으로 환전하여 바쳤습니다. 그러기 때문에 성전 뜰에서 짐승을 파는 사람이나 돈을 바꿔주는 사람들은

어떤 면에서는 하나님께 제사 드리는 것을 돕는 사람들이었습니다. 그런데 이들을 보신 예수님께서 어떻게 하셨는지 15절에서 보시기 바랍니다.

노끈으로 채찍을 만드사
양이나 소를 다 성전에서 내쫓으시고
돈 바꾸는 사람들의 돈을 쏟으시며 상을 엎으시고.

예수님께서 노끈으로 채찍을 만드시더니 휘두르시며 짐승들을 내쫓으십니다. 돈을 바꾸는 사람들의 돈 통에 들어 있던 돈을 쏟으시고 그 상을 뒤집어엎으십니다.

아니 이게 웬일입니까? 예수님께서 화가 나셨어도 대단히 화가 나신 모습입니다. 여러분! 예수님의 이런 모습을 어떻게 이해해야 할까요? 너무 폭력적이다 라고 생각되지 않으세요? 너무 성급하신 행동이라고 생각되지 않으세요? 그렇게 생각할 수 있습니다.

그러나 온유하신 예수님께서 이렇게 분노하신 이유가 있습니다. 그 이

유를 알려면 예수님께서 하신 그 다음 말씀을 보아야 합니다.

> 비둘기 파는 사람들에게 이르시되
> 이것을 여기서 가져가라
> 내 아버지의 집으로 장사하는 집을 만들지 말라 하시니.(16절)

"내 아버지의 집으로 장사하는 집을 만들지 말라." 당시 성전 뜰에서 짐승을 팔고 돈을 바꿔주는 사람들이 이권을 위해서라면 수단과 방법을 가리지 않는 시장 바닥처럼 하나님의 성전을 변질시켰다는 것입니다.

그런데 더 심각한 문제는 성전 뜰에서 짐승을 팔고 돈을 바꿔주는 사람들이 아니라 그들을 이용해 이득을 취하는 종교 지도자들에게 있었습니다.

그들의 내력을 잠시 들여다보면 이렇습니다. 제사장과 성전을 관리하던 지도급에 있던 사람들이 성전 뜰에서 이뤄지고 있는 일들을 보니 돈이 되는 일이었던 것입니다. 그래서 제사장과 지도자들이 이 일에 개입하기 시작합니다. 아무나 성전 뜰에 들어와 장사하지 못하게 하면서 자기들의 요구를 들어주는 사람들에게 자리를 내줍니다.

그러면서 자릿세를 받습니다. 아무리 정결한 제물을 가지고 와도 외부에서 가지고 오는 제물은 무조건 불합격시킵니다. 아무리 흠이 있는 짐승이라도 성전 뜰에서 사면 합격시킵니다.

그러자 환전 비율이 높아지고 성전 뜰에서 파는 제물의 값은 턱 없이 비싸집니다. 그 결과 제사장들과 지도자들이 막대한 수입을 챙길 수 있게 되었는데 하나님의 성전은 마치 시장 바닥 이상으로 변질되어버렸습니다. 그래서 하나님의 성전이 종교지도자들의 갈취의 장소로 변질되어버렸고 하나님의 제사가 돈 버는 수단이 되어버렸습니다.

예수님께서 이런 모습을 보시고 화를 내시며 그들을 매몰차게 쫓아내셨던 것입니다. 예수님께서 채찍을 휘두르시며 짐승들과 환전상들을 내쫓으시고 그들의 상을 뒤집어엎으신 것은 하나님의 성전이 타락해지고 하나님의 영광이 가려지는 것에 대한 의분이었지 혈기가 아니었습니다.

예수님을 믿는 우리도 이런 의분이 있어야 합니다. 그런데 우리는 어떻습니까? 내 체면이 손상될 때에는 분을 참지 못하지만 하나님의 영광이 가려지는 일에는 최소한의 화도 내지 않을 때가 있습니다.

그런 것이 온유한 그리스도인의 모습으로 착각할 때가 있습니다. 내 자존심이 상하는 일에는 민감하게 반응하면서도 진리가 왜곡되고 교회의 위신이 손상되는 것을 보면서 의분조차도 갖지 못할 때가 많습니다. 그러면서도 타락해버린 성전을 바라보고 채찍을 드신 일에는 예수님이 어떻게 그렇게 하실 수 있느냐고 비판하는 사람들이 있습니다.

내 자신의 자존심과 체면의 손상보다는 하나님의 영광과 진리 그리고 교회의 위상을 세우는 일에 의분을 가질 줄 아는 저와 여러분이 되시기를 주님의 이름으로 축원합니다.

성전 뜰에서 예수님의 모습을 보던 제자들은 그때 어떻게 하였을까요?

제자들이 성경 말씀에
주의 전을 사모하는 열심이 나를 삼키리라
한 것을 기억하더라.(17절)

예수님의 모습을 보던 제자들에게 떠오르는 말씀이 있었습니다.

주의 전을 사모하는 열심이 나를 삼키리라.

이 말씀은 시편 69편 9절에 나오는 말씀입니다. 이 말씀의 1차적인 뜻은 다윗을 두고 하는 말인데 다윗이 하나님의 전을 건축하려는 열심히 컸기 때문에 하나님께는 기쁨이 되었지만 형제들에게는 미움의 대상이 되었다는 말입니다. 그리고 이 말씀의 2차적인 뜻은 장차 오실 메시아에 관한 예언입니다. 장차 오실 메시아는 주의 전을 열심히 사모하실 분이시고 주의 전을 사모하는 열심 때문에 고난을 당하실 것이라는 것입니다.

제자들이 예수님께서 의분을 내시는 모습을 보는 순간 이 말씀이 생각났고 유대교 지도자들이 예수님을 모질게 핍박하고 죽이려는 일도 이 때부터 시작되었습니다.

예수님께서 이때 성전 뜰에서 장사를 하든 고리로 환전을 해서 돈을 뜯어먹든 말든 못 본체 하고 좋은 게 좋다는 식으로 사셨더라면 예수님은 고난을 받지도 않으셨을 것이고 십자가에 죽임을 당하지도 않으셨을 것입니다.

그러나 예수님은 당시 사람들과 적당하게 타협하면서 대접받고 사는 것보다는 오해를 받고 미움을 받을지라도 성전은 성전다워야 하고 종교 지도자는 지도자다워야 한다고 가르치셨습니다. 그랬기 때문에 예수님은 기득권자들에게 외면을 당하시고 고난을 받으셨습니다. 고난을 받을지라도 성전은 성전다워야 한다고 가르치셨던 예수님을 본 받아 예수님을 믿는 우리도 교회를 교회답게 하는 일에 힘써야 할 줄 믿습니다.

성전 뜰의 상황이 갑자기 이렇게 되자 서기관과 제사장들이 예수님을 보면서 기겁을 합니다. 왜냐하면 지금까지 그렇게 한 사람이 하나도 없었거든요. 누구나 그들의 말 앞에서는 벌벌 떠는데 예수라는 청년의 행동은 유대교 교권에 대한 도전이었고 그들 편에서 보면 하나님에 대한 도전이었기 때문입니다.

그래서 그들이 예수님께 더 격한 말로 외칩니다.

이에 유대인들이 대답하여 예수께 말하기를

네가 이런 일을 행하니 무슨 표적을 우리에게 보이겠느냐.(18절)

이 말은 "당신이 무슨 권세로 이런 짓을 하느냐"는 것입니다. 하나님께 벌 받을 짓을 하던 그들이 오히려 하나님이신 예수님께 대드는 겁니다. 그러는 그들에게 하나님이신 예수님께서 하늘의 불을 내려 벌하지 않은 것도 다행입니다만 그들의 말에 차분히 답변을 하십니다.

예수께서 대답하여 이르시되 너희가 이 성전을 헐라
내가 사흘 동안에 일으키리라.(19절)

"이 성전을 헐라 그러면 내가 사흘 만에 다시 일으키리라." 이 말씀은 대단히! 대단히! 엄청난 말씀입니다. 왜냐하면 성전을 헐라는 말은 예수님께서 성전 뜰에서 장사하는 사람들을 내쫓으신 일보다 훨씬 더 무서운 죄를 짓는 일이라고 그들이 생각했기 때문입니다.

성전을 헐라는 말을 한 것만으로도 그것은 성전을 모독하는 죄요, 신성모독죄가 되어 당시 종교법으로 사형 감이었습니다. 그래서 실제적으로 유대인들이 예수님을 끝까지 잡고 늘어지면서 재판관들에게 고소하며 예수님을 죽여야 한다고 주장했던 죄가 이 바로 이 성전모독죄, 신성모독죄였습니다.

그런데 예수님께서 말씀하신 본래 의도는 사람들이 하나님께 제사 드리는 성전을 헐라는 것이 아니라 그보다 더 충격적인 말씀을 하시는 것이었습니다.

그것은 예수님께서 헐라고 하신 성전은 하나님께 제사 드리는 성전이 아니라 예수님 자신이었습니다. 예수님은 하나님이셨고 하나님은 이 땅에 사람으로 오신 예수님 안에 거하셨기 때문에 예수님은 하나님이 거하시는 성전이셨습니다.

그래서 예수님께서 성전을 헐라고 하신 것은 너희가 나를 죽여보라는 겁니다. 그러면 내가 사흘 만에 다시 세우리라!! 너희가 나를 죽여도 나는 사흘 만에 다시 살아날 것이다라는 것입니다.

예수님께서 죄인들을 구원하시기 위해 십자가에 죽임 당하실 것과 예수님께서 다시 사실 것을 선포하신 것입니다.

이를 통해서 우리가 알아야 할 것이 있습니다. 그것은 예수님은 장래 일을 다 아시는 분이시라는 것입니다. 예수님은 유대인들에게 죽임을 당하실 것을 미리 알고 계셨고 예수님은 죽임을 당하셔도 다시 사실 줄을 미리 아시는 분이셨습니다.

만일 우리가 우리에게 일어날 장래의 일을 다 안다고 한다면 우리는 어떻게 할 것 같습니까? 좋은 일이 일어날 줄을 미리 안다면 그날이 너무 좋아 그날이 빨리 오기를 기다리겠지요. 하지만 반대로 좋지 않은 일이 일어날 것을 미리 안다면 어떻게 할 것 같습니까? 어떻게 해서든지 피하려고 할 것입니다. 그런데 예수님께서는 사람들에게 오해를 받아 붙들릴 것도 아셨습니다. 채찍에 맞고 침 뱉음을 당하고 저주의 십자가 형틀을 지시고 처형당할 것도 아셨습니다.

그런 어려움을 피할 길도 아셨고 그런 대적들을 물리칠 능력도 있으셨습니다. 그런데도 예수님은 그런 고난을 피하려 하지 않으셨습니다. 다 당하셨습니다.

왜 그러셨을까요? 저와 여러분을 죄에서 건져 천국백성 삼으시려고 죽었던 우리 영혼 살려주시고 저주 아래 있었던 우리를 구원하셔서 하나님의 자녀 삼으시려고 그러셨습니다.

그 예수님의 은혜와 사랑으로 우리가 죄 용서를 받았고 하나님의 자녀가 된 줄 믿습니다. 고난을 피할 길도 아셨고 오해하고 힘들게 하는 자들을 물리칠 능력이 있으셨어도 나를 구원해 주시려고 죽임까지 당하신 예수님의 그 사랑 때문에 우리가 지금 천국 백성이 된 줄 믿습니다.

그러기 때문에 우리는 늘 감사하며 살아야 할 줄 믿습니다. 예수님께서 기뻐하시는 일에 힘들어도 참여하려고 최선을 다해야 할 줄 믿습니다. 그렇게 사시는 여러분이 되시기를 주님의 이름으로 축원합니다.

유대인들이 이르되 이 성전은 사십육 년 동안에 지었거늘
네가 삼 일 동안에 일으키겠느냐 하더라
그러나 예수는 성전 된 자기 육체를 가리켜 말씀하신 것이라.
(20,21절)

예수님과 유대인들의 대화의 한 장면입니다만 이 대화 내용을 통해서 우리가 느끼는 것은 대화는 해도 서로 통하지 않는다는 겁니다. 소통이 안 되고 있습니다. 심지어 예수님의 제자들도 예수님의 말씀을 듣기는 들어도 예수님께서 하시는 본뜻을 알지 못했습니다.

그러다가 나중에 깨달아 알게 되는데 언제 깨닫게 되었습니까?

죽은 자 가운데서 살아나신 후에야
제자들이 이 말씀하신 것을 기억하고 성경과 예수께서 하신
말씀을 믿었더라. (22절)

예수님께서 죽은 자 가운데서 살아나신 후에야 깨닫게 됩니다.

제자들만 그럴까요? 우리도 그렇습니다. 예수님의 말씀을 들어도 처음에는 무슨 말씀인지 깨닫지 못합니다. 이것이 인간의 한계입니다. 그래서 사람이 이 한계 속에 갇혀서 보다 더 풍성한 보람되고 멋진 삶을 살지 못하는 것입니다.

그런데 예수님을 믿는 우리에게는 이런 인간의 한계를 극복할 수 있는 길이 있습니다. 그것이 과연 무엇일까요? 그것이 바로 성경을 정확 무

오한 하나님의 말씀으로 믿는 믿음입니다.

성경은 내일 일도 모르는 한계에 갇혀 있는 사람들에게 내일 일에 대해서 미리 보여주시는 예언의 말씀입니다. 눈에 보이는 것도 알지 못하는 한계에 갇혀 있는 사람들에게 초월적인 진리를 알려주시는 하나님의 음성입니다. 문제를 안고도 해결하지 못하는 한계에 갇혀 있는 사람들에게 무슨 문제든지 해결하며 살라고 주시는 인생살이의 답입니다.

그러기 때문에 누구라도 성경을 하나님의 말씀으로 믿고 성경 말씀대로 살기만 하면 말씀을 통해 하나님과 소통할 수 있습니다. 이런 믿음으로 하나님과 소통하는 사람에게는 지옥문을 닫고 천국문은 열어주시고 저주의 문을 닫고 축복의 문은 열어주실 줄 믿습니다.

이런 하나님을 경험하며 사는 행복한 여러분이 되시기를 주님의 이름으로 축원합니다.

I 제 7 장

전도하시는 예수님

_ 요한복음 1장 35~51절

우리 하나님은 예배를 통해 영광을 받으시고 예배를 통해 은혜도 주시고 복도 주십니다. 그래서 하나님께서는 오늘도 하나님께 예배드리기 위해 하나님의 교회에 모이신 여러분들을 기뻐하시고 예배를 드릴 때 여러분에게 은혜와 복을 주실 줄 믿습니다.

우리의 기도를 들으시고 찬양을 받으시고 말씀을 통해 큰 은혜와 새로운 복을 주실 줄 믿습니다.

먼저 오늘의 본문 43절의 말씀을 보시기 바랍니다.

이튿날 예수께서 갈릴리로 나가려 하시다가
빌립을 만나 이르시되 나를 따르라 하시니.

본문은 이튿날이라는 말씀으로 시작하고 있지요? 이튿날이란 예수님께서 세례를 받으신 그 다음날, 세례 요한이 자기 제자들과 함께 있다가 길을 가시는 예수님을 본 그 날을 말합니다.

그날 예수님께서 갈릴리로 가시려고 길을 나섰습니다. 갈릴리가 어디인지 알려면 이스라엘 지도를 알아야 합니다. 이스라엘 땅은 우리나라 남

한의 1/5 정도로 우리나라 강원도 정도밖에 안 되는 작은 나라인데 예루
살렘을 중심으로 3지역으로 나누어집니다. 남쪽 지역이 유대이고 중간이
사마리아이며 북쪽이 갈릴리입니다.

이 갈릴리 지역 사람들은 주로 어업이나 목축을 하며 살았습니다. 그
래서 이곳에는 주로 하층민이 모여 살았고 예수님이 자란 나사렛 동네도
여기에 있습니다. 그래서 세례를 받으신 예수님께서 고향으로 가려는 참
이었습니다.

그런데 예수님께서 이 갈릴리로 가시려던 참에 전도를 하시게 됩니다.
이때 예수님께서 빌립을 만나십니다.

빌립을 만나 이르시되 나를 따르라 하시니.

빌립을 만난 예수님께서는 빌립에게 바로 전도하셨습니다. 이 말씀
을 통해서 알 수 있듯이 예수님은 세례를 받으신 이후 계속해서 전도를
하셨습니다.

안드레에게 와보라고 하시면서 전도하셨고 안드레가 데리고 온 베드
로에게 나를 따르라고 하시며 전도하셨습니다. 길을 가시다가 만난 빌립
에게는 나를 따르라고 하시며 전도하셨습니다.

예수님을 믿는 우리도 예수님처럼 어디를 가든지 누구를 만나든지

- 와 보세요
- 예수님을 따르세요
- 예수님을 믿으세요

라고 하면서 전도해야 할 줄 믿습니다.
이렇게 전도를 해서 예수님을 따르게 된 사람들은

빌립은 안드레와 베드로와 한 동네 벳새다 사람이라.(44절)

빌립, 안드레, 베드로였습니다.

그런데 재미있는 것은 이 사람들이 다 "벳새다"라는 한 동네 사람들이라는 것입니다. '벳새다'란 '사냥이나 고기잡이 하는 집'이라는 뜻을 가진 동네 이름입니다. 갈릴리 호수 근처의 시골 촌 동네입니다.

그런데 이런 시골 촌 동네에서 예수님과 함께 복음으로 세상 역사를 바꾼 위대한 사람들이 나왔다는 것은 누구든지 예수님을 만나기만 하면 인생역전의 주인공들이 될 수 있다는 것을 보여줍니다.

그리고 별 볼일 없는 사람이라도 한 분이신 구원자 예수님을 믿기만 하면 빌립, 안드레, 베드로와 같이 세상의 역사를 바꿀 만한 인물들이 될 수 있는 줄 믿습니다.

누구든지 예수님을 만나면 인생역전의 주인공들이 될 수 있습니다. 별 볼일 없어 보이는 사람이라도 한 분이신 구원자 예수님을 믿으면 세상의 역사를 바꿀 만한 인물들이 될 수 있습니다. 내가 그런 사람인 줄로 믿습니다. 우리 자녀가 그런 사람인 줄로 믿습니다.

45절 말씀은 빌립이 예수님을 만난 후에 무슨 일을 어떻게 했는가에 대한 말씀입니다.

빌립이 나다나엘을 찾아 이르되
모세가 율법에 기록하였고 여러 선지자가 기록한 그이를
우리가 만났으니 요셉의 아들 나사렛 예수니라.

빌립은 예수님을 만난 후 바로 나다나엘을 찾아갔습니다. 그리고 그가 만난 예수님에 대한 이야기를 전합니다. 우리가 예수님을 만났는데 그

분은 모세가 율법에 장차 오시리라 예언한 그 분이고 여러 선지자가 예언한 그 분이시다. 그런데 그 분이 나사렛에 사는 요셉의 아들 예수님이시라는 것입니다.

빌립이 예수님을 믿은 후에 바로 나다나엘을 찾아가 전도한 것입니다. 들어보니 빌립이 전도를 참 잘하였지요? 그렇습니다. 이런 모습을 우리가 보면서 느끼는 것은 예수님을 만나고 예수님을 영접한 사람들은 다 전도하더라는 것입니다.

요한복음에 나오는 사람들을 볼까요? 세례 요한은 안드레와 다른 제자들에게 전도하였습니다. 안드레도 예수님을 만난 후에 베드로에게 전도하였고 빌립도 예수님을 만난 후에 나다나엘에게 전도하였습니다. 이것이 바로 예수님을 만난 사람, 예수님을 믿는 사람의 특징입니다. 진정으로 예수님을 만난 사람들은 전도를 하게 됩니다.

그러면 우리는 어떻게 해야 합니까? 우리도 마찬가지입니다. 우리가 진정 예수님을 만났고 예수님을 믿어 구원을 받았다면 우리도 요한이나 안드레나 빌립처럼 우리 주변 사람들에게 찾아가 전도를 해야 할 줄 믿습니다. 내가 만난 예수님을 주변 사람들에게 알리는 것이 전도입니다. 예수님의 제자들처럼 나도 전도하며 살겠다고 소원하시기를 바랍니다.

그러면 빌립이 나다나엘에게 전도한 결과는 어떠했습니까?

나다나엘이 이르되
나사렛에서 무슨 선한 것이 날 수 있느냐
빌립이 이르되 와서 보라 하니라.(46절)

"나사렛에서 무슨 선한 것이 날 수 있느냐"라고 대답합니다. 이렇게 말하는 것은 다른 데서라면 모르지만 메시아가 나사렛에서 나왔다는 것은 믿지 못하겠다는 것입니다.

왜냐하면 나사렛이란 동네는 예루살렘에서 북쪽으로 사마리아 지방을 지나 약 134Km 떨어진 갈릴리 지방에 속한 시골 언덕 마을인데 우리나라로 말하자면 강원도 산골 동네 같은 곳입니다.

그 지방 사람들은 교육을 제대로 받은 사람들이 많지 않았고 그래서 그곳 사람들은 교양이 부족했으며 특히 멋없는 심한 사투리를 사용했습니다. 더구나 이곳 사람들은 이방인들과의 잦은 접촉을 하였으므로 당시 사람들은 나사렛 사람들을 좋게 보지 않았습니다. 그런데 빌립이 나다나엘에게 찾아와 나사렛 출신 예수님이 구약 모세와 여러 선지자가 예언한 분이라고 하자 "나사렛에서 무슨 선한 것이 날 수 있느냐?"며 비아냥거렸던 것입니다.

예수님이 그곳 출신이라면 그 분에 대해서 알아볼 것도 없다는 것, 그런 시골 무식한 사람들이 사는 동네에서 믿을 만한 분이 나올 리 없다는 것입니다.

특정지역에 대한 편견, 이것 때문에 하나님의 아들이신 예수님을 만나고 예수님에 대해서 전도를 하는데도 예수님을 무시해버린다는 것은 너무나도 안타까운 일입니다.

그런데 오늘날 우리들 중에도 종종 그런 일이 일어납니다. 특히 선거 때만 되면 지역에 대한 편견을 가진 사람들이 나서서 국민들의 감정을 갈라놓는 일을 벌입니다.

불신자들은 진리를 몰라서 그렇더라도 예수님을 믿는 사람들은 그러면 안 됩니다. 사람을 평가해도 예수님을 통해서 평가를 해야지 개인적인 편견으로 사람을 평가하는 것은 주님의 뜻이 아니기 때문입니다.

나다나엘이 이런 지역적인 편견을 가지고 예수님에 대해 오해를 하고 전도를 거절하자 빌립은 어떻게 대답했을까요?

"와서 보라"고 말합니다. 예수님께서도 안드레에게 전도하시면서 "와 보라"고 하셨습니다.

빌립이 예수님께서 이렇게 전도하시는 것을 보고 금방 예수님을 따라서 자기도 나다나엘에게 "와 보라"고 전도한 것입니다. 우리도 그래야 할 줄 믿습니다.

그러면 빌립이 이렇게 전도했을 때 결과는 어떠했을까요?

처음에는 지역적인 편견으로 예수님에 대해서 평가절하 하던 나다나엘이 빌립을 따라 예수님께 나아갑니다. 예수님께 나아오는 나다나엘을 보시고 예수님께서 그에게 두 가지 말씀을 하십니다. 이는 참으로 이스라엘 사람이라 그 속에 간사한 것이 없도다.

여기서 "너는 간사하지 않은 사람이구나"라고 하시는 말씀은 나다나엘 그가 무흠하거나 죄가 없는 사람이라는 것이 아닙니다. 당시 교권주의자들과 같이 외적인 종교 행위로 자신을 치장하여 다른 사람에게 속이려는 그런 사람이 아니라는 말입니다.

예수님께서 이때 처음으로 나다나엘을 만나셨습니다. 그런데도 어떻게 예수님께서는 나다나엘을 오래 전부터 알고 겪으셨던 것처럼 그렇게 나다나엘의 마음은 물론 성품까지 자세하게 말씀하실 수 있었을까요?

예수님은 모든 것을 다 아시기 때문입니다. 사람의 마음까지도 뚫어 보시는 분이시기 때문입니다. 그래서 예수님은 나다나엘을 처음 만난 자리였지만 그에게 너는 참 이스라엘 사람이구나 너는 간사하지 않은 사람이구나라고 하신 것입니다.

하나님은 다 아십니다. 하나님은 내 마음을 다 아십니다. 하나님은 내 진실도 다 아십니다.

예수님께서 그렇게 말씀하시자 나다나엘이 깜짝 놀랍니다. '예수님께서 나를 어떻게 아시고 이렇게 말씀하시지?' 그래서 그가 48절에서 예수님께 이렇게 말합니다.

> 나다나엘이 이르되 어떻게 나를 아시나이까
> 예수께서 대답하여 이르시되
> 빌립이 너를 부르기 전에
> 네가 무화과나무 아래에 있을 때에 보았노라.

예수님! 어떻게 저를 그렇게 잘 아시지요? 라며 놀란 나다나엘에게 예수님께서 계속 말씀하십니다. 빌립이 너에게 전도를 했지? 그때 빌립이 나에 대한 이야기를 했었지? 그때 빌립이 나에게 너에 대해 말해서 내가 아는 것이 아니라 네가 무화과나무 아래에 있을 때 벌써 내가 너를 보았다.

"네가 무화과나무 아래에 있을 때"라는 말이 무슨 말입니까?

이 말을 이해하려면 당시 이스라엘의 기후가 어땠는지를 알아야 합니다. 이스라엘은 매우 더운 지역입니다. 그러기 때문에 사람들은 뜨거운 태양을 피해 그늘에서 쉬었습니다. 그래서 그 지역에 많이 자라는 무화과나무 아래 그늘은 그 지역 사람들에게 좋은 쉼터였습니다. 그런데 나다나엘은 그 그늘에 앉아서 율법을 공부하며 메시아의 오심을 기대하면서 기도와 명상을 하고 있었던 것입니다.

그의 이런 경건한 생활이 그를 간사함이 없는 참 이스라엘 사람이 되게 한 것도 감사한 일인데 더 복된 것은 그런 그를 예수님께서 간사함이 없는 진실한 사람이라고 인정해 주신 것입니다.

이것이 주는 아주 귀한 교훈이 있습니다. 그것은 같은 자리라도 놀기만 하고 쉬기만 하는 사람에게는 그곳이 휴식터가 되지만 하나님의 말씀을 읽고 기도하는 사람에게는 그곳은 예수님을 닮아가는 경건의 장소가 되고 예수님께 인정받는 자리가 된다는 것입니다. 어디서든 말씀을 가까이하고 기도에 힘쓰는 여러분이 되시기를 소원합니다.

예수님께서 이렇게 말씀하실 때 나다나엘이 한 반응은 어떠했을까요?

랍비여 당신은 하나님의 아들이시오
당신은 이스라엘의 임금이로소이다. (49절)

나다나엘이 예수님께 신앙을 고백하기를 예수님은 하나님의 아들이십니다. 예수님은 이스라엘의 임금이십니다라고 하였습니다. 빌립이 전도를 할 때는 지역적인 편견으로 예수님을 평가절하하며 비아냥거리던 나다나엘이 예수님을 만나고 예수님의 말씀을 듣더니 하나님의 사람으로 변한 겁니다.

이것이 우리에게 주는 교훈은 아무리 불신자라도 예수님을 만나면 변하게 되고 예수님의 말씀을 듣게 되면 변화된다는 것입니다. 그러므로 우리는 불신자들을 어떻게 해서든지 예수님의 말씀을 듣는 자리로 데리고 나와야 하고 예수님을 만날 수 있는 자리로 데리고 와야 할 줄 믿습니다.

누구든지 예수님의 말씀을 듣고 예수님을 만나기만 하면 예수님을 믿는 사람으로 변하게 됩니다.

나다나엘이 어떤 사람으로 변화되었는가는 그의 고백을 들어보면 알 수 있습니다.

> 랍비여 당신은 하나님의 아들이시오
> 당신은 이스라엘의 임금이로소이다.(49절)

이것이 그의 신앙고백인데요. 나다나엘의 이 신앙고백의 말씀을 들으면서 어디선가 이런 비슷한 신앙고백을 본 기억이 나지요? 마태복음 16장 6절에 이런 말씀이 있습니다.

> 시몬 베드로가 대답하여 이르되
> 주는 그리스도시요 살아 계신 하나님의 아들이시니이다.

베드로가 고백한 신앙고백입니다. 그런데 이 베드로의 신앙고백과 나다나엘의 신앙고백을 비교해 보면 베드로가 한 신앙고백보다 나다나엘이 고백한 신앙고백은 어딘가 좀 미흡하다는 것을 여러분도 느끼실 것입니다.

그도 그럴 수밖에 없는 것은 베드로의 신앙고백은 베드로가 예수님의 말씀을 많이 들은 후에 고백한 신앙고백인 반면에 나다나엘은 이제 막 예수님을 만난 자리에서 한 초신자의 신앙고백이기 때문입니다.

그러나 나다나엘의 신앙고백도 조금만 고치면 베드로의 신앙고백처럼 훌륭한 신앙고백이 될 수 있습니다. 그러면 우리 함께 나다나엘의 2% 부족한 신앙고백을 고쳐볼까요?

> 랍비여 당신은 하나님의 아들이시오
> 당신은 이스라엘의 임금이로소이다.(49절)

예수님을 "랍비"라고 부르는 것을 "주님"이라는 말로 바꾸면 됩니다. "랍비"를 "주님"이라고 바꾸어서 신앙고백을 해봅시다.

예수님이시여 주님은 하나님의 아들이시오
주님은 이스라엘의 임금이십니다.

어떻습니까? 멋진 신앙고백이지요? 지난 시간에 말씀 드린 바와 같이 성숙한 성도는 말을 해도 보다 경건한 말을 골라서 사용해야 할 줄 믿습니다. 특히 여러분께서 대표기도를 할 때에도 준비 없이 하지 말고 준비하는 마음으로 기도 내용을 써보고 쓴 내용을 읽어보고 고칠 것이 없는가를 고쳐서 하게 되면 하나님께서 기쁘시게 받으시는 훌륭한 기도가 될 것입니다.

그리고 하나님이나 예수님을 지칭하는 말이나 성직을 부를 때 보다 거룩하고 경건한 단어가 어떤 것인가를 살펴 사용하는 습관을 가져야 합니다.

성숙한 성도답게 말 한마디 단어 하나라도 보다 경건한 용어를 골라서 사용하는 여러분 되시기를 소원합니다.

나다나엘이 신앙을 고백하면서 예수님을 "이스라엘의 임금이십니다"라고 한 것은 "예수님은 이스라엘의 영광을 회복할 왕적 권위를 지니신 메시아이십니다"라는 말입니다.

예수님을 처음 만난 나다나엘이 예수님을 이렇게 고백하는 것을 보면 그가 그동안 얼마나 메시아가 오시기를 사모하고 있었는지를 알 수 있습니다. 그런 나다나엘이 이 땅에 오신 메시아 예수님을 만나는 복을 받은 것입니다.

오늘날 우리도 이런 믿음으로 신앙생활을 해야 할 줄 믿습니다. 과거 나다나엘은 초림하실 메시아를 사모하며 기다렸다면 오늘날 우리는 다시 오실 예수님을 사모하며 신앙생활을 해야 합니다.

그러다가 나다나엘이 이 땅에 오셨던 예수님을 만나는 복을 받은 것처럼 우리도 다시 오실 예수님을 사모하며 신앙생활을 잘 하다가 재림의 주님을 만나는 복을 받으시기를 주님의 이름으로 축원합니다.

> 예수께서 대답하여 이르시되
> 내가 너를 무화과나무 아래에서 보았다 하므로 믿느냐
> 이보다 더 큰일을 보리라
> 또 이르시되 진실로 진실로 너희에게 이르노니
> 하늘이 열리고
> 하나님의 사자들이 인자 위에 오르락 내리락 하는 것을 보리라
> 하시니라.(50,51절)

예수님은 자신을 구원자요 하나님이심을 믿고 고백하는 사람에게 선물을 주십니다. 그렇다면 예수님을 만난 나다나엘이 예수님께 신앙고백을 하자 예수님께서 나다나엘에게 주신 선물이 무엇이었을까요?

"내가 너를 무화과나무 아래에서 보았다 하므로 믿느냐 이보다 더 큰일을 보리라." 그것은 하나님의 사자들이 인자 위에 오르락 내리락 하는 것을 보리라는 것입니다.

이 말씀은 창세기 28장 17절에 나오는 말씀과 비슷합니다. 구약의 족장 야곱이 형 에서를 속이고 아버지 이삭에게 장자의 축복을 대신해서 받아버립니다. 그러자 나중에 그것을 알게 된 에서가 가만히 있지 않지요. 만일 그 후에 두 형제가 만났다면 아마 형제간에 살인사건이 일어났을지 모를 일입니다.

그래서 야곱이 자기를 죽이려 하는 형을 피해 도망하다가 너무 지쳐 어느 한 곳에 돌베개를 하고 잠을 자다가 꿈을 꾸게 됩니다. 꿈에 보니 사닥다리 하나가 있는데 그 사닥다리에 천사들이 오르락내리락 하는 겁니다. 하나님께서 야곱에게 함께해주시겠다는 증거였습니다.

그런데 예수님께서 나다나엘에게 "하나님의 사자들이 인자 위에 오르락 내리락 하는 것을 보리라"고 말씀하신 것입니다. 이 말씀은 네가 지금 하나님께 이르는 문인 나를 보고 있으며, 네가 지금 하나님의 전인 나를 보고 있으며, 네가 장차 십자가에서 죄인을 구원하기 위한 구속사역을 마치고 하늘로 다시 올라갈 텐데 그런 나를 보리라는 것입니다.

그랬으니 나다나엘은 이 땅에 오신 하나님을 만난 것이며 다시 오실 재림의 예수님을 미리 만난 셈입니다. 사람이 하나님이신 예수님을 본다는 것은 무엇보다 큰 복입니다. 사람이 하나님이신 예수님을 믿는다는 것은 그 무엇에도 비교할 수 없는 큰 선물입니다.

그런데 이런 선물은 나다나엘만 받은 것이 아니라 우리도 이런 선물을 이미 받은 줄 믿습니다. 앞으로 우리는 다시 오실 재림의 주님도 보게 될 것입니다. 그 날이 이를 때까지 주님께서 가장 원하시는 전도에 최선을 다하다가 주님께 칭찬 받고 상 받는 저와 여러분이 되시기를 주님의 이름으로 축원합니다.

| 제 8 장

당신은 거듭나셨나요?

_ 요한복음 3장 1∼15절

    예수님께서 세례를 받으신 후 공생애를 시작하셨습니다. 공생애를 시작하신 어느 날 가나의 혼인잔치에 가셨다가 그 집에 포도주가 떨어진 것을 아시고 물로 포도주를 만드셨습니다.

    그리고 유대인들의 최대 명절인 유월절을 지키시기 위해 예루살렘 성전을 찾아가셨다가 거룩한 하나님의 성전을 돈을 버는 수단으로 변질시키는 이들을 쫓아내심으로 성전을 정화하시는 일을 하셨습니다.

    예수님께서 하신 이런 일들을 통해 우리가 알아야 할 것은 예수님은 겉으로는 목수 집 요셉의 아들로 자란 사람이지만 영적으로는 죄인을 구원해주시기 위해 마리아에게 성령으로 잉태되어 이 땅에 오신 신성을 가지신 하나님이라는 것입니다.

    우리가 믿는 예수님은 우리와 똑같은 사람이시며 우리와 다른 하나님이십니다. 예수님은 인성과 신성을 가지신 분이십니다. 예수님께서 인성을 가지셨기 때문에 예수님은 우리가 여러 문제를 안고 힘들게 살아가는 것을 아십니다. 그러기 때문에 우리가 외롭고 불안할 때 예수님께 마음을 기댈 수 있고 우리가 병들어 힘들 때 예수님께 고쳐 달라 하소연도 하고 우리가 문제 앞에 답답해 할 때 예수님께 해결해달라고 빌기도 하는 것입니다.

만일 예수님이 우리의 문제를 해결해 주실 능력이 없다면 우리는 그런 예수님을 믿을 필요가 없고 믿는다고 해도 아무 소용이 없을 것입니다.

그러나 우리가 믿는 예수님은 마음만 좋으신 분이 아니라 우리의 어떤 문제든지 해결해 주실 수 있는 능력이 있으신 분이십니다. 할렐루야!

예수님은 돈이 많으신 분이십니다. 왜냐하면 이 세상 천지만물의 주인이 되시기 때문입니다. 예수님은 우리 몸이 아플 때 왜 아픈지 어떻게 해야 낫게 될 지를 다 아시는 분이십니다. 왜냐하면 우리 몸을 지으신 분이시기 때문입니다.

예수님은 모르는 것이 없으신 분이십니다. 왜냐하면 예수님은 과거의 일도 아시고 지금의 일도 아시며 장래의 일도 다 아시는 분이시기 때문입니다.

그래서 우리가 믿는 예수님을 전지전능하신 만유의 주라고 하는 것입니다. 내가 믿는 예수님은 모르는 것이 없으신 전지하신 분이시고, 못할 일이 없으신 전능하신 분이시고, 없는 것이 없는 세상 모든 것의 주인이십니다.

우리가 이런 예수님을 믿게 된 것은 우리가 이 세상에서 받아 누려야 할 복 중에 가장 큰 복인 줄 믿습니다. 여러분은 이런 복을 받은 사람임을 믿으시기를 소원합니다.

죄인들을 구원해 주시기 위해서 이 세상에 오신 예수님께서 이제 사람이 어떻게 해야 구원을 받을 수 있는가에 대해서 가르치시기 시작하십니다.

어떻게 해야 죄 용서를 받을 수 있는가? 어떻게 해야 죽은 영혼이 살아날 수 있는가? 어떻게 해야 하나님의 자녀가 될 수 있는가? 어떻게 해야 지옥가지 않고 천국 갈 수 있는가?

구원에 관한 이런 질문들은 사람들에게 가장 중요한 질문입니다. 이 질문에 대한 확실한 대답을 할 수 있는 사람만이 죄 용서도 받고, 구원도 받고 천국에도 갈 수 있습니다. 예수님께서 주시는 본문의 말씀을 통해 이런 질문에 대해 확실한 대답을 얻는 여러분이 되시기를 주님의 이름으로 축원합니다.

> 그런데 바리새인 중에 니고데모라 하는 사람이 있으니
> 유대인의 지도자라.(1절)

니고데모라는 사람이 등장합니다. 니고데모라는 사람은 어떤 사람일까요?
1절에서는 유대인의 지도자라고 하고, 10절에서는

> 예수께서 그에게 대답하여 이르시되
> 너는 이스라엘의 선생으로서 이러한 것들을 알지 못하느냐?

이스라엘의 선생이라고 하고 개역 성경에서는 유대인의 관원이라고 하고 현대인의 성경에서는 유대의회의 의원이라고 합니다.
이 말씀들을 종합해 보면 니고데모라는 사람은 당시 이스라엘 사회의 지식인이었고 지도자였으며 많은 학식과 높은 지위를 가진 사람으로 세상적으로 볼 때 부러울 것 없는 사람이었습니다.
이런 니고데모가 예수님에게 와서 이런 말을 합니다.

> 그가 밤에 예수께 와서 이르되
> 랍비여 우리가 당신은 하나님께로부터 오신 선생인 줄 아나이다
> 하나님이 함께하시지 아니하시면
> 당신이 행하시는 이 표적을 아무도 할 수 없음이니이다.(2절)

예수님께서 그동안 가나 혼인 잔칫집에서 물로 포도주를 만드셨고 성전에서는 성전을 변질시키는 못된 사람들을 쫓아내어 성전을 정화하셨다는 소문을 니고데모가 듣고 예수님을 찾아갑니다.

그리고 말하기를 "예수님! 이런 일들은 하나님께서 함께하시지 아니하시면 어느 누구도 할 수 없는 일인데 예수님께서 그런 일을 하시는 것을 보니 하나님께서 예수님과 함께하시는 것이 분명합니다. 믿습니다."라고 합니다. 그러자 예수님께서 니고데모에게 말씀하시기를

예수께서 대답하여 이르시되
진실로 진실로 네게 이르노니
사람이 거듭나지 아니하면 하나님의 나라를 볼 수 없느니라.(3절)

"사람이 거듭나지 아니하면 하나님의 나라를 볼 수 없느니라"고 하십니다. 이것을 보면 니고데모가 2절에서 예수님께 말한 요지는 "어떻게 하면 구원을 받을 수 있지요?"라는 질문이었고 예수님은 그에 대한 정확한 대답을 해 주신 것입니다.

이를 통해서 우리가 알아야 할 것이 있습니다. 그것은 우리도 니고데모처럼 궁금하고 모르는 문제는 예수님께 가지고 나아가 예수님께 물어야 한다는 것입니다.

그러면 어떻게 하실까요? 모든 것을 아시는 예수님께서는 누가 질문을 하든지 믿음으로 묻는 질문에 대해서 정확하게 대답해 주실 줄 믿습니다.

다음으로 그러면 우리가 언제 예수님을 만나러 가야 할까요? 니고데모는 2절에 보니까 '밤에' 예수님을 찾아갔습니다.

니고데모가 왜 밤에 예수님을 찾아갔을까요? 공직자였기 때문에 낮에는 근무를 하고 일과를 마쳐야 하니까 밤이었다고 할 수 있습니다. 니

고데모가 그래서 밤에 예수님을 찾아갔다면 니고데모는 맡은 일에 충실한 공직자였다고 칭찬받을 만합니다.

그런데 니고데모가 밤에 예수님을 만나러 간 이유는 그것만이 아니었습니다. 며칠 전 예수님께서 성전에서 제물을 팔고 환전하던 사람들을 쫓아내신 후로 유대 사회에서는 '예수님을 가만 두면 안 된다', '죄를 물어야 한다', '성전 훼방 죄로 고발해야 한다'고 하는 예수님에 대한 좋지 않은 소문이 자자했었습니다.

그런 상황에서 공회의원인 자신이 예수님을 찾아갔다는 것은 신분상 대단히 위험한 일이었습니다. 그렇다고 예수님을 만나지 않고서는 견딜 수 없어서 니고데모는 다른 사람들의 눈에 띄지 않는 밤에 예수님을 찾아간 것입니다.

어쨌든 니고데모가 그동안 해결하지 못한 영적인 문제를 해결하고 싶어서 예수님을 찾아간 것은 대단히 잘한 일입니다. 우리도 니고데모처럼 해결하지 못한 문제가 있을 때마다 낮이든 밤이든 예수님께 나오시길 주님의 이름으로 축원합니다.

해결하지 못한 문제를 안고 새벽기도회에 나오는 것이 새벽에 예수님을 만나러 오는 것입니다. 해결하지 못한 문제를 안고 수요일예배에 나오고 금요일 심야기도회에 나오는 것이 밤에 예수님을 만나러 오는 것입니다.

새벽이든 밤이든 수요일이든 금요일이든 주일이든 언제든지 예수님을 만나고 싶은 심정으로 교회에 나와 예배드리고 기도하는 성도마다 예수님은 만나주실 줄 믿습니다. 만나주실 뿐만 아니라 해결하지 못한 문제를 해결해 주시고 알아야 하는데 알지 못하는 문제들의 해답을 안겨 주실 줄 믿습니다. 그런 복을 누리는 여러분이 되시기를 소원합니다.

본문의 말씀을 읽어보면 예수님께서 니고데모에게 갑자기 이런 말씀을 왜 하셨을까 궁금할 정도로 니고데모가 예수님께 드린 말씀이나 예수님께서 니고데모에게 하신 말씀이 어울리지 않게 느껴지는 것이 사실입니다.

아마도 그것은 본문에는 나타나지 않습니다만 니고데모가 예수님께 질문한 내용은 "어떻게 하면 구원을 얻을 수 있을까요?"라는 것이었을 것입니다. 그래서 니고데모에게 예수님께서 말씀하시기를 "사람이 거듭나지 아니하면 하나님의 나라를 볼 수 없느니라."(3절)고 하신 것입니다.

이것이 주는 교훈이 있습니다. 그것은 구원의 문제와 같은 영적인 문제는 공부를 많이 했다고 알아지는 것도 아니고 오래 살았다고 경험으로 채득되어지는 것도 아니라는 것입니다.

니고데모는 앞서 말씀 드린 바와 같이 세상의 지식도 갖춘 사람이었고 사회적인 지위와 물질도 가진 사람이었습니다. 그러나 그런 것들로 해결하지 못하는 문제가 있었습니다. 영혼 구원의 문제였습니다. 당시 유대인들의 구원에 대한 생각은 구원은 하나님께서 선택한 선민이어야 받을 수 있고 선민 중에도 율법을 지켜야 구원을 받을 수 있다는 것이었습니다.

그래서 그들은 이방인은 구원 받지 못할 사람들이라고 멸시하고 구원을 받기 위해 율법을 열심히 지키려고 노력했습니다. 니고데모도 그렇게 살았습니다. 그러면서 니고데모가 깨달은 것은 아무리 힘쓰고 애를 써도 율법을 다 지킬 수 없다는 것이었습니다. 그러면 구원을 받지 못하는 것인가? 그러면 어떻게 해야 구원을 받는다는 말인가?

그래서 니고데모는 체면 불구하고 밤중에라도 예수님께 찾아와 해결하지 못하고 고민하고 있던 구원에 관한 질문을 했던 것입니다. 이에 대해 예수님께서 말씀하시기를

사람이 거듭나지 아니하면 하나님의 나라를 볼 수 없느니라.

무슨 말씀입니까? 하나님의 나라에 들어가려면 거듭나야 한다는 것

입니다. 유대인이라도 거듭나지 않으면 구원받지 못한다는 것입니다. 율법을 아무리 지키려고 해도 지킬 수 없고 율법을 다 지키지 못하는 사람은 천국에 들어가지 못한다. 그러니 천국에 가고 싶으면 거듭나야 한다는 말입니다.

사람이 거듭나야 하나님 나라에 들어간다? 거듭난다는 말이 어떻게 해야 한다는 말이지? 그래서 니고데모는 4절에서 예수님께 질문합니다.

니고데모가 이르되
사람이 늙으면 어떻게 날 수 있사옵나이까
두 번째 모태에 들어갔다가 날 수 있사옵나이까

"예수님! 하나님 나라에 들어가려면 거듭나야 한다고 하셨는데 거듭난다는 말은 사람이 어머니 뱃속에 들어갔다가 다시 태어난다는 말 아닙니까? 그런데 다 자란 사람이 어떻게 어머니 뱃속에 들어갔다가 다시 태어난다는 말입니까? 현실적으로 불가능한 말씀 아닙니까? 말씀을 들어도 무슨 말씀인지 도무지 알 수 없습니다."

여러분! 니고데모의 말이 무리한 말은 아니지요? 현실적으로 맞는 말 같지요? 제가 생각해도 그렇습니다. 우리가 그 자리에 있었더라도 우리도 그런 생각을 했을 것이고 우리가 용기를 내서 예수님께 질문을 한다고 해도 아마 우리도 니고데모처럼 그렇게 질문을 했을 것입니다.

왜 그럴까요? 사람은 아무리 안다고 해도 다 아는 것이 아니기 때문입니다. 남들이 아는 것도 내가 모르는 것이 많은데 나도 모르고 남도 모르는 것을 내가 누구에게 처음으로 듣는 말을 어찌 다 알아들을 수 있겠습니까?

내가 모른다는 것도 모른 채 마치 내가 다 아는 것처럼 착각하고 사는 것이 사람입니다. 우리는 나도 그런 사람 중에 한 사람임을 인정해야 합니다.

그 후에 어떻게 해야 하지요? 내가 다 알지 못한다고 인정을 했으면 모든 것을 다 아시는 예수님의 말씀에 귀를 기울이고 예수님께서 알려주시는 대로 믿어야 합니다. 그러면 내가 전에 알지 못했던 진리를 알고 내가 전에 누리지 못했던 복된 경험을 하며 살게 될 줄 믿습니다.

그러면 이제 5절을 통해 들려주시는 예수님의 말씀을 보겠습니다.

예수께서 대답하시되 진실로 진실로 네게 이르노니
사람이 물과 성령으로 나지 아니하면
하나님의 나라에 들어갈 수 없느니라.

"사람이 물과 성령으로 나지 아니하면 하나님의 나라에 들어갈 수 없느니라."

다시 말하면 사람이라면 누구든지 물과 성령으로 거듭나야 하나님의 나라에 들어갈 수 있다는 것입니다.

어떻게 물과 성령으로 거듭난다는 말일까요?

물로 거듭난다는 것은 복음을 듣고 예수님을 믿어 세례를 받음으로 죄 씻음을 받아 정결하게 된다는 말입니다. 성령으로 거듭난다는 말은 죄 때문에 죽어버렸던 영혼이 예수님을 믿을 때 성령께서 오셔서 살려주시는 것을 말합니다. 그런 사람이 구원을 받고 그런 사람이 천국에 들어가게 되는 것입니다. 할렐루야!

이것은 대단히 중요한 교리입니다. 사람은 누구나 성경 말씀을 들어야 하고 성경 말씀의 핵심인 예수님을 자신의 구주로 믿어야 합니다. 참으로 구주 예수님을 믿는다는 고백을 하고 그 증거로 물로 세례를 받아야 한다는 것입니다. 그럴 때 성령께서 역사하셔서 죄 용서를 받게 되는 것입니다. 그것을 구원이라고 하고 이 구원을 받은 사람이 하나님의 자녀가 되고 천국에 들어가게 됩니다.

이것이 바로 하나님께서 신구약성경을 통해서 우리에게 가르쳐주시는 구원 받는 진리요 예수님께서 니고데모에게 가르쳐주신 구원 받는 방법입니다.

예수님을 구주로 영접한 저와 여러분은 이미 구원을 받아 하나님의 자녀가 된 줄 믿습니다. 예수님을 구주로 믿고 세례를 받은 여러분은 이미 구원받은 천국 백성이 된 줄 믿습니다.

아직 내가 구원을 받았는지 잘 모르겠다고 생각되는 분이 있다면 이 진리를 깨닫고 복음을 듣고 예수님을 주님으로 믿으심으로 죄 용서함을 받고 하나님 나라에 들어가는 구원의 복을 받아 누리시기를 주님의 이름으로 축원합니다.

니고데모가 지금까지 하나님을 믿는다고 하였지만 이런 구원 받는 진리의 말씀은 예수님께 처음 들었습니다. 아무도 그런 진리의 말씀을 해주는 사람이 없었습니다. 그런데 처음으로 예수님께 이 말씀을 듣고 그는 어리둥절했을 것입니다. 그리고 놀랐을 것입니다.

그러는 니고데모에게 예수님께서 말씀하십니다.

육으로 난 것은 육이요 영으로 난 것은 영이니
내가 네게 거듭나야 하겠다 하는 말을 놀랍게 여기지 말라.(6,7절)

"육으로 난 것은 육이요"라는 말은 무슨 뜻일까요? 육으로 난 것은 이라는 말은 육신의 부모로부터 태어난 사람이라는 것이고, 육으로 난 것은 육이요 라는 말은 육신의 부모로부터 태어난 모든 사람은 누구든지 그들의 부모와 같이 여전히 타락한 본성을 가지고 있는 죄인이라는 말입니다.

그러면 "영으로 난 것은 영이니"라는 말은 무슨 뜻일까요? "영으로 난 것은"이라는 말은 복음을 듣고 예수님을 자신의 구주로 믿어 죄 용서함을 받아 죽었던 생명이 살아난 사람이라는 것이고 "영으로 난 것은 영이요"라는 말은 복음을 듣고 예수님을 자신의 구주로 믿어 죄 용서함을 받아 죽었던 생명이 살아난 사람은 육신의 부모로부터 태어날 때는 영혼이 죽었었지만 이제는 성령의 사람이 되었다는 말입니다.

그러므로 이 세상에 살아 움직인다고 다 같은 사람이 아닙니다. 살아 있는 것 같지만 영적으로는 죽어 있는 사람이 있고 보기에는 별 볼일 없어 보이는 사람들 중에도 영혼이 살아 움직이는 그래서 세상을 이기며 사는 사람이 있는 것입니다.

그러므로 모든 사람은 예수님을 믿어야 합니다. 누구든지 예수님을 믿기만 하면 죽은 영혼이 살아나고 원죄, 스스로 지은 죄를 용서받고 하나님의 자녀가 되어 천사의 인도를 받으며 이 땅에서도 천국을 맛보며 살 수 있게 되는 것입니다.

이런 복을 받은 성도 여러분! 이런 생명의 복을 더 풍성히 누리시기를 소원합니다.

그리고 아직도 이런 복음을 알지 못하는 사람에게 전하여 여러분의 가족이 구원을 받고 여러분의 이웃이 여러분을 통해 구원을 받는 역사가 일어나기를 주님의 이름으로 축원합니다.

> 바람이 임의로 불매
> 네가 그 소리는 들어도 어디서 와서 어디로 가는지 알지 못하나니
> 성령으로 난 사람도 다 그러하니라.(8절)

이 말씀은 성령의 역사를 자연현상인 바람이 부는 것에 비유하여 설명하고 있습니다. 성령의 역사를 바람에 비유하는 이유는 바람이 어디서 시작되어 어디로 가는지 잘 모르듯이 성령의 역사도 그 기원을 알 수 없

기 때문입니다. 바람 그 자체는 눈에 보이지만 그 결과는 나타나 보이듯이 성령의 역사도 결국은 성령의 열매를 통해서 알게 되기 때문입니다.

바람은 사람이 주관할 수 없도록 자기 마음대로 불듯이 성령의 역사도 사람의 마음대로 일어나는 것이 아니라 성령의 뜻에 따라 일어나기 때문입니다.

> 니고데모가 대답하여 이르되
> 어찌 그러한 일이 있을 수 있나이까
> 예수께서 그에게 대답하여 이르시되
> 너는 이스라엘의 선생으로서 이러한 것들을 알지 못하느냐.(9,10절)

예수님이 니고데모와 나눈 대화의 내용입니다. 니고데모는 유대의 공회의원으로 가르치는 위치에 있었던 지식인이었고 당시 엘리트였습니다. 그런데도 영적인 문제에 대해서는 전혀 알지 못했습니다. 그래서 니고데모는 솔직하게 자기가 모른다는 것을 인정하고 모르는 것을 알려고 예수님께 질문했던 것입니다.

이것이 주는 교훈이 있습니다. 그것은 영적인 것은 세상적인 지식으로 알 수 없다는 것입니다. 초월적인 사실은 사람들에게 배워서 아는 것이 아닙니다.

그러기 때문에 영적인 일과 초월적인 일에 대해서는 모른다고 인정하는 것이 가장 솔직한 자세입니다. 알지도 못하면서 영적이고 초월적인 사실에 대해서 왈가왈부 하는 것은 자신의 무지를 더 드러내는 일입니다. 모르는 것은 모른다고 인정할 줄 아는 용기가 있어야 합니다.

그리고 모르는 것은 물어서라도 배우려는 자세를 가지는 것이 지혜로운 자세입니다. 모르는 것을 묻되 물어도 아는 분께 물어야 합니다. 영적인 일, 초월적인 일에 대해서 교회도 출석하지 않는 대학 교수에게 물으면 안 됩니다. 아무리 박식한 교수라도 영적인 사실에 대해서는 전혀 모르기 때문입니다.

그럼 모든 것을 다 아시는 분은 누구입니까? 목사도 모르는 것이 많습니다. 그래서 저도 매일 성경을 읽으며 아직도 알지 못하고 있는 하나님의 진리를 더 많이 알아서 여러분에게 전하려고 노력하고 있습니다.

모든 것을 아시는 분은 하나님이십니다. 그런데 모든 것을 아시는 하나님이라도 우리가 육신의 오감으로 하나님을 실제로 만나 물을 수 없습니다. 그래서 하나님께서 우리 인간에게 주신 선물이 성경입니다. 하나님께 묻고 싶은 것이 있으면 이것을 보고 여기서 답을 찾으라고 주신 선물이 신구약성경입니다.

그러므로 성경 속에는 우리가 안고 있는 모든 질문에 대한 해답이 다 들어 있습니다. 그래서 성경을 하나님의 말씀으로 믿고 읽고 듣기를 힘쓰는 사람들은 하나님의 지혜를 터득하게 되고 그 하나님의 지혜로 세상을 살아가기 때문에 어리석은 일은 피해 살게 되고 실수는 줄이며 살게 되며 다른 사람들이 알지 못하는 복 받는 삶을 살게 되는 것입니다.

성경을 통해 이런 복을 누리며 살아가는 행복한 여러분이 되시기를 주님의 이름으로 축원합니다.

> 진실로 진실로 네게 이르노니
> 우리는 아는 것을 말하고 본 것을 증언하노라
> 그러나 너희가 우리의 증언을 받지 아니하는도다. (11절)

"우리는 아는 것을 말하고 본 것을 증언하노라." 여기에 나오는 우리는 예수님과 제자들입니다. 예수님과 제자들은 알고 본 것에 대해서 증언하며 살았습니다. 특히 제자들의 경우 영적인 일에 대해 처음부터 아는 것은 아니었지만 예수님의 말씀을 통해 들어서 알고 예수님께서 하시는 일들을 통해 본 것을 다른 사람들에게 전해주었다는 말입니다. 이것이 바로 전도입니다.

우리도 이런 점을 본 받아야 합니다. 우리도 그동안 성경을 읽고 설교를 들으면서 많은 것들을 알게 되었습니다. 그리고 인생살이를 통해 하나님을 경험하고 주변 교인들을 보면서 벌 받아 잘못되는 것도 보고 복 받아 잘 되는 일들도 많이 보았습니다.

그러면 어떻게 해야 할까요? 예수님과 예수님의 제자들처럼 알고 본 것들을 다른 사람들에게 증언해야 할 줄 믿습니다. 전도해야 할 줄 믿습니다.

그러므로 너희는 가서 모든 민족을 제자로 삼아
아버지와 아들과 성령의 이름으로 세례를 베풀고
내가 너희에게 분부한 모든 것을 가르쳐 지키게 하라

이런 삶이 바로 예수님의 명령에 순종하는 삶인 줄 믿습니다.

모세가 광야에서 뱀을 든 것 같이 인자도 들려야 하리니
이는 그를 믿는 자마다 영생을 얻게 하려 하심이니라.(14,15절)

"모세가 광야에서 뱀을 든 것 같이 인자도 들려야 하리니 이는 그를 믿는 자마다 영생을 얻게 하려 하심이니라." 이 말씀은 민수기 21장 4-9절의 말씀을 인용한 것입니다. 이스라엘 백성들이 출애굽한 후 광야생활 중에 어려움이 닥치자 하나님 여호와를 원망하다가 불 뱀에 물려 죽게 되었습니다.

이때 하나님께서는 모세더러 놋 뱀을 만들어 장대 끝에 달게 하고 불 뱀에 물려 죽어가는 사람들에게 그 놋 뱀 바라보게 합니다. 그 후에 순종

하여 놋뱀을 바라보던 사람들은 다 나음을 얻게 됩니다.

이 사건이 주는 아주 중요한 메시지가 있습니다. 하나님께서 구원의 길로 이끄시는데도 그것을 모르고 마귀에게 미혹을 받아 하나님을 의심하고 원망하면 망한다는 것입니다. 아무리 잘못한 죄인이라도 죄인들을 살려주시려고 십자가에 대신 죽으신 예수님을 믿으면 용서를 받고 구원을 받는다는 것입니다.

우리는 예수님을 믿는 자들입니다. 예수님을 믿어 구원 받은 하나님의 자녀들입니다. 그러니 죄 용서 받는 하나님의 자녀답게 죄는 멀리하고 하나님은 가까이 하며 구원해 주신 하나님을 기쁘시게 해드리는 행복 자들이 다 되시기를 주님의 이름으로 축원합니다.

제 9 장

죄인이 구원을 받아 영생을 얻는 방법

_ 요한복음 3장 16~21절

제가 어렸을 때 교회에 가서 처음 배운 노래가 지금도 기억납니다. 주일학교 선생님께서 아이들을 모아놓고 그 노래를 합창으로 부르게도 하고, 전체를 2부, 3부로 나누어 돌림 노래로 부르게도 하였습니다. 그러면 다른 팀들에게 지지 않으려고 목청을 높여 불렀습니다.

아마 우리 주일학교에서도 학생들에게 이 노래를 가르치고 있고 여러분들도 어려서부터 교회를 다닌 분이라면 이 노래를 부른 적이 있을 것입니다. 그 노래 가사가 오늘 본문인 요한복음 3장 16절입니다. 저는 그 당시 주일학교 선생님이 왜 그렇게 이 노래를 열심히 부르게 했는지 몰랐는데 나중에야 그 이유를 알게 되었습니다.

그것은 요한복음 3장 16절 말씀이 기독교 복음의 가장 핵심적인 진리를 담고 있기 때문입니다. 그래서 어떤 신학자는 요한복음 3장 16절을 신구약 성경의 핵심 요절이요 복음 중의 복음이라고 말할 정도입니다.

제가 생각해도 그렇습니다. 그러므로 예수님을 믿는 우리들이 꼭 외우고 그렇게 믿고 또 다른 사람에게 전할 말씀들 중에 다른 것은 혹 기억하지 못하더라도 이 구절만큼은 꼭 기억해야 합니다.

하나님이 세상을 이처럼 사랑하사
독생자를 주셨으니
이는 그를 믿는 자마다 멸망하지 않고
영생을 얻게 하려 하심이라.(요 3:16)

 이것이 신구약 성경 말씀 중에 가장 중요한 말씀입니다. 이제 그 내용을 좀 자세히 살펴보겠습니다.
 하나님은 천지만물을 지으신 창조자, 조물주, 생사화복을 주관하시는 분, 전지전능하신 하나님이십니다.
 "하나님이 세상을 이처럼 사랑하사"라고 하는데 여기서 말하는 "세상"이란 누구를 말할까요? 사람을 말합니다. 과거에 살았던 사람들, 지금 살고 있는 사람들, 앞으로 살게 될 모든 사람들을 세상이라고 합니다. 그러므로 여기서 하나님께서 사랑하셨다고 하는 세상이란 나 자신까지 포함한 사람들을 말합니다. 그러면 하나님께서 나를 포함한 모든 사람을 사랑하셨다고 하는데 어느 정도로 사랑하셨다는 것일까요?

하나님이 세상을 이처럼 사랑하사

 '이처럼 사랑'하셨습니다. '이처럼 사랑하셨다'는 것은 어느 정도로 사랑하셨다는 말일까요?

하나님이 세상을 이처럼 사랑하사
독생자를 주셨으니.(요 3:16)

독생자를 내주실 정도로 우리를 사랑하셨다는 말입니다.
여기서 우리가 풀어야 할 또 한 가지 내용은 하나님과 독생자와의 관계입니다. 성경에서 말하는 그리고 우리가 믿는 하나님은 한 분이십니다. 그런데 성경을 읽다보면 하나님을 나타내는 이름이 또 있습니다.

* 아버지 하나님(성부),
* 아들 예수님(성자)
* 영이신 하나님(성령)이 그렇습니다.

그러면 하나님은 세 분입니까? 아닙니다. 성경에 나오는 하나님의 이름은 3가지이고 그 이름을 가지신 하나님이 하시는 역할은 다르지만 하나님은 한 분이십니다.

어떻게 이름도 역할도 세 가지인데 하나님이 한 분이라는 말인가? 많은 분들이 의문을 갖습니다만 이런 문제를 해결하기 위해 나온 교리가 삼위일체 교리입니다. 성경에 삼위일체라는 단어는 없습니다.

그러나 성경에 나오는 하나님은 삼위이시고 삼위이신 하나님은 한 분이라고 성경 여러 곳에서 말하고 있습니다. 이 삼위의 하나님은 천지를 창조하실 때부터 함께 일하셨습니다. 그 대표적인 말씀이 창세기 1장 26절 말씀입니다.

하나님이 이르시되
우리의 형상을 따라 우리의 모양대로
우리가 사람을 만들고
그들로 바다의 물고기와 하늘의 새와 가축과
온 땅과 땅에 기는 모든 것을 다스리게 하자 하시고.

이 말씀이 우리에게 알려주는 사실은 삼위의 하나님이 처음부터 함께 천지와 사람을 지으셨다는 것입니다. 그래서 아버지 하나님도 하나님이시고, 아들 예수님도 하나님이시고, 영이신 성령님도 하나님이신데 그 하나님은 한 분이라는 것입니다.

그러기 때문에 하나님과 예수님의 관계는 아버지와 아들의 관계이고 사람에게 있어서 부모가 자기 자식을 사랑하는 그 이상의 관계입니다.

부모와 자식의 관계를 생각해 보세요. 아무리 악한 사람이라 해도 부모는 자기 자식을 생명과 같이 아낍니다. 자식을 위해서라면 어떤 희생도 감수합니다. 자식이 고생하기를 원하는 부모는 없습니다. 자식이 당할 어려움이라면 차라리 부모가 대신 당하고 싶은 것이 부모의 마음입니다.

마찬가지로 하나님께서도 독생자에 대한 부성애가 있으십니다. 그런데도 하나님께서는 세상을 사랑하사, 우리를 사랑하사, 나를 사랑하사, 독생자를 주셨다는 것입니다.

우리는 죄인이기 때문에 죽어도 우리가 죽어야 하고 저주를 받아도 우리가 받아야 합니다. 그런데 하나님께서는 그런 우리를 용서해 주시고 구원해 주시려고 독생자 예수님을 이 세상에 보내 우리 대신 십자가에 죽임을 당하게 하셨습니다.

여러분! 이런 일이 세상에 있을 수 있습니까? 이 세상에 어느 누구도 그렇게 할 사람이 있습니까? 없습니다. 아니 그렇게 못합니다. 세상에 어느 누가 남을 살리려고 자기 자식을 죽게 한다는 말입니까? 그런 일은 저도 못하고 여러분도 못할 일입니다.

그런데 하나님께서는 우리를 위해 그렇게 하셨습니다. 왜입니까? 하나님이 우리를 그만큼 사랑하시기 때문입니다. 이런 하나님의 이 사랑이 너무나 커서 우리의 감성으로는 이런 하나님의 사랑이 이해가 되지 않습니다.

그래서 하나님께서 독생자를 죽는 자리에 내놓으시기까지 나를 사랑하신다는 것을 잘 느끼지 못합니다. 그러나 우리가 알지 못했던 우리를 향한 하나님의 이런 사랑을 하나님께서 성경말씀을 통해 알려주셨으니 우리는 이런 사실을 감사함으로 받아들여야 합니다. 그리고 알아야 합니다. 하나님께서 저와 여러분을 위해서 이미 이루신 이런 하나님의 사랑을 인정하시고 깨달으시기를 소원합니다.

다음 단계로 우리가 해야 할 일이 있습니다.

우리를 이처럼 사랑하시는 그 하나님을 믿어야 하고 그런 예수님을 우리가 믿는 것입니다. 진리를 들었으면 알아야 하고 진리를 듣고 알았으면 믿어야 합니다.

그런데도 사람들은 이런 진리를 듣기 싫어합니다. 어쩌다 기독교 학교에 들어가 억지로 진리를 배운다는 것은 복된 일인데 미션스쿨을 다녔다는 많은 사람들이 복음을 들어 알기는 해도 믿지 않습니다.

그러니까 알기는 하는데 믿지 않는 그 지식으로 믿는 사람들을 핍박하는 재료로 그 성경 지식을 이용하는 것입니다. 그런 사람은 복음의 진리를 차라리 모르는 사람보다 못합니다.

진리를 듣지 못해 알지 못하는 사람은 나중에라도 복음의 진리를 들어 믿을 가능성이라도 있지만 진리를 듣고도 믿지 않는 사람에게는 그럴 기회도 없기 때문입니다. 진리를 들었으면 알아야 하고 진리를 알았으면 믿어야 합니다.

진리를 듣고 알고 믿으면 어떻게 됩니까?

멸망하지 않습니다. 멸망이란 어떻게 되는 것을 말할까요? 멸망이란 하나님께 정죄를 받아 다시는 회복할 수 없는 영벌 받는 상태로 들어가는 것을 말합니다.

사람은 육신만 있는 것이 아니라 영혼이 있습니다. 그러기 때문에 육신이 살아 있는 동안에도 복을 받아 누리며 살아야 하지만 육신의 생명을 마친 후 내세에 영원한 안식을 누리며 살아야 합니다.

그런데 하나님도 믿지 않고 하나님께서 보내신 독생자 예수님도 믿지 않는 사람은 이 세상에 사는 동안에도 하나님의 보호를 받지 못하며 살게 되고 이 세상을 떠나서도 영벌 받는 곳에 가서 고통을 당하게 됩니다. 이런 절망적인 상태를 멸망이라고 하는 것입니다.

하나님께서 우리가 이렇게 멸망하는 것을 원하지 않으십니다. 하나님께서 우리에게 원하시는 것은 이런 멸망이 아니라 영생입니다. 하나님께서는 저와 여러분이 다 예수님 믿고 이 세상에서도 하나님의 보호를 받으며 살기를 바라시고 이 세상을 떠나서도 하나님이 계시는 천국에서 영생 복락을 누리며 살기를 원하십니다.

그래서 하나님께서 우리를 사랑하시되 독생자를 십자가에 죽게 하시기까지 하신 것입니다. 이런 하나님의 깊은 사랑에 감사하는 여러분이 되시기를 소원합니다.

16절 이하의 말씀은 16절 말씀을 보충 설명하는 말씀들입니다. 17절 말씀을 보시지요

하나님이 그 아들을 세상에 보내신 것은
세상을 심판하려 하심이 아니요
그로 말미암아 세상이 구원을 받게 하려 하심이라.

17절 말씀은 하나님께서 예수님을 이 세상에 보내신 목적이 무엇인가를 밝혀주는 말씀입니다. 하나님께서 예수님을 이 세상에 보내신 목적이 무엇이라고요?

그로 말미암아 세상이 구원을 받게 하려 하심이라.

우리를 멸망 가운데서 구원 받게 하시려고 그러신 것입니다. 하나님께서는 우리를 구원해주시려고 독생자 예수님을 이 세상에 보내셨습니다.

> 그를 믿는 자는 심판을 받지 아니하는 것이요
> 믿지 아니하는 자는
> 하나님의 독생자의 이름을 믿지 아니하므로
> 벌써 심판을 받은 것이니라.(18절)

예수님을 믿는 자는 심판을 받지 않지만 예수님을 믿지 않는 자는 예수님을 믿지 않기 때문에 벌써 심판을 받았다는 것입니다.

이 말씀이 무슨 말일까요? 사람들은 누구나 원죄가 있고 원죄의 죄성을 가지고 스스로 죄를 지으며 살고 있습니다. 그러므로 사람은 이미 인류의 대표인 아담의 범죄 때부터 죄인이라는 심판을 선고 받은 존재들입니다.

그래서 18절에서 "하나님의 독생자의 이름을 믿지 아니하므로 벌써 심판을 받은 것이니라."라고 하는데 여기서 심판을 받았다는 시제는 완료형입니다.

사람들이 원죄와 자범죄로 받은 심판은 이미 과거에 이루어졌고 그 심판은 현재까지 유효하다는 것입니다. 이것이 사람들이 안고 있는 운명입니다.

그러나 어떤 누구라도 예수님을 믿기만 하면 그 정죄의 심판은 취소되고 의롭다는 선언을 받게 되고 그와 동시에 죄는 용서되고 하나님의 자녀가 되는 것입니다.

그러기 때문에 사람이 예수님을 믿느냐 믿지 않느냐는 것은 믿으면 좋고 믿지 않으면 좋지 않아서 가능하면 믿도록 하는 것이 좋다는 정도가 아니라 죽느냐 사느냐의 문제인 것입니다.

멸망하지 않고 영생을 얻으려면 예수님을 믿어야 합니다. 지옥가지 않고 천국 가서 영생복락을 누리며 살려면 예수님을 믿어야 합니다.

혹시라도 예수님에 대해서 알기는 해도 아직 예수님을 믿지 않는 분이 있다면 오늘, 아니 지금 예수님을 믿으시길 소원합니다. 예수님을 믿어도 구원을 받았는지 받지 않았는지 확신이 가지 않는 분이 있다면 이 시간 예수님을 주님으로 영접하시길 소원합니다.

그러려면 어떻게 해야 합니까?

볼지어다 내가 문 밖에 서서 두드리노니
누구든지 내 음성을 듣고 문을 열면
내가 그에게로 들어가 그와 더불어 먹고
그는 나와 더불어 먹으리라.(계 3:20)

예수님은 지금도 우리의 마음 문 밖에 찾아오셔서 우리의 마음 문을 두드리십니다. 마음의 문을 열라고⋯그러면 내가 들어가겠다고 말입니다. 그래서 예수님을 마음속에 모시기만 하면 마음속에 들어가신 예수님은 그 사람의 죄를 용서해주시고 그 사람을 하나님의 자녀가 되게 하십니다. 그래서 죽었던 영혼이 다시 살아나고 구원을 받게 되는 것입니다.

그러므로 예수님이 하나님의 독생자이심을 믿고 예수님께서 내 죄를 대신해 십자가에 죽으심을 믿고 그 분 예수님을 마음 중심에 모시고 예수님의 말씀대로 순종하겠다는 마음으로 '예수님! 제 마음의 중심에 예수님을 주님으로 모십니다. 이제 저의 삶을 인도해주세요.'라고 고백하며 기도하면 예수님을 영접할 수 있습니다.

이처럼 사람이 구원을 얻고 천국에 가는 구원의 방법은 하나도 어렵지 않습니다. 사람에게 가장 중요한 문제인 영혼 구원의 문제를 해결하는 방법은 너무나 쉽습니다.

진리가 어려우면 무식한 사람이 알지 못하잖아요. 예수님을 믿기가 힘들면 약한 사람은 믿지 못하잖아요. 조건이 어려우면 갖추지 못하고 살아가는 사람들은 구원받지 못하잖아요. 그래서 하나님께서는 누구나 다 예수님을 믿고 구원을 받으라고 예수님을 믿는 것도 아주 쉽게 하신 것입니다.

중요한 것은 하나님을 향한 겸손하고 진실하고 간절한 마음입니다. 그런 마음으로 예수님을 영접할 기회를 지금 여러분에게 드리려고 합니다.

예수님을 이미 영접한 분도 다시 한 번 마음을 추스르고 영접에 동참하시기 바랍니다. 교회는 다녔어도 아직까지 예수님을 영접하는 기도를 해본 경험이 없는 분은 이 시간이 내 죽은 영혼이 살아나는 기회라고 생각하고 겸손하고 진실하고 간절한 마음으로 영접 기도를 따라하심으로 예수님을 영접하시기 바랍니다.

예수님을 여러분의 마음에 모실 마음 준비가 되었지요? 이제 영접기도문을 보면서 저를 따라 기도하십시오.

하나님 아버지!
저는 죄인으로 태어났고 살면서 많은 죄를 지었습니다.

하나님께서 독생자 예수님을 저를 위해 세상에 보내주셨고
예수님께서 지옥 갈 저를 위해
십자가에 저를 대신해 죽으신 사실을 알게 되었습니다.

이제 제가 그 진리를 믿습니다.
예수님을 저의 구주로 믿고 제 마음에 영접합니다.
저의 마음 안에 들어오셔서 저의 죄를 씻어 주시고
저를 구원해 주세요.
이제부터는 제 기분대로 살지 않고 하나님 말씀대로 살겠습니다.
천국에 갈 때까지
죄는 멀리하고 하나님은 가까이 하며 살도록 도와주세요.

생명의 주 예수님의 이름으로 기도드립니다. 아멘.

이렇게 예수님을 영접하는 사람은 하나님께서 죄를 용서해 주시겠다고 하셨습니다. 그러므로 예수님을 영접한 여러분은 죄 용서를 받은 줄 믿습니다.

이렇게 예수님을 영접하는 사람은 하나님께서 하나님의 자녀로 삼아 주신다고 하셨습니다. 그러니 예수님을 영접한 여러분은 이제 마귀의 종이 아니라 하나님의 자녀가 된 줄로 믿습니다.

이렇게 예수님을 영접하는 사람은 하나님께서 마음속에 성령으로 계시면서 바른 길 복된 길로 인도해주시겠다고 하셨습니다. 그러니 예수님을 영접한 여러분의 마음속에는 성령님이 계셔서 죄 짓는 일을 하지 말라고 하실 것이고 복된 일은 어서 하라고 재촉하실 것입니다.

이제는 유행 따라 살지 말고 기분대로 살지 말고 하나님의 말씀 따라 살고 성령님의 인도하심 따라 살아가시기를 주님의 이름으로 축원합니다.

그 정죄는 이것이니 곧 빛이 세상에 왔으되
사람들이 자기 행위가 악하므로
빛보다 어둠을 더 사랑한 것이니라. (19절)

"그 정죄는 이것이니." '하나님께 심판을 받는 이유는 이것이니.' 빛보다 어둠을 더 사랑한 것이라는 것입니다. 빛은 어두움을 밝히시는 예수님을 가리킵니다. 이에 비해서 어두움은 하나님과 단절된 영적 죽음의 상태를 말합니다.

빛 되신 예수님이 죄의 어둠에 처한 가련한 사람들을 구원해 주시려고 이 세상에 빛으로 오셨는데도 빛 되신 예수님을 믿지 않는 사람들은 거짓

되게 살아갑니다. 악하게 살아갑니다. 죄를 즐기며 살아갑니다.

그러기 때문에 마지막 구원의 기회를 놓치기 때문에 영원히 구원을 받지 못하는 것입니다. 그래서 사람들이 망하는 것입니다. 그러나 예수님을 주님으로 영접하고 예수님을 믿고 예수님의 말씀대로 사는 사람들은 어두움은 멀리하고 빛 되신 주님께 나오기를 기뻐하고 예수님께서 기뻐하시는 일에 참여하기를 기뻐하는 것입니다. 그런 사람이 진정 행복한 사람입니다.

예수님을 믿고 예수님과 함께 살아가는 여러분이 되시기를 주님의 이름으로 축원합니다.

❙ 제 10 장

내가 구원을 받고 흥하게 사는 방법

_ 요한복음 3장 22~36절

신구약 성경 말씀 중에 가장 중요한 말씀인 요한복음 3장 16절에는 사람이 멸망당하지 않고 영생을 얻을 수 있는 방법이 기록되어 있습니다.

그러면 구원 받은 우리들이 어떻게 하면 흥한 삶을 살 수 있을까요? 오늘도 사모하는 마음으로 말씀을 받으심으로 구원을 풍성하게 누리며 영육이 흥하게 되시기를 주님의 이름으로 축원합니다.

> 그 후에 예수께서 제자들과 유대 땅으로 가서
> 거기 함께 유하시며 세례를 베푸시더라.(22절)

본문 말씀이 "그 후에"라는 말로 시작하는데 "그"가 뜻하는 것은 유월절입니다. 예수께서 "그" 유월절을 지키시기 위해 예루살렘 성전에 가셨습니다.

그런데 성전 뜰에 들어가신 예수님께서 깜짝 놀라셨습니다. 왜냐하면 어느 곳보다 경건해야 할 성전이 뜰에 들어서면서부터 느껴지는 분위기가 마치 시장바닥 같았기 때문입니다.

그도 그럴 것이 당시 성전 뜰에는 짐승을 팔고 돈을 바꿔주는 사람들과 그곳을 이용하려는 사람들로 가득했었습니다. 먼 길에서 제물을 가지고 오는 불편함을 덜어주고 이방에 흩어져 살던 사람들이 유대 돈으로 헌금을 하도록 화폐를 교환해주었기 때문입니다. 이런 일은 어떤 면에서 성전 제사를 위해 필요한 일이었습니다. 그런데 문제는 유대 종교지도자들이 이 일에 개입하여 잇속을 챙기면서 성전 뜰이 장터처럼 변질되어 버린 것입니다. 어느 누구도 교회를 자기 이익을 위해 이용해서는 안 됩니다. 교회는 내가 희생을 해서 섬기는 곳이지 교회나 성도들을 이용해서 이익을 얻는 곳이 아니기 때문입니다.

그러면 교회는 손해 보는 곳인가요? 그것은 아닙니다. 교회는 내가 희생하고 섬기면서 보람을 느끼고 기쁨을 얻고 은혜를 받는 곳입니다.

그러한 사람은 영혼이 잘 될 것이고 부수적으로 하는 일도 잘 되는 복을 받게 될 줄 믿습니다.

하나님의 성전에서 그런 일이 벌어지는 것을 하나님이신 예수님께서 그냥 두고 보실 수 없으셨습니다. 그래서 예수님께서 성전에서 짐승들을 팔고 돈을 바꿔주는 사람들을 다 내쫓아내셨습니다.

이런 일을 보신 하나님 아버지께서는 매우 기뻐하셨을 것입니다. 그러나 유대 종교지도자들은 어떠했을까요? 갑자기 나타나 성전에서 그런 일을 벌인 예수님을 그들은 자기들의 밥그릇을 넘보는 도전자로 느꼈을 것입니다.

그래서 유대 종교지도자들은 이때부터 예수님을 제거하려는 음모를 시작하였습니다. 오늘 본문의 말씀은 그런 일이 있은 이후에 있었던 다른 일에 대한 말씀입니다.

이런 일이 있은 후에 예수님께서는 어떻게 하셨을까요?

그 후에 예수께서 제자들과 유대 땅으로 가서(22절)

예수님께서는 자신을 거역하는 예루살렘을 떠나 유대 땅으로 가셨습니다.

이 말씀이 주는 교훈은 예수님께서는 당신을 믿지 않는 사람들 옆에는 계시지 않으신다는 것입니다.

"하나님께 가까이 함이 내게 복이라."(시 73:28)고 하심같이 예수님은 당신을 가까이 하는 사람에게는 복을 주시지만 믿지 않고 거역하는 사람들에게서는 떠나십니다. 그러기 때문에 예수님이 내 집에 함께 계시기를 원한다면 내 집에서 성경을 읽고, 내 집에서 기도를 하고, 내 집에서 가정예배를 드리고, 내 집에서 구역예배를 드리는 것을 복으로 여겨야 합니다.

내 자녀에게 예수님이 함께하시기를 바란다면 내 자식에게 어려서부터 성경말씀을 읽도록 해야 하고 내 자식이 어려서부터 주일학교에서 예배드리며 자라도록 해야 하고 내 자식이 기도하며 공부하도록 키워야 하는 것입니다.

여러분의 사업장에 예수님께서 함께하시기를 원하신다면 사업장 문을 열고 가장 먼저 기도하고 사업을 해야 합니다. 그래서 여러분의 자녀와 여러분의 가정 그리고 여러분의 사업장이 하나님이신 예수님께서 함께하시는 복을 받으시기를 주님의 이름으로 축원합니다.

다음으로 예수님은 예루살렘을 떠나 유대 지방으로 가셔서 무엇을 하셨을까요?

그 후에 예수께서 제자들과 유대 땅으로 가서
거기 함께 유하시며 세례를 베푸시더라. (22절)

예수님께서 거기서 세례를 베푸셨다고 기록되어 있지만 요한복음 4

장 2절에 보면 "예수께서 친히 세례를 베푸신 것이 아니요 제자들이 베푼 것이니라" 고 합니다.

이 두 구절을 통해서 우리가 알아야 할 것은 요한이 베풀었다는 세례와 예수님께서 베푸신 세례는 같지 않다는 것입니다. 요한이 주는 세례는 물세례이지만 예수님께서 주시는 세례는 불세례이기 때문입니다. 그런 의미에서 성경 한 곳에서는 예수님께서 세례를 베푸셨다고 하고 다른 곳에서는 예수님께서 베푸신 것이 아니라 제자들이 베풀었다고 하는 것입니다.

단지 우리가 여기서 주목해야 할 부분은 누가 세례를 베풀었느냐가 아니라 예수님은 한 사람이라도 더 복음을 듣고 구원받도록 하기 위해 쉬지 않고 열심히 복음을 전하셨다는 것입니다. 예수님을 믿는 우리는 예수님의 이런 점을 본 받아야 합니다.

"너는 말씀을 전파하라 때를 얻든지 못 얻든지 항상 힘쓰라."(딤후 4:2)는 말씀처럼 언제든 어디서든 쉬지 말고 복음을 전하는 여러분 되시기를 소원합니다.

요한도 살렘 가까운 애논에서 세례를 베푸니
거기 물이 많음이라 그러므로 사람들이 와서 세례를 받더라
요한이 아직 옥에 갇히지 아니하였더라.(23,24절)

우리가 지금까지 말씀을 통해 살펴본 바와 같이 요한은 하나님의 말씀에 순종해서 이 땅에 오신 예수님의 길을 예비하던 신실한 하나님의 사자였습니다.

사람들 앞에 자신을 드러내지 아니하고 예수님을 드러내는 겸손한 사람이었으며 죄인들이 예수님을 믿고 구원을 받도록 세례를 베풀며 최선

을 다하여 복음을 전하던 신실한 일꾼이었습니다.

그러던 요한이 24절에 보니 어떻게 되었다고요? "아직 옥에 갇히지 아니하였더라." 이때까지는 감옥에 갇히지 않았지만 나중에 감옥에 갇히게 되었다는 겁니다.

왜 그랬을까요? 사연인즉 이렇습니다. 당시 유대를 다스리던 헤롯 안디바스가 자기 동생의 아내 헤로디아를 아내로 삼습니다. 권력을 이용해 동생의 아내를 빼앗은 겁니다.

누구라도 이런 일을 저지르면 안 되지 않습니까? 어느 나라 어느 시대나 윤리 도덕적으로 안 되는 일입니다. 특히 하나님을 믿는 이스라엘의 경우 하나님께서 율법으로 엄하게 금하신 일입니다. 그런데도 이스라엘의 지도자 헤롯 안디바스가 그런 못된 짓을 한 거예요.

이런 못된 일을 행했는데도 헤롯에게 왜 그런 짓을 하느냐? 왜 그런 못된 짓을 하느냐?고 바른 말을 하는 사람이 없었습니다. 권력이 무서웠기 때문입니다. 그런데 요한이 나서서 헤롯의 잘못을 지적한 겁니다.

그러자 헤롯이 어떻게 하였을까요? 정상적인 사람 같았으면 잘못을 깨닫고 회개를 했겠지요? 그러나 헤롯이라는 사람은 자신의 잘못을 회개하기는커녕 자기의 잘못을 지적하는 하나님의 사자 요한을 체포하여 감옥에 가둬버립니다.

성도 여러분! 여러분은 이런 일을 보면서 어떤 생각이 드십니까? 이런 일을 통해 성령께서 우리에게 주시는 메시지가 있습니다. 그것은 하나님께서 기뻐하시는 일을 할 때에는 반드시 방해하는 사람들이 나타난다는 것입니다.

여러분이 안 하던 봉사를 하려고 해도 그렇고 여러분이 소홀히 했던 기도생활을 다시 시작하려 해도 그렇습니다. 전도를 하려 해도 그렇고요, 교회에 나오지 않던 사람이 예수님을 믿고 교회에 출석하려 할 때도 반드시 방해하는 일이 반드시 생깁니다.

여러분! 그럴 때 우리가 어떻게 대처해야 할까요? 제대로 봉사하며 신앙생활 하려고 했는데 옆에서 시험 들게 하는 사람이 있다고 내가 다시는 봉사를 하지 않으리라 포기하면 될까요?

신앙생활 오랫동안 방학하다가 모처럼 마음잡고 교회출석하려고 하는데 방해하는 사람이 나타났다고 포기하면 될까요? 그러면 누가 기뻐할까요? 마귀만 기뻐할 겁니다.

마귀가 노리는 것이 바로 그것입니다. 마귀는 사람이 하나님께서 기뻐하시는 일을 하는 것을 가장 싫어합니다.

그래서 마귀는 수단과 방법을 가리지 않고 그 사람의 가장 약한 점들을 건드리든지 주변에 가까이 지내는 사람들을 통해 시험 들게 하든지 방해를 해서 하나님께서 기뻐하시는 일을 못하도록 방해하는 것입니다.

그러기 때문에 하나님께서 기뻐하시는 일을 할 때 혹 방해되는 일이 생기거나 혹 시험에 드는 일이 생겨도 그 과정을 이기려고 해야지 쉽게 포기하면 절대 안 됩니다.

"내가 하나님께서 기뻐하시는 일을 하려고 하니 마귀 네 놈이 나를 이렇게 방해하는구나. 그렇다고 내가 네 꾀에 넘어갈 줄 아니? 아니야! 나는 하나님의 자녀야. 하나님은 언제나 내 편이 되어 나를 도와주실 거야. 예수님의 이름의 권세로 명하노니 나를 시험하는 마귀야 내 곁에서 떠나갈지어다." 그러면서 더욱더 힘을 내어 하나님께서 기뻐하시는 일을 계속해야 합니다. 할렐루야!

방해되는 일이 있을수록 더 열심히 교회에 나와 한 번이라도 더 예배드리려고 힘쓰고 더 힘써 기도하고 더 힘써 봉사하고 전도하면 마귀는 포기하고 돌아서게 될 것이고 그런 과정을 겪고 나면 여러분은 하나님께 칭찬 듣는 일꾼으로 성숙해질 줄 믿습니다.

이에 요한의 제자 중에서

한 유대인과 더불어 정결예식에 대하여 변론이 되었더니
그들이 요한에게 가서 이르되
랍비여 선생님과 함께 요단 강 저편에 있던 이
곧 선생님이 증언하시던 이가 세례를 베풀매
사람이 다 그에게로 가더이다.(25,26절)

이 말씀은 어느 날 요한의 제자들이 한 유대인과 더불어 정결예식에 대하여 변론을 하다가 사람들이 이제는 요한에게 오지 않고 예수님께 간다는 말을 듣고 마음에 충격을 받아 스승인 요한에게 선생님은 왜 그렇게 가만히만 계십니까? 선생님만 따르던 우리는 이게 뭡니까? 하며 불평했다는 내용입니다.

이 말씀의 의미를 풀기 위해 먼저 알아야 할 단어는 정결예식이라는 것입니다. 정결예식이란 어떤 것일까요? 글자 그대로 더러움에서 씻어 정결케 되는 예식을 말합니다. 일상생활에서 지켜야 할 정결예식으로는 외출했다가 돌아오면 손발을 씻어야 하고, 죄를 지었을 경우에는 제사장에게 제물을 가지고 가서 속죄제를 드려야 한다는 것입니다.

그런데 여기서 요한의 제자와 한 유대인 사이에서 변론을 했다는 정결예식은 죄 용서를 받기 위해 세례 요한의 세례와 예수의 세례 중 어느 것이 더 나은가에 관한 변론이었을 것입니다.

이에 대해 요한의 제자들은 말하기를 우리 선생 요한에게 세례를 받는 것이 더 낫다고 말했을 것입니다. 그러자 이 말을 듣던 유대인이 말합니다. "그래? 요즈음 사람들이 다 예수님에게 찾아가고 너희 선생 요한에게는 오지 않던데? 너희가 너희 선생 요한에 대해 잘못 생각하고 있는 거 아냐?"

이 말을 듣던 요한의 제자들이 충격을 받습니다. '그래 요즈음 사람들 발걸음이 뜸하더니 정말 그런 일이 벌어지고 있는 게 아니야?' 요한의 제자들이 바로 요한에게 찾아갑니다.

"선생님! 사람들이 이제는 다 예수님께로 간다고 합니다. 우리도 그런 말을 들으면 기가 죽습니다. 우리가 지금까지 선생님만 따랐는데 이게 뭡니까?" 제자들이 자존심이 상했던 모양입니다.

여러분! 이때 요한은 그의 제자들에게 뭐라고 말을 해야 했을까요? "그런 소리를 듣고 기분이 상했니? 걱정 마! 예수님보다는 내가 먼저야. 예수님도 내게 세례를 받았어. 세례는 내가 원조야. 사람들이 지금은 그래도 다 내게 돌아올 거야." 그랬을까요?

정말 그랬는지 27절 말씀을 보시기 바랍니다.

요한이 대답하여 이르되
만일 하늘에서 주신 바 아니면
사람이 아무것도 받을 수 없느니라.

무슨 말씀입니까? 예수님의 모든 활동은 하나님께 허락 받아 하시는 것임을 말씀하십니다. 예수님께서 세례를 베푸시는 것은 예수님이 신적인 권위를 가지셨기 때문이고 사람들이 예수님께 나아가는 것은 당연한 일이라는 것입니다.

요한은 28절에서도 계속 말합니다.

내가 말한 바
나는 그리스도가 아니요
그의 앞에 보내심을 받은 자라고 한 것을 증언할 자는 너희니라.

나는 그리스도가 아니요 그의 앞에 보내심을 받은 자라고 내가 말한 것을 너희가 이미 들었지 않느냐?

세례 요한은 자신은 그리스도가 아니고 자신은 예수 그리스도를 세상에 알리기 위해 보냄을 받은 자임을 제자들에게 가르쳐주시는 것입니다.

성도 여러분! 자기를 예수님과 비교하며 최고의 지도자로 알고 있던 제자들에게 이렇게 말하는 요한에게 어떤 생각이 드십니까?

자기를 그리스도처럼 생각하고 있는 제자들에게 "나는 아니다."라고 말한다는 것이 쉬운 일이었을까요? 쉬운 것 같지만 결코 쉽지 않은 일이었을 것입니다.

그러나 내가 아니면 "아니다" 라고 말할 수 있어야 합니다. 우리교회 성도님들이 다 저를 좋아합니다만 특히 어르신들 그리고 아이들이 저를 무척 좋아합니다.

어떤 아이는 교회에 왔다가 집에 가서 막 울더래요. 왜 우느냐고 물어보았더니 아이가 대답하기를 "오늘 하나님이 나를 쳐다보지 않았어."라고 대답하면서 울더라는 겁니다.

그 아이는 저를 하나님이라고 생각한 겁니다. 아이들은 참 그렇게 순수합니다. 그래서 그 다음에 제가 그 아이를 만났습니다. 그때 제가 그 아이에게 뭐라고 했을 것 같습니까? "너 사람 보는 눈이 있구나. 그래 내가 하나님이야." 그랬다면 저는 그 아이의 교주가 되는 겁니다.

그러나 저는 그렇게 말하지 않았습니다. "OOO 야! 잘 있었니? 참 예뻐졌구나. 그런데 나는 하나님이 아니고 목사님이야!"

자기를 예수님과 견줄 만한 인물로 여기는 제자들에게 '나는 아니다.'라고 당당하게 말했던 요한을 본받는 저와 여러분이 되기를 소원합니다.

우리가 칭찬을 받을 때 그래야 합니다. 우리가 보람 된 일을 이루었을 때 꼭 이런 모습을 가져야 합니다. 보람되고 기쁜 일이 있어서 사람들이 자기를 바라볼 때 "제가 한 것이 아닙니다. 주님께서 하셨습니다. 모든 것이 주님의 은혜입니다." 라고 말할 수 있어야 합니다.

그러면 어떻게 될까요? 사람 앞에 나 때문에 높아지신 예수님은 나도 사람 앞에 존경 받는 사람이 되도록 높여 주실 줄 믿습니다. 주님을 높이다가 주님께서 높여주심을 받는 사람이 진정 존경받는 사람입니다.

요한처럼 나는 낮추고 주님은 높여드리는 저와 여러분이 되시기를 소원합니다.

신부를 취하는 자는 신랑이나
서서 신랑의 음성을 듣는 친구가 크게 기뻐하나니
나는 이러한 기쁨으로 충만하였노라. (29절)

이 말씀은 세례 요한은 자신과 그리스도의 관계를 보다 분명히 설명하기 위해 유대의 혼인관습과 관련된 비유를 들어 설명하고 있습니다.

여기서 신부는 그리스도를 믿는 신자를 의미하고, 신랑은 그리스도요, 신랑의 친구는 세례 요한 자신을 가리킵니다.

그런데 요한이 말하기를 신부를 취하는 당사자는 신랑이지만 옆에 서서 신랑의 음성을 듣는 친구도 신랑 못지않게 기쁘다는 겁니다.

무슨 말입니까? 요한 자신은 자기가 사람들 앞에 높임을 받는 것보다 온 인류의 신랑 되신 예수님께서 사람들에게 높임을 받는 것을 보는 것이 더 기쁜 일이고 행복한 일이라는 겁니다.

이런 마음을 가진 사람이 진정으로 예수님의 사랑을 받는 사람이고 이런 사람이 진정 행복한 사람인 줄 믿습니다.

우리는 영적으로 예수님의 신부들이고 예수님은 우리의 신랑이십니다. 신부된 우리가 신랑과 혼인생활을 할 곳은 천국입니다. 그래서 신랑 되신 예수님께서는 신부된 우리들이 장차 신랑과 살 곳을 준비하시려고 하늘나라에 가셨고, 때가 되면 우리를 데리러 다시 이 땅에 오실 것입니다.

그러기 때문에 다시 오실 신랑의 신부된 우리들은 신랑 되신 예수님께서 재림하실 때까지 예수님께서 기뻐하실 일에 힘쓰며 요한처럼 신랑 되신 예수님을 자랑하는 것을 행복으로 여기며 살아야 할 줄 믿습니다.

그러다가 주님 다시 오시는 날 공중에 들림 받아 공중 혼인잔치에 참여하는 행복한 여러분이 되시기를 축복합니다.

그는 흥하여야 하겠고 나는 쇠하여야 하리라 하니라. (30절)

"그는 흥하여야 하겠고 나는 쇠하여야 하리라." 요한의 이 말은 예수님에 대한 그의 마지막 신앙고백입니다. '예수님은 사람들 앞에 드러나야 하실 분이시고 나는 이제 사라져야 할 존재다.'라는 말입니다.

태양이 떠오르면 밤을 밝히던 뭇별들은 자취를 감추듯이, 참 구주가 오셨을 때 지금까지 어둠을 밝히던 선지자들은 그 구주 뒤에 숨겨져야 한다는 말입니다.

세례 요한은 구약의 마지막 선지자로서 참 선지자 예수님께서 이 세상 사람들 앞에 나서도록 최선을 다하다가 때가 이르자 멋지게 사람들 앞에서 사라진 겁니다.

그러면 요한이 사람들 앞에 무시당하는 존재로 추락했을까요? 예수님께서 세례에 대해서 말씀하시기를 "여자가 낳은 자 중에 가장 큰 자니라."고 하셨습니다.

하나님 앞에 자신을 낮추고 주님을 높일 줄 아는 요한을 예수님은 사람 중에 가장 높은 자리로 올려주셨습니다.

사람들 앞에 자신은 낮추고 주님은 높이다가 주님께 높임을 받은 요한의 이런 마무리를 잘하는 모습이 정말 아름답지 않습니까? 지금까지 멋지고 아름답게 살려고 애쓰시는 성도 여러분! 지금까지도 잘했지만 요한처럼 여러분의 인생의 끝이 지금보다 더 멋지고 아름답게 흥하는 저와 여러분이 되시기를 주님의 이름으로 축원합니다.

▎제 11 장

구원 받은 자의 복

_ 요한복음 3장 31~36절

    우리는 예수님을 믿는 사람들입니다. 그러기 때문에 우리는 우리가 믿는 예수님이 어떤 분인가에 대해서 바르게 알아야 합니다. 그래야 우리가 믿어도 바르게 믿을 수 있고 또 주변 사람들에게 내가 믿는 예수님에 대해서 잘 전해주어 그들도 예수님을 믿도록 할 수 있기 때문입니다.

    그런데 예수님을 안다고 해도 예수님에 대해서 바르게 모르는 사람이 많고 예수님을 믿는다고 해도 예수님을 잘못 믿는 사람들이 너무 너무 많습니다. 교회는 다녀도 덕을 세우지 못하고 하나님께 영광을 돌리지 못하는 교인이나 이단에 빠져 있는 사람들이 그런 사람들입니다.

    그래서 예수님께서도 마태복음 16장 13절에서 제자들에게 "사람들이 인자를 누구라 하느냐"고 물으셨습니다.

    그때 제자들이 무엇이라고 대답합니까? "더러는 세례 요한, 더러는 엘리야라고 하고 어떤 이는 예레미야나 선지자 중의 하나라고 하던데요."

    들어보니 어떻습니까? 예수님을 안다는 사람들이 예수님에 대해서 말을 하는데 말이 다 다르지요? 각자 나름대로 예수님을 알기 때문입니다.

    그래서 예수님께서 제자들에게 다시 물으십니다.

예수님께서 이렇게 물으시는 이유가 있습니다. 그것은 예수님에 대해서는 남들이 예수님을 어떻게 생각하느냐가 아니라 내가 예수님을 어떤 분으로 알고 어떤 분으로 믿느냐가 중요하기 때문입니다.

오늘 본문의 말씀은 요한이 예수님에 대해서 오해하고 있는 자기 제자들에게 예수님이 어떤 분이신가를 바르게 가르쳐주는 말씀입니다. 그러기 때문에 우리가 이 말씀을 잘 들어보면 예수님이 어떤 분이시며 우리가 예수님을 어떻게 믿어야 하는가에 대해서 잘 알 수 있습니다.

오늘 우리가 이 말씀을 통해 내가 믿는 예수님이 어떤 분이신가를 바르게 알고 예수님을 믿어도 바르게 믿는 여러분이 되시기를 주님의 이름으로 축원합니다.

성도 여러분! 우리가 믿는 예수님은 어떤 분이실까요?

위로부터 오시는 이는 만물 위에 계시고(31절)

"위로부터 오시는 이는 만물 위에 계시고"라고 했습니다. 이 말씀은 예수님의 존재에 관해서 설명하는 말씀입니다. 예수님은 원래 만물 위에 계시던 분이셨습니다. 예수님은 만물을 지으신 분이셨고 지으신 만물을 다스리시던 분이셨으며 창조자 하나님이셨습니다.

그런 예수님께서 이 세상에 오신 것입니다. 우리가 믿는 예수님이 바로 이런 분이십니다. 조물주요 창조자이신 전지전능하신 분이 우리가 믿는 예수님이십니다.

그러기 때문에 예수님께서 비록 사람으로 태어나셔서 사람들 속에 사셨지만 예수님은 사람들과는 전혀 다르셨습니다. 그럼 예수님은 어떤 부분이 사람들이 달랐을까요? 요한이 자기 제자들에게 설명하는 말을 들어 보시기 바랍니다.

위로부터 오시는 이는 만물 위에 계시고
땅에서 난 이는 땅에 속하여 땅에 속한 것을 말하느니라
하늘로부터 오시는 이는 만물 위에 계시나니
그가 친히 보고 들은 것을 증언하되
그의 증언을 받는 자가 없도다.(31,32절)

예수님과 사람이 다른 점은 말이 다르다는 겁니다. 말이 다르다는 것은 사용하는 언어가 다르다는 것이 아니라 말의 내용이 다르다는 것입니다. 사람이 하는 말과 예수님께서 하시는 말씀은 질적으로 다릅니다.

누가 말을 하든 말이란 자기가 보고 경험한 것을 다른 사람에게 알리기 위해 합니다. 사람들도 그렇고 예수님도 마찬가지입니다. 그런데 사람들의 말과 예수님의 말이 다른 것은 사람들은 세상에서 태어나 세상에 속한 존재들이기 때문에 세상에서 보고 들은 세상에 관한 말을 하지만 예수님은 저 하늘나라 만물 위에 계시다가 이 땅에 오신 분이시기 때문에 위에 속한 초월적인 진리에 대해서 말씀을 하시고 만물 위에 있는 천상의 진리에 대해서 말씀하십니다. 그래서 예수님께서 하시는 말씀과 사람이 하는 말은 질적으로 다른 것입니다.

그렇다면 예수님의 말씀을 듣는 사람들은 어떻게 해야 할까요? 예수님께서 천상의 말씀, 초월적인 말씀을 하시면 처음 들어도 말씀대로 알아야 하고 이해되지 않아도 말씀대로 믿어야 합니다. 할렐루야!

한양을 가보지 못한 사람은 어떻게 한양에 대해서 알까요? 한양을 갔다 온 사람의 말을 들은 대로 알고 믿어야 하지 않겠습니까? 그러면 한양

에 가보지 않았어도 한양을 갔다 온 사람처럼 한양에 대해서 아는 사람이 되는 것입니다. 이런 사람이 지혜로운 사람입니다. 그런데 그렇게 하지 않는 사람들이 많습니다. 한양에 가보지 않고도 한양에 가서 보고 경험하고 온 사람을 이기려는 사람들 말입니다.

그런 사람은 어떻게 될까요? 자기 한계에 갇혀 무지하게 살 수밖에 없습니다. 그러면서도 자기가 무척 유식한 사람인척 착각 속에 인생을 살아갑니다.

하늘에 속한 초월적인 일에 대해서 아시는 분은 역사 이래로 예수님밖에 없습니다. 그러기 때문에 다른 것은 몰라도 하늘에 속한 초월적인 진리에 관한한 하늘에 계시다가 오신 예수님의 말씀을 통해 알아야 하고 만물을 지으셨고 다스리시는 예수님의 말씀대로 믿어야 합니다. 할렐루야!

그런 사람은 영적인 무지에서 벗어날 수 있습니다. 이 세상에 살아도 천상을 꿰뚫어보면 살게 됩니다. 사람이 안고 있는 가장 중요한 문제 해결을 받게 됩니다.

그것이 무엇일까요? 죄 용서를 받게 됩니다. 죽은 영혼이 살아나게 됩니다. 구원을 받게 됩니다. 그리고 이 세상에 살아도 정말 사람답게 사람 노릇하며 살아가게 됩니다. 이런 사람이 진정 행복한 사람입니다. 이런 복을 주신 우리 하나님께 박수로 영광을 돌립시다.

그런데 안타까운 것은 "그가 친히 보고 들은 것을 증언하되 그의 증언을 받는 자가 없도다."(32절)는 말씀과 같이 예수님께서 하늘나라에 대한 증언의 말씀을 하셔도 당시에 그것을 인정하는 사람도 없고 믿는 사람도 없더라는 것입니다.

오늘날도 마찬가지입니다. 누구든지 예수님을 믿기만 하면 구원을 받는 길은 열려 있는데 믿으려 하지 않습니다. 사람으로 태어나 이 세상을 살면서 예수님을 믿지 않는 것이 얼마나 엄청난 비극인지를 알지 못합니다.

예수님을 믿지 않는 결과가 지옥이고 멸망이라는 사실조차 인지하지 못합니다. 그래서 하나님께서는 이 구원의 진리를 전하게 하려고 우리를 그들보다 먼저 예수님을 믿게 하셨습니다.

아직도 우리 곁에는 구원에 이르지 못한 가족들이 있습니다. 구원에 이르지 못한 이웃이 있고 친구들이 있습니다. 우리는 그들의 영혼을 긍휼히 여기는 마음으로 그들의 이름을 부르며 기도해야 합니다.

그리고 기회를 정해 그들에게 다가가 예수님을 믿어야 한다고 전도해야 합니다. 우리가 전도를 통해 예수님을 믿어 구원을 받은 것처럼 저와 여러분의 전도를 통해 예수님을 믿고 구원을 받는 기적들이 일어날 수 있기를 주님의 이름으로 축원합니다.

그러면 예수님의 천상의 초월적인 진리의 말씀을 듣고 인정하고 믿는 사람은 어떻게 될까요?

그의 증언을 받는 자는 하나님이 참되시다는 것을 인쳤느니라.
(33절)

또 보매 다른 천사가
살아 계신 하나님의 인을 가지고
해 돋는 데로부터 올라와서
땅과 바다를 해롭게 할 권세를 받은 네 천사를 향하여
큰 소리로 외쳐 이르되
우리가 우리 하나님의 종들의 이마에 인치기까지
땅이나 바다나 나무들을 해하지 말라 하더라.(계 7:2,3)

이 세상 마지막 심판이 시작되기 전에 하나님께서 인을 치신다고 밝히고 있습니다. 인을 친다는 것은 도장을 찍는다는 말입니다. 중요한 결정을 할 때 그 내용을 담은 문서를 만들고 거기에 당사자들이 그 내용을 확인하기 위해 특별한 표시를 하거나 도장을 찍거나 사인을 하는 것을 말합니다.

이렇게 인을 치는 것은 노예를 팔고 사던 시대에 노예의 몸에 흉터를 내어 누구의 소유인가를 표시하기 위해서였고 여러 짐승을 키울 때도 인두로 몸에 상처를 내어 누구의 소유인가를 표시했습니다.

하나님께서도 하나님의 소유된 사람들을 표시하시는데 이렇게 인을 쳐서 표시를 하십니다. 이 말씀을 묵상하면서 제가 어렸을 때 자주 부르던 노래가 생각났습니다. "양들아 양들아"라는 찬양입니다.

찬양의 3절에 이런 가사가 있습니다.

여보라 목자여 너는 누구며 그 어린양의 떼는 뉘 집 양이냐?
이 문을 열고서 들어오려면 성령의 인침표를 내어놓아라.

천국에 들어가려면 천국 입구에 마련된 문을 통과해야 하는데 어떤 표를 내어 보여야 들어간다고요? 성령의 인친 표를 보여주어야 천국 문을 통과할 수 있기 때문입니다.

주의 귀한 은혜 받고 일생 빚진 자 되네.
주의 은혜 사슬되사 나를 주께 매소서.
우리 맘은 연약하여 범죄 하기 쉬우니
하나님이 받으시고 천국 인을 치소서.

(찬송가 28장)

그러기 때문에 사람이 천국에 가려면 누구든 성령의 인을 반드시 받아야 합니다.

사랑하는 성도 여러분!

여러분 모두 성령의 인을 받으시길 소원합니다. 그래서 천국 문에 이르렀다가 성령의 인친 표가 없어 퇴짜 맞는 일이 없이 성령의 인친 표를 내밀어 천국 문을 통과하는 여러분이 되시기를 주님의 이름으로 축원합니다.

그런데요. 사람이 받을 수 있는 표는 성령의 표만 있는 것이 아닙니다. 마귀가 찍어주는 짐승의 표 666이 있습니다. 성령의 인친 표를 받은 사람은 천국 문을 통과해도 마귀가 찍어주는 666의 표를 받은 사람은 천국 문을 통과할 수 없습니다.

그러기 때문에 사람이 죽기 전에 꼭 확인해야 할 일은 내가 어떤 표를 받았느냐 하는 것입니다. 지금 여러분께서 스스로 내가 지금 받은 표가 어떤 표일지 생각해 보시기 바랍니다. 내가 666의 표를 받았는가? 성령의 인침을 받은 사람인가?

그런데 이런 표시는 아주 중요합니다만 이런 표는 영적으로 받는 표이기 때문에 사람의 눈에는 보이지 않습니다. 그러나 그 사람의 언행을 보고 어떻게 살아가는가를 보면 그 사람이 666을 받은 사람인지 성령의 인침을 받은 사람인지 알 수 있습니다.

어떻게 알 수 있을까요? 666의 표는 마귀가 주기 때문에 666을 받은 사람은 교회를 다니지도 않지만 교회에 다닌다고 해도 그 사람이 말하고 행동하는 것을 보면 알 수 있습니다.

교만합니다. 미워합니다. 시기합니다. 질투합니다. 이간질합니다. 용서할 줄 모릅니다. 이기적입니다. 분란을 일으킵니다. 남의 말을 나쁘게 합니다.

왜 그럴까요? 마귀의 속성이 마귀의 표를 받은 사람에게 나타나기 때문입니다. 그러나 성령의 인침을 받은 사람은 성령께서 인을 쳤기 때문에 말을 하고 행동을 해도 성령의 열매가 나타납니다.

첫 번째, 성령의 열매는 미움이 아니라 사랑입니다. 두 번째, 성령의 열매는 아무리 어려운 중에도 하나님 때문에 기뻐하는 희락입니다. 세 번째, 성령의 열매는 하나님과의 관계 때문에 오는 화평입니다.

네 번째, 성령의 열매는 아무리 어려워도 성령께서 주시는 오래 참음입니다. 다섯 번째, 성령의 열매는 누구를 만나든지 친절하게 대하는 자비입니다. 여섯 번째, 성령의 열매는 누구에게나 찾아가서 베푸는 양선(良善)입니다.

일곱 번째, 성령의 열매는 환경이 바뀌어도 변치 않고 진실하게 믿는 충성입니다. 여덟 번째, 성령의 열매는 누구에게나 부드럽게 대하는 온유입니다. 아홉 번째, 성령의 열매는 욕심과 분을 잘 다스릴 줄 아는 절제입니다.

진정으로 예수님을 믿고 성령을 받은 사람은 생명나무와 같아서 말과 행동 그리고 성품 속에 이런 성령의 열매들이 나타나는 것입니다. 우리는 성령의 인침을 받은 그리스도인들입니다. 성령의 인침을 받은 사람답게 누구에게나 성령의 열매를 드러내며 살아가는 여러분이 되시기를 소원합니다.

그럼 성령의 인을 누가 누구에게 치는 것일까요?

그의 증언을 받는 자는 하나님이 참되시다는 것을 인쳤느니라.
(33절)

'이 사람은 구원 받은 하나님의 사람이다'라고 인을 치시는 분은 하나님이십니다. 그럼 하나님은 어떤 사람에게 인을 치실까요?

그의 증언을 받는 자는 하나님이 참되시다는 것을 인쳤느니라.
(33절)

하나님에 대하여 증언하는 예수님의 말씀을 듣고 믿는 사람에게 '너는 하나님의 자녀요 천국 백성이다'라는 인을 쳐주십니다. 그러면 누구든지 죄 용서를 받게 되고 14만 4천의 수에 드는 하나님의 자녀가 되고 그 증거로 성령의 인침을 받는 것입니다.

그런 사람은 이 땅에 사는 동안 성령의 열매를 맺으며 살다가 이 땅에서의 생애를 마치는 날 그 인친 표를 들고 천국에 들어가게 되는 것입니다. 이런 복을 받는 여러분이 되시기를 주님의 이름으로 축원합니다.

그런데, 만일에 예수님의 말씀을 믿지 않으면 어떻게 될까요?

아들을 믿는 자들에게는 영생이 있고
아들에게 순종하지 아니하는 자는
영생을 보지 못하고 도리어 하나님의 진노가
그 위에 머물러 있느니라.(36절)

그러기 때문에 예수님을 믿지 않는 사람은 구원을 받지 못하는 것입니다.

사람이 구원을 받는다는 것은 사람이 이 세상에 사는 날 동안 해결해야 할 일들 중에 가장 중요한 일입니다.

그런데 놀라운 사실은 이처럼 사람에게 귀하고 중요한 일을 하나님께서는 너무나도 쉽게 해결할 수 있도록 해주셨습니다. 누구든지 예수님을 믿기만 하면 구원을 얻도록 말입니다.

이것이 바로 우리를 향한 하나님의 사랑인 줄 믿습니다. 이 하나님의 은혜로 우리가 구원의 복을 받은 줄 믿습니다.

우리가 이런 복을 받았으니 어떻게 해야 할까요? 복 받은 사람답게 살아야 합니다. 그럴 때 받은 복에 새로운 복이 더해지는 것입니다. 구원 받은 사람답게 사는 사람은 하나님을 가까이 하고 죄는 멀리하며 삽니다. 예배 생활을 잘합니다. 주일을 잘 지킵니다. 공 예배 출석을 잘합니다. 봉사와 전도, 기도생활에 최선을 다합니다.

여러분이 그런 사람들입니다. 앞으로도 이런 복 받을 일을 더 잘하셔서 하나님을 더 기쁘게 해드리며 영과 육이 흥하게 되는 행복 자들이 다 되시기를 주님의 이름으로 축복합니다.

| 제 12 장

상종 못할 사람을 구원하신 예수님

_ 요한복음 4장 1~19절

예수님의 유대에서의 초기 사역을 통해 하나님의 아들 되심을 드러내시고 예수님의 그리스도 되심을 드러내셨습니다. 그러는 중에 예수님에 대한 소문이 주변에 퍼져나갔습니다. 어떤 소문일까요?

> 예수께서 제자를 삼고 세례를 베푸시는 것이
> 요한보다 많다 하는 말을 바리새인들이 들은 줄을
> 주께서 아신지라.(1절)

여기에 바리새인들이라는 말이 나옵니다만 바리새인들은 유대교를 대표할만한 종파였습니다. 당시 유대교의 종교 지도자들 대부분이 이 종파에 속해 있었습니다. 그런데 세례 요한이 나타나 복음을 전하며 회개할 것을 강조하자 많은 백성들이 요한을 따르기 시작하였습니다. 그래서 요한을 감옥에 가두었다가 목 베어 죽였습니다.

그래서 이제 더 이상 그런 일이 없을 줄 알고 있었는데 소문을 듣자 하니 세례 요한보다 더 많은 사람들이 따르는 분이 나타났는데 그 분이 예수님이라는 겁니다. 이렇게 예수님이 백성들에게 인기가 올라가는 것을 가장 경계하던 사람들은 유대교 종교 지도자들이었습니다. 그래서 유대교 종교 지도자들이 요한을 제거했던 것처럼 예수님도 제거하려는 음모를 꾸미고 있었습니다.

예수님께서도 이런 사실을 아셨기에 예루살렘에 머물게 되면 유대 종교지도자들과 불필요한 충돌이 있을 것 같아 갈릴리로 가시기로 했습니다. 그것은 예수님께서 유대교 종교 지도자들을 무서워해서라기보다는 하나님의 뜻을 이루실 때가 아직 이르지 않으셨기 때문에 시간을 조절하는 차원에서 그곳을 잠시 떠나신 것입니다.

이것이 우리에게 주는 교훈은 복음의 진리를 전하면 요한이 전하든 예수님께서 전하든 어둠에 속한 자들은 듣기 싫어하고 복음의 진리를 전하는 하나님의 사자를 악한 방법으로 대적한다는 것입니다.

그러기 때문에 예수님께서 제자들을 전도하라고 세상에 보내시면서 누가복음 10장 3절에서 말씀하시기를

갈지어다 내가 너희를 보냄이
어린 양을 이리 가운데로 보냄과 같도다.

고 하셨습니다.

그러면 그런 악한 자들이 대적하는데도 우리가 우리의 복음 전파의 사명을 감당하려면 어떻게 해야 합니까? 무장해야 합니다. 말씀으로 무장하고 기도로 무장해야 합니다. 그러면 어떤 대적도 말씀의 능력과 기도의 능력 앞에서는 기를 쓰지 못하고 떠나가게 될 줄 믿습니다.

그리고 때로는 악에게 당장 대항하기보다는 예수님처럼 때를 기다리는 마음으로 잠시 대적하는 자리를 피해야 할 경우도 있습니다.

(예수께서 친히 세례를 베푸신 것이 아니요 제자들이 베푼 것이라).(2절)

2절 말씀이 괄호로 표시되어 있습니다. 왜 그랬을까? 괄호의 문제를 말씀드리면 원문에 이 내용이 있었는지 확실하지 않지만 원문에 있었을 것으로 판단되는 구절을 성경에 표기할 때 이런 방식으로 표시합니다.

주기도문 – 마태복음 6장 9–13절
(나라와 권세와 영광이 아버지께 영원히 있사옵나이다 아멘)
마태복음 18장 11절 – (없음)

본문의 경우 요한복음 3장 22절에 나오는 말씀을 오해하지 않도록 강조하느라고 괄호를 사용했다고 보입니다. 요한복음 3장 22절에서는 예수님께서 세례를 베푸셨다고 되어 있는데 요한복음 4장 2절에서는 예수님께서 세례를 베푸신 것이 아니라 예수님의 제자들이 베풀었다는 것입니다.

왜 이 말씀이 중요하느냐 하면 예수님은 단순히 세례 요한이 세례 주는 것을 보고 따라 하시는 분이 아니라 참 세례를 완성하시는 분이시기 때문입니다. 같은 세례라고 해도 요한이 준 세례는 물세례이고, 예수님께서 주시는 세례는 불세례이기 때문입니다.

유대를 떠나사 다시 갈릴리로 가실 새
사마리아를 통과하여야 하겠는지라. (3,4절)

예수님께서 유대를 떠나 갈릴리로 가시려는 것은 십자가에 못 박혀 대속의 죽음을 당하시기 전에 이 땅에서 이루어야 할 많은 일들이 있었기 때문입니다. 그래서 지금 당장 유대교 교권주의자들과 직접적으로 충돌하기 보다는 제자들도 훈련시켜야 하고 백성들에게도 복음을 전해야 했기 때문입니다.

그래서 예수님께서 유대를 떠나 갈릴리로 가시는데 "사마리아를 통과 하여야 하겠는지라."고 말씀하십니다.

유대에서 갈릴리로 가는 길은 세 가지가 있었습니다. 대표적인 것은 해변으로 가는 길과 요단강 동편에 있는 베뢰아를 통과해서 가는 길, 사마리아 중심부를 가로질러서 가는 길입니다. 이 중에 가장 가깝고 가기 쉬운 길은 사마리아를 통과하는 길이었습니다.

그럼에도 유대인들이 갈릴리로 갈 때에 그 가깝고 쉬운 길이 있는데 도 그 길을 이용하지 않았습니다. 왜냐하면 B.C.722년 북이스라엘 왕국 이 앗시리아에 의해 멸망한 뒤, 사마리아 지역에 남아 있던 유대인과 사마리아 사람들이 이방인들과 잡혼을 해서 순수한 혈통을 지키지 못하고 부정해진 사람들이라고 생각했기 때문입니다.

그래서 유대인들이 사마리아 사람들과는 상종도 않고 지내고 그들이 사는 땅도 밟지 않겠다는 것입니다. 이러한 이유 때문에 유대인들이 바벨론 포로에서 돌아와 예루살렘 성전을 재건할 때 사마리아 인들이 와서 성전 짓는 것을 협력하겠다고 했지만 그것도 거절했던 것입니다.

이런 분위기가 예수님 당시까지 이어진 것입니다. 이런 분위기를 잘 아시는 예수님이셨지만 그럼에도 불구하고 예수님께서는 의도적으로 사마리아를 거쳐 갈릴리로 가시겠다는 것입니다.

이유는 유대인들의 잘못된 생각을 깨우치고 유대인들에게 멸시 받던 그곳 사람들에게도 복음의 진리를 전하기 위해서였습니다.

이것이 우리에게 주는 교훈은 사람을 편견을 가지고 판단하면 안 된 다는 것입니다. 세상적인 편견 때문에 소외된 사람들에게 우리도 예수님 처럼 그들에게 복음과 사랑을 가지고 다가가야 합니다.

사마리아에 있는 수가라 하는 동네에 이르시니
야곱이 그 아들 요셉에게 준 땅이 가깝고

거기 또 야곱의 우물이 있더라

예수께서 길 가시다가 피곤하여 우물 곁에 그대로 앉으시니

때가 여섯 시쯤 되었더라. (5,6절)

수가성 지역은 과거 야곱이 세겜의 족장 하몰의 아들로부터 은 일백 개를 주고 구입한 세겜 땅에서 멀지않은 곳(창 33:18,19), 나중에 요셉에게 배분되었으며(창 48:22) 후에 출애굽 한 이스라엘에 의해 요셉이 매장된 곳(수24:32)입니다.

야곱의 우물은 야곱이 판 우물로 이물질이 들어가는 것을 막기 위한 뚜껑이 덮여져 있었고 여행자들이 쉴 수 있는 자리가 그 옆에 마련되어 있었던 것으로 추정됩니다.

예수님께서 이 우물가에 가십니다. 오랜 시간을 여행함으로 피곤함과 목마름이 있으셨습니다. 하나님의 아들이시지만 동시에 인간이신 예수님이시기 때문입니다. 때는 육시였습니다. 해 뜰 때부터 해질 때까지를 12시간으로 나누어 계산하는 유대인의 계산법에 의해 육시는 정오입니다.

사마리아 여자 한 사람이 물을 길으러 왔으매. (7절)

이 때에 사마리아 여인이 이 우물가에 왔습니다. 당시 혈통적·종교적 혼합지역이었던 사마리아 자체가 부정한 지역으로 알려졌습니다. 남자들보다 사마리아 여인들은 더 부정한 자로 취급되었습니다. 이 여인은 그 중에서도 남편을 다섯이나 둔 부정한 여인이었습니다. 이 여인이 정오에 물을 길러 우물에 온 것도 사람들이 우물에 오지 않는 시간에 온 것입니다. 예수님이 먼저 계시던 우물에 이 여인이 온 것입니다.

예수님은 어떻게 하셨을까요?

사마리아 여자 한 사람이 물을 길으러 왔으매
예수께서 물을 좀 달라 하시니.(7절)

예수께서 그 여인에게 물을 달라 하셨습니다. 정통 유대인들은 이러한 여인과 대화를 한다는 것은 자신을 부정하게 한다고 여겨 말도 하지 않던 시절이었습니다. 사마리아 여인도 그런 생각을 하고 있었을 것입니다. 그러나 예수님께서는 그 여인과 만나 대화함으로 부정한 것과는 접촉을 하지 않던 유대인의 전통을 부정하는 행동을 하신 것입니다.

이는 제자들이 먹을 것을 사러 그 동네에 들어갔음이러라.(8절)

물론 당시 예수님께서는 실제로 매우 지쳐있었고 목말랐을 것입니다. 그래서 제자들이 동네로 먹을 것을 사러 갔는데 그 사이에 물을 길러온 여인을 만났기 때문입니다.

그 여인의 반응 어땠을까요?

사마리아 여자가 이르되
당신은 유대인으로서 어찌하여
사마리아 여자인 나에게 물을 달라 하나이까 하니
이는 유대인이 사마리아인과 상종하지 아니함이러라.(9절)

사마리아 여인은 예수님이 유대인이라는 것을 알았습니다. 다른 유대인들의 태도와는 너무나 다르게 그녀에게 도움을 요청하자 조금은 빈정거리는 어투로 대답하고 있습니다. 왜냐하면 유대인들은 사마리아인을 멸시하였기 때문입니다. 상종을 꺼려 할 정도였습니다. 유대인이 사마리아 여인에게 도움을 청하는 것은 예상 밖의 일이었습니다.

그런데도 예수님께서 그렇게 하시는 이유가 있습니다.

예수께서 대답하여 이르시되
네가 만일 하나님의 선물과 또 네게 물 좀 달라 하는 이가
누구인 줄 알았더라면 네가 그에게 구하였을 것이요
그가 생수를 네게 주었으리라.(10절)

네가 만일 하나님의 선물을 알았고 내가 누구인지 알았더라면 네가 그렇게 말하지 않았을 것이고 너는 나에게 생수를 구하였을 것이고 나는 너에게 생수를 주었을 것인데 안타깝구나.

이 말씀의 의미는 예수님이 사람들에게 주어진 선물이라는 것입니다. 예수님이 사람들이 꼭 마셔야 할 생수라는 것입니다. 생수는 성령을 말합니다. 이는 영생하도록 솟아난다는 점과 이를 마시면 영원히 목마르지 않다는 점에서 성령을 말합니다.

여자가 이르되
주여 물 길을 그릇도 없고 이 우물은 깊은데
어디서 당신이 그 생수를 얻겠사옵나이까
우리 조상 야곱이 이 우물을 우리에게 주셨고
또 여기서 자기와 자기 아들들과 짐승이 다 마셨는데
당신이 야곱보다 더 크니이까.(11,12절)

이 여인은 그리스도의 전능하심에 의존하기 보다는 아직도 자기 자신의 제한된 생각의 영역에서 벗어나지 못하고 있습니다.

물을 퍼 올릴 그릇이 없다는 말의 의미는 이렇습니다. 당시 이런 우물 곁에는 염소 가죽으로 만든 두레박이 항상 있었습니다. 그럼에도 불구하고 물 길을 그릇이 없다는 것은 유대인의 입장에서 부정하다고 생각되는 사마리아인의 그릇을 사용할 리가 없기 때문입니다. 그 여인은 지금까지도 예수님께서 말씀하시는 생수인 진리를 모르던 니고데모처럼 그 우물 속에서 퍼올리는 물로 생각하고 있었습니다.

사마리아 여인이 말하는 "우리 조상 야곱"이란 사마리아인들은 요셉을 통하여 자신들의 혈통이 이스라엘의 직계조상인 야곱에까지 닿아있는 것으로 여겼습니다. 왜냐하면 역사적으로 에브라임과 므낫세 반지파가 당시 사마리아 지역에 거주했으며, 요셉의 유골도 세겜 사마리아 지역 내에 있었기 때문입니다. 그래도 그들은 후에 이방인들과 혼혈되었기 때문에 이방인처럼 간주하고 있었습니다.

하지만 사마리아 사람들에게도 당시 하나님에 대한 신앙을 가진 자들이 있었으며 메시아를 기다리던 사람들도 있었습니다. 이 우물에서 야곱은 물론 그에게 속한 모든 가족과 짐승들도 먹고 남았다는 것입니다.

사마리아 여인이 이런 말을 하는 이유는 예수님이 주겠다고 하는 생수가 이 우물물보다 더 좋을 수는 없을 것이라는 것입니다.

당신이 야곱보다 더 크십니까? 조상 야곱에 대해 자부심을 가지고 있었습니다. 그리고 선민의 조상인 야곱보다 더 큰 자는 메시아밖에 없을 것으로 생각하고 있었습니다. 그런 의미에서 그 여자는 그리스도를 믿을 마음의 준비가 되어 있었다고 볼 수 있습니다.

예수께서 대답하여 이르시되
이 물을 마시는 자마다 다시 목마르려니와
내가 주는 물을 마시는 자는 영원히 목마르지 아니하리니
내가 주는 물은 그 속에서 영생하도록 솟아나는

샘물이 되리라.(13,14절)

당신이 야곱보다 더 큽니까?라는 질문에 예수님은 직접 대답하지 않으셨습니다. 그러나 다음의 말씀을 통해 그보다 더 분명한 말씀을 하십니다.

물은 땅에서 나오는 물, 예수님께서 주시는 물이 있습니다. 사람에게 두 가지 물이 다 필요합니다. 차이가 있다면 땅에서 나오는 물은 마셔도 또 마셔야 하지만 예수님께서 주시는 물은 영생하도록 솟아나는 물입니다. 이 물은 한 번 마시면 영원히 목마르지 않습니다. 이 물은 예수님께서 주시는 성령입니다.

여자가 이르되
주여 그런 물을 내게 주사 목마르지도 않고
또 여기 물 길으러 오지도 않게 하옵소서.(15절)

그 여인은 예수님과의 대화를 통해 예수님이 영생하도록 하는 생수를 주시는 분으로 깨닫습니다. 하지만 이 여인은 아직도 육체적 욕망과 일상적 요구의 영역에서 벗어나지 못하고 있습니다. 단지 자신의 목마름과 수고를 덜어 줄 물을 요구하는 것입니다. 예수님의 답변을 보겠습니다.

이르시되 가서 네 남편을 불러 오라.(16절)

엉뚱해 보이기도 하고 대화의 주제와 다른 말씀을 하십니다. 그 이유는 참 생수를 받기 위해 이런 과정이 필요하기 때문입니다. 예언적 통찰력을 보여주어 그녀로 하여금 예수님을 신뢰할 수 있도록 준비시키신 것입니다. 영적인 말씀을 제대로 이해하지 못하는 여인에게 예수님께서는 사람의 생각과 그 속마음을 다 알고 계심을 보여 주심으로써 그녀의 조상인 야곱보다 위대함을 알려주시기 위해 이 말씀을 하신 것입니다.

여인의 답변을 보겠습니다.

여자가 대답하여 이르되
나는 남편이 없나이다
예수께서 이르시되 네가 남편이 없다 하는 말이 옳도다
너에게 남편 다섯이 있었고
지금 있는 자도 네 남편이 아니니 네 말이 참 되도다.(17,18절)

11,12,15절에서 보이던 여인의 장황하던 대답이 여기서는 단 세 마디로 줄었습니다. "나는 남편이 없나이다." 예수님의 권위 있는 모습을 어느 정도 수용했기 때문입니다. 예수님의 답변을 보겠습니다.

네가 남편이 없다 하는 말이 옳도다
너에게 남편 다섯이 있었고 지금 있는 자도 네 남편이 아니니
네 말이 참 되도다.(17,18절)

예수님께서는 처음 만난 사마리아 여인의 과거와 현재의 생활을 다 아시고 계셨습니다. 신의 통찰력입니다. 그녀가 다섯 번 결혼을 하여 다섯 남편을 가졌었는지 아니면 다만 다섯 남자와 살았는지는 명확하지 않습니다. 그러나 지금 사는 남편이 합법적인 결혼을 한 사이가 아닌 것은 분명합니다. 이것은 처음 만난 보통의 사람으로서는 알 수 없는 일이었습니다.

사마리아 여인의 고백을 보겠습니다.

여자가 이르되 주여 내가 보니 선지자로소이다.(19절)

이 여인은 과거 자신의 부정한 사생활에 대해 자세하게 아시는 예수님을 향해 놀라면서 말하기를 "주여 내가 보니 선지자로소이다."

그 여인에게 예수님에 대한 인식의 변화가 온 것입니다. 처음에는 길을 가는 나그네로 알았고 가까이 보니 유대인이었습니다. 대화 중에 랍비로 알았으며 말씀을 새겨들으며 선지자로 알게 되었습니다.

상당한 발전입니다. 그러나 그 여인은 예수님이 구약에 예언되었고 자신이 기다리고 있는 메시아라는 것을 알지 못한 중요한 한 가지가 있습니다. 그것이 무엇일까요? 다음 강의에서 말씀을 살펴보도록 하겠습니다.

| 제 13 장

영과 진리로 예배드려야 합니다

_ 요한복음 4장 20~26절

　우리나라 교육부의 정책기획관이라는 사람이 "민중은 개돼지들이니 먹고 살게만 해주면 된다."는 망언을 했습니다. 그 뒤로 어느 도지사는 단식투쟁하는 도의원에게 "치워야 할 쓰레기 개는 짖어도 기차는 갑니다."는 막말을 했습니다.

　우리는 그런 당사자는 아니라도 그런 말을 들으면서 우리나라 공직자라는 사람들의 의식이 국민을 정말로 그렇게 보고 있지 않은가라는 생각에 마음이 씁쓸해짐을 느낍니다.

　민중을 개돼지 취급을 하고 쓰레기처럼 여기는 일은 예수님 당시 유대인들에게도 있었습니다. 그래서 당시 유대인들은 사마리아 사람들을 상종하지 않았습니다. 그들의 땅을 밟고 지나가는 것도 부정 탄다고 생각하고 가까운 길을 두고도 먼 길로 돌아갔던 사람들입니다.

　예수님이 우물가에서 만난 한 사마리아 여인은 상처가 많은 여인이었습니다. 영적으로는 유대인들에게 개나 돼지 취급을 받은 데 대한 상처가 있었고, 도덕적으로는 결혼생활이 순탄하지 못해 동네 사람들에게도 따돌림을 당하던 상처가 있었습니다. 그래서 그 여인은 물을 길으러 우물가에 나와도 동네 사람들이 나오지 않는 낮에 나왔던 것입니다.

그러던 여인이 예수님을 만난 후 마음에 상처가 치유되기 시작하였습니다. 그러면서 예수님에 대한 생각도 변하고 예수님에 대한 말도 변하는 것을 우리는 발견하였습니다.

이 여인이 예수님을 처음 만났을 때 예수님을 길 가는 나그네로 알았습니다. 예수님을 가까이 대면해 보다가 예수님이 자기가 싫어하는 유대인이라는 것을 알았습니다. 예수님과 대화를 하다가 예수님이 많은 것을 아는 랍비라는 것을 알게 되었습니다. 예수님의 말씀을 새겨들어보니 예수님은 선지자였습니다.

이것을 통해 우리가 깨달아야 할 것이 있습니다. 그것은 아무리 상처 많은 사람이라도 예수님을 만나면 상처가 치유를 받게 되고 상처가 치유를 받게 되면 복된 사람으로 변하게 된다는 것입니다. 할렐루야!

오늘도 우리가 예수님을 만나는 자리에 나왔습니다. 오늘 말씀을 통해 예수님을 만나시기를 소원합니다. 만난 예수님을 통해 그동안 주변 사람에게 상처를 받고 지각없는 지도자들 때문에 받은 상처도 치유 받으시기를 주님의 이름으로 축원합니다.

이제 예수님과 사마리아 여인이 나눈 대화를 계속 살펴보겠습니다. 예수님과의 대화를 통해 예수님을 믿는 믿음이 생기더니 가장 먼저 변화가 나타나는 것이 대화의 내용입니다. 어떤 변화가 일어나고 있었는지 20절 말씀을 보시기 바랍니다.

우리 조상들은 이 산에서 예배하였는데
당신들의 말은 예배할 곳이 예루살렘에 있다 하더이다.

그동안 빈정대는 말투로 유대인과 사마리아인 사이의 골 깊은 이야기를 하던 여인이 자신의 과거 이야기를 하던 여인이 이제는 예배에 관한

이야기를 꺼낸 겁니다. 대화의 주제가 달라진 겁니다. 왜냐하면 그동안 없는 믿음이 생겼기 때문입니다.

오늘날 우리도 마찬가지입니다. 우리 속담에 "열 길 물속은 알아도 한 길 사람 속은 모른다."는 말과 같이 사람의 마음에 무엇이 들어 있는지 알 수 없습니다.

어긋난 뼈는 피부 속에 감추어져 있어도 X-Ray를 통해 볼 수 있고 잘못된 내장 상태는 MRI 촬영을 통해 볼 수 있어도 사람의 마음은 X-Ray로도 알 수 없고 MRI 촬영으로도 판독할 수 없습니다.

그러나 그 사람의 말을 들어보고 행동을 보면 그 사람의 속에 무엇이 들어 있는가를 알 수 있습니다. 교만이 마음이 가득한 사람은 속에 숨겨진 교만이 민중 개돼지 발언으로 드러나고 마음속이 음란으로 가득 찬 사람은 메이저 리그 어느 야구선수와 국내 어느 프로야구선수처럼 성폭행과 공연음란죄로 드러나는 겁니다.

그런데 사람의 믿음도 마찬가지입니다. 우리가 사람을 보면 누가 믿음을 가지고 있는지 모릅니다. 그런데 그 사람의 말을 들어보면 믿음이 보이고 그 사람의 행동을 보면 믿음이 보입니다.

긍정적인 사람은 말을 해도 긍정적인 말을 합니다. 믿음이 있는 사람은 말을 해도 믿음 있는 말을 합니다. 긍정적인 말, 믿음의 말을 하는 사람, 긍정적인 믿음의 사람이 되시기를 소원합니다.

믿음이 생긴 사마리아 여인이 예수님께 꺼낸 말은 예배드리는 장소에 관한 말입니다. 우리 조상들은 이 산에서 예배하였는데 당신들의 말은 예배할 곳이 예루살렘에 있다 하더이다. 그러면 어디서 예배를 드리는 것이 맞는 것이냐는 겁니다.

이 말을 이해하려면 자세히는 몰라도 이스라엘의 역사를 조금은 알아야 합니다. 이스라엘은 본래 하나님을 섬기던 한 나라였습니다. 그런데 하나님의 백성인 이스라엘 사람들이 하나님의 말씀에 순종하지 않다가

남과 북으로 갈라지더니 북 이스라엘은 앗수르에 의해 망하고 남유다 왕
국은 바벨론에 의해 망하고 맙니다.

그런 후에 이스라엘 사람들이 포로생활을 하면서 하나님을 떠났던 불
신앙을 회개하였습니다. 그러자 하나님께서 포로생활에서 예루살렘으로
귀환하게 하십니다. 1차 포로 귀환을 한 이스라엘 사람들이 하나님 중심
한 예배생활을 잘 하려는 마음으로 스룹바벨을 중심으로 무너졌던 성전
을 재건하게 됩니다.

이때 북 이스라엘도 성전 재건에 참여하려고 했으나 순수혈통을 지키
지 못했다는 이유로 거절당하게 됩니다. 그러자 북 이스라엘 사람들은 예
루살렘 성전에 갈 수 없게 되었으니 북쪽 그리심 산이라는 곳에 자기들의
성전을 별도로 건축하게 됩니다. 그래서 남 유다 왕국은 예루살렘 성전에
서 예배를 드렸고, 북 이스라엘 사람들은 그리심 산 성전에서 예배를 드
리게 되었습니다. 바로 이 문제를 사마리아 여인이 예수님께 질문한 것입
니다. 이에 대해서 예수님께서 무엇이라고 하셨을까요?

> 예수께서 이르시되 여자여 내 말을 믿으라
> 이 산에서도 말고 예루살렘에서도 말고
> 너희가 아버지께 예배할 때가 이르리라.(21절)

"여자여 내 말을 믿으라 이 산에서도 말고 예루살렘에서도 말고 너희
가 아버지께 예배할 때가 이르리라." 무슨 말입니까?

하나님 아버지께 드리는 예배가 장소와 의식의 제한을 초월할 때가
온다는 것입니다. 그 여인에게는 아직 그때가 이르지 않아서 그렇게 말씀
하셨지만 지금은 예수님께서 말씀하신 그 때 그리심 산이 아니고 예루살
렘이 아니어도 하나님께 예배드릴 수 있는 때가 이르렀기 때문에 우리가
그리심 산이나 예루살렘에 가지 않고도 이곳에서 하나님께 예배를 드리

게 된 것입니다. 할렐루야!

이곳을 하나님께 예배드릴 수 있는 성전 삼으시고 우리가 이곳에 모여 예배드릴 때마다 하나님께서 오셔서 우리의 예배를 받으시고 우리에게 은혜를 베풀어 주십니다.

이 산에서도 말고 예루살렘에서도 말고
너희가 아버지께 예배할 때가 이르리라.

무슨 말입니까? 하나님은 유대인의 하나님도 되시고 사마리아 인도 되시므로 예배의 장소 역시 어느 특정한 장소에 제한을 받지 않는다. 그러니 네가 나를 만난 이후로 나의 말을 듣고 나에 대해서 많은 것을 알게 되었지만 나는 신적인 존재이니 나를 선지자 정도로만 알지 말고 나를 신앙의 대상으로 알고 내가 하는 말을 믿으라는 것입니다.

그렇습니다. 우리가 예수님을 하나님의 독생자로 믿는다면 예수님께서 하시는 말씀도 하나님의 말씀으로 믿어야 할 줄 믿습니다. 예수님은 하나님이십니다. 예수님의 말씀은 하나님의 말씀이십니다. 그러므로 예수님의 말씀은 믿고 순종해야 합니다.

너희는 알지 못하는 것을 예배하고
우리는 아는 것을 예배하노니
이는 구원이 유대인에게서 남이라.(22절)

예배의 장소에 대해서 말씀하셨던 예수께서 이제 예배의 대상에 대해서 말씀하십니다. "너희는 알지 못하는 것을 예배하고 우리는 아는 것을 예배하노니" 이 말씀을 통해 알 수 있는 것은 그동안 사마리아 사람들은 예배를 드려도 알지도 못하는 이에게 예배를 드렸지만 예수님께서는 누구에게 예배를 드려야 하는지를 알고 예배를 드린다는 것입니다.

오늘날도 그렇습니다. 세상에는 종교가 많습니다. 그래서 사람에게는 종교의 자유가 있다고 하면서 종교는 강요하면 안 되고 예배 대상자를 자기가 알아서 예배해야 한다는 것입니다.

이런 주장이 민주적인 것으로 압니다만 이런 주장이야말로 대단히 위험한 말입니다. 사람이 이 세상에 사는 동안 알아야 할 것들 중에 가장 중요한 것이 예배의 대상을 바로 아는 것입니다.

만일 예배의 대상을 잘 모르고 예배를 하는 사람이 있다면 그 사람은 공원에서 주인이 누구인지도 모르고 아무나 따라가는 개와 같은 사람입니다.

그럼 참된 예배의 대상은 누구일까요? "너희는 알지 못하는 것을 예배하고 우리는 아는 것을 예배하노니 이는 구원이 유대인에게서 남이라."

하나님께서는 사람을 구원할 구원자를 유대인의 혈통을 통해서 이 세상에 보내실 것이고 그 분이 오셔서 사람들을 죄에서 구원할 것이라는 것입니다. 그 분이 누구이십니까?

그 분이 아브라함과 다윗의 후손으로 이 땅에 오신 예수님이십니다. 그 예수님을 보내신 분은 하나님 아버지이십니다.

그러므로 사람은 누구나 하나님 아버지를 믿어야 하고 독생자 예수님을 믿어야 하고 하나님의 영이신 성령님을 믿어야 하고 이 성삼위 하나님께만 예배해야 하는 것입니다. 우리의 예배의 대상은 오직 성삼위 하나님 뿐이신 줄로 믿습니다.

그러면 우리가 하나님께 언제 어떻게 예배를 드려야 할까요? 이에 대해 예수님께서는 사마리아 여인에게 23절을 통해 이렇게 말씀하십니다.

아버지께 참되게 예배하는 자들은 영과 진리로 예배할 때가 오나니
곧 이 때라 아버지께서는 자기에게 이렇게 예배하는 자들을 찾으시느

니라.

예수님께서는 이 말씀을 통해 예배는 누구에게 드려야 하며, 어떻게 드려야 하며, 언제 드려야 하는가에 대해서 알려주십니다.

예배는 누구에게 드려야 할까요? 앞서 말씀드린 바와 같이 예배는 하나님 아버지께 드려야 합니다. 예배는 어떻게 드려야 할까요?(24절)

(1) 개역 – 하나님은 영이시니 예배하는 자가 신령과 진정으로 예배할 지니라.

(2) 개역개정 – 하나님은 영이시니 예배하는 자가 영과 진리로 예배할 지니라.

(3) 현대인의 성경 – 하나님은 영이시다. 그래서 예배하는 사람은 영적인 진실한 예배를 드려야 하는 것이다.

중요한 메시지는 참된 예배는 어디서 예배를 드리느냐가 아니라 성경 말씀에 입각한 진정한 믿음과 성령의 감동에 의한 진실한 마음으로 드려야 한다는 것입니다. 그런 예배가 참된 예배이고 그런 예배를 드리는 사람을 하나님께서 찾으시는 줄 믿습니다.

우리가 그런 예배 자들이 되기 위해 우리는 성경말씀을 늘 배우며 성경말씀대로 믿으며 성경말씀대로 살면서 성경말씀대로 예배를 드리도록 힘써야 할 줄 믿습니다.

그럼 우리는 언제 이런 예배를 드려야 할까요?

"곧 이때라."

사마리아 여인에게는 예수님을 만난 그 때입니다. 우리에게는 오늘 말씀을 듣는 이 시각입니다. 우리는 하나님께 온전한 예배를 드리는 것을 미루면 안 됩니다. 그동안 잘못한 부분이 있다면 고쳐도 지금 고쳐야 하고 그동안 미뤄왔던 일이 있다면 지금 실천해야 합니다.

오늘날 많은 성도들이 마귀에게 속고 있는 것 중에 하나가 하나님께서 기뻐하시는 일을 해야 한다는 것을 알면서도 다음으로 미루고 지금은 하지 않고 있다는 것입니다. 마땅히 해야 할 일인 줄 알면서도, 또 해야겠다고 하면서도 하지 않습니다. 왜입니까? 다음에 하겠다는 겁니다. 안 하겠다는 것이 아닙니다. 하기는 합니다. 그러나 지금은 아니라는 거지요. 이것이 바로 성도들의 손과 발을 묶는 마귀의 수법입니다. 내가 지금 마귀의 이런 고단수의 유혹에 붙들려 있지 않는지 자신을 살펴보시기 바랍니다.

만일 그렇게 느껴지는 분이 있다면 하나님께서 기뻐하실 일, 여러분이 언젠가는 해야 할 일이라고 미뤄왔던 일 "곧 이때라"는 주님의 말씀 따라 지금 이 순간부터 실행하시길 주님의 이름으로 축원합니다. 다음으로 미루도록 하는 마귀의 계략에 속지 말고 해야 할 일 지금 이때 실행하십시오.

> 여자가 가로되
> 메시아 곧 그리스도라 하는 이가 오실 줄을 내가 아노니
> 그가 오시면 모든 것을 우리에게 고하시리이다.(25절)

"제가 그동안 메시아 그리스도를 기다리고 있었습니다. 그 분이 오시면 제가 고민하고 있는 이런 모든 문제에 대해 확실하게 알려주실 것입니다." 이 여인이 깜짝 놀랄 말을 하고 있습니다. 유대인들이 상종도 않던 이 사마리아 여인의 심령이 메시아 그리스도를 대망하고 있다는 말입니다. 그래서 사람을 편견을 가지고 대하면 안 됩니다.

여러분이 아무리 기도를 하고 아무리 전도를 해도 꿈쩍도 하지 않는 분이 있지요? 천사가 와서 전도를 해도 저 사람은 교회에 나올 사람이 아

니라고 생각되는 사람이 있지요?

그러나 그 사람이 아직 때가 되지 않아서 그러는 것이지 그의 심령 깊숙한 곳에서 구원자를 기다리고 있으며 문제의 해결자 메시아를 기다리는 마음이 있음을 믿으시길 소원합니다.

그러므로 여러분이 전도하기를 원해서 기도하는 그 기도를 절대 포기하면 안 됩니다. 계속 사랑으로 대해주세요. 계속 그 영혼을 위해 기도하세요. 때가 되면 여러분의 기도가 헛되지 않았다고 간증할 날이 오게 될 줄 믿습니다.

메시아를 기다리고 있다는 사마리아 여인에게 예수님께서 26절에 청천벽력 같은 말씀을 하십니다.

예수께서 이르시되 네게 말하는 내가 그로라 하시니라.

사마리아 여인이 그동안 기다리고 사모하던 메시아가 바로 예수님이시라는 겁니다. 그러자 이 사마리아 여인이 어떻게 하였습니까?

여자가 물동이를 버려 두고 동네로 들어가서 사람들에게 이르되
내가 행한 모든 일을 내게 말한 사람을 와서 보라
이는 그리스도가 아니냐 하니
그들이 동네에서 나와 예수께로 오더라.

사람들의 눈에 띄지 않으려고 우물가에 나와도 사람들이 없는 시각에 나왔던 이 여인이 마음의 상처가 치유되면서 영적인 눈도 열리고 영적인 입도 열립니다.

그래서 이제는 피해 다니던 그 동네 사람들에게 찾아가 우리가 기다

리던 메시아를 내가 만났다. 예수님이 바로 그 분 메시아요 우리의 구원자라고 전도하기 시작한 것입니다.

이 일을 통해 우리가 붙잡아야 할 아주 귀한 진리가 있습니다. 그것은 예수님께서는 그동안 선민이라고 자랑하던 유대인들을 만나셨고 누구보다 바르게 잘 믿는다는 바리새인들도 만나셨습니다. 그러나 그들에게는 예수님께서 자신의 신분을 밝히지 않으셨습니다.

그러던 예수님께서 유대인들이 상종도 안하던 사마리아 여인, 윤리 도덕적인 문제로 상처 받은 소외된 여인에게는 자신을 드러내셨습니다.

왜 그러셨을까요? 예수님은 어느 누구라도 예수님을 찾고 사모하는 사람의 친구가 되시기 때문입니다. 지금도 마찬가지입니다. 예수님은 완벽한 자를 찾으시는 분이 아니십니다.

갖춘 것이 변변치 못해도 사모하는 사람을 만나주십니다. 가진 것이 없어도 겸손한 사람을 예수님은 만나주십니다. 과거에 허물이 있었을지라도 용서해 달라고 엎드리는 사람을 만나주십니다. 사람에게 이리 치이고 저리 치어 상처 받고 지친 사람이라도 주님께 위로를 받고파 주님의 얼굴을 구하는 사람을 주님은 만나주십니다.

그리고 예수님은 만난 사람들을 치유하여 주십니다. 주변 사람들에게 받은 마음의 상처도 치유해주시고 고장 난 영적인 눈도 치유주시고 고장 난 영적인 입도 치유해 주시고 고장 난 몸도 치유해주시고 고장 난 가정도 치유해주십니다. 예수님께서 오늘 우리도 치유해주실 줄 믿습니다. 앞으로도 우리가 예수님을 만날 때마다 고쳐주시고 치료해 주실 줄 믿습니다.

그래서 우리 모두 예수님을 만나 위로 받고, 용서 받고, 고침 받고, 축복 받아 우리도 동네 밖으로 나가 우리가 만난 예수님을 전하는 전도자들이 다 되시기를 주님의 이름으로 축원합니다.

| 제 14 장

나는 삯꾼인가? 주인의 아들인가?

_ 요한복음 4장 27~38절

대낮에 수가성 우물가에 물을 길으러 나왔던 사마리아 여인은 민족적
으로 유대인에게 개돼지 취급을 받던 여인, 동네 사람들에게 추한 여인이
라 눈총을 받던 여인이었습니다. 그런 여인이 예수님을 만나 예수님의 말
씀을 듣더니 사람이 달라졌습니다.

어떻게 그랬을까요?

여자가 물동이를 버려두고 동네로 들어가서
사람들에게 이르되(28절)

물동이를 우물가에 버려두고 동네 사람들을 찾아간 것은 물동이에 물
을 채워 가지고 가는 것보다 더 급한 일이 있었기 때문입니다. 동네 사람
들을 찾아간 것입니다. 동네 사람들을 피하여 우물가에 물을 길으러 왔던
이 여인이 물을 긷는 것보다 급하게 여긴 일은 무엇이었을까요?

내가 행한 모든 일을 내게 말한 사람을 와서 보라

이는 그리스도가 아니냐 하니.(29절)

여인은 자신이 만난 예수님에 대한 소식을 전하려고 한 것입니다. 자기를 만나주신 예수님께서 하신 일을 소개하려고 한 것입니다. 그 예수님이 우리를 구원하실 그리스도라는 것을 전하기 위함입니다.

이것이 복음이요, 이것을 전하는 것이 전도이고, 선교입니다.

전도하는 방법 무엇일까요?

내가 행한 모든 일을 내게 말한 사람을 와서 보라
이는 그리스도가 아니냐 하니.(29절)

'와서 보라.' '와 보라.' 누구의 전도 방법인가요?

예수님께서 '랍비여 어디 계십니까?' 라고 묻는 요한의 제자 안드레에게 전도하시기를 '와서 보라'고 하셨습니다. 나사렛에서 무슨 선한 것이 나겠느냐고 말하는 나다나엘에게 빌립이 전도하기를 '와 보라'고 하였습니다. 예수님을 만나 말씀을 듣다가 예수님이 그리스도이신 것을 안 사마리아 여인이 동네 사람들에게 찾아가 전도하기를 '와 보라'고 하였습니다.

'와 보라' 전도 법은 예수님의 전도 법, 예수님의 제자들의 전도 법, 사마리아 여인의 전도 법입니다. 요즈음 전도 방법들이 많지만 가장 전통적이고 효과적인 전도 방법은 '와 보라' 전도 법입니다. 우리도 이런 전도 법으로 전도해야 합니다.

그러려면 어떻게 해야 할까요? '와 보라'고 했으면 온 사람들에게 보여줄 것이 있어야 합니다. 무엇을 보여줄까요? 우리 교회당 잘 지었어요. 한 번 와 보세요? 우리 교인들 참 많아요. 한 번 와보세요?

건물을 보여주고 사람의 수를 보여주려고 '와 보라'고 해야 할까요? 깨끗하고 편리한 좋은 시설을 갖춘 예배당도 전도에 도움이 되고 교인들 숫자도 전도에 도움이 되지만 우리가 정말 교회를 찾아오는 사람들에게 보여주어야 할 것은 예수님이십니다. 예수님을 보여줄 수 있어야 합니다.

예수님 당시에는 예수님이 이 세상에 계셨기 때문에 사람들에게 와 보라고 초청해서 예수님을 보여줄 수 있었습니다. 그러나 지금은 예수님이 이 세상에 계시지 않습니다. 불신자들이 교회에 와도 예수님을 볼 수 없습니다.

그렇다면 우리가 와 보라고 전도하여 초청한 새 가족들에게 어떻게 예수님을 보여주어야 할까요? 먼저 예수님을 믿는 우리들 속에 예수님이 충만해야 합니다. 그래서 우리들을 통해 예수님 냄새가 나야 합니다. 음식점에 가면 맛있는 음식 냄새가 나듯이 우리가 말을 해도 예수님 냄새가 나고 우리가 행동을 해도 우리들의 행동을 통해 예수님 냄새가 나야 합니다.

예수님을 믿는 우리들의 모습 속에 예수님의 모습이 보여야 합니다. 그래서 새 가족들이 우리 교회 현관만 들어서도 예수님 냄새가 느껴지고 교회에서 오가는 성도들의 얼굴만 보아도 예수님의 사랑이 느껴지고 찬양대의 찬양 소리에 웃으시는 예수님의 얼굴이 느껴지고 설교를 통해 영광 받으시는 예수님이 보여야 합니다.

저는 설교를 해도 우리 교회를 찾아오는 성도들이 제 설교를 통해 예수님을 만날 수 있도록 하려고 최선을 다하고 있습니다. 여러분들도 여러분의 말과 행동을 통해 우리 교회를 찾아온 새 가족들에게 예수님의 냄새가 느껴지고 예수님의 사랑을 느낄 수 있도록 예수님으로 충만해지려고 최선을 다하시기를 주님의 이름으로 축원합니다.

그들이 동네에서 나와 예수께로 오더라. (30절)

이것이 바로 전도를 해야 하는 이유입니다. 전도에는 두 가지 큰 법칙이 있습니다. 전도법칙 첫째는 전도하러 나가면 전도할 사람이 있고 전도하러 나가지 않으면 전도할 사람이 없다는 것이고, 전도법칙 두 번째는 전도하면 믿는 사람이 생기고 전도하지 않으면 믿는 사람이 안 생긴다는 것입니다.

왜냐하면 사람들은 스스로 예수님을 찾아 나올 수 없기 때문입니다. 예수님을 믿지 않는 사람들의 영성은 죽어 있습니다. 영적인 기능은 전혀 없다고 보아야 합니다. 비유한다면 영적인 소경이나 마찬가지입니다.

그러기 때문에 예수님을 먼저 믿는 사람이 예수님을 믿지 않는 사람에게 찾아가야 합니다. 가서 예수님에 대해 설명해주어야 합니다. 그렇다고 그 사람이 예수님에 대해서 다 아는 것도 아닙니다. 복음을 더 듣도록 해야 합니다. 그래서 '와 보라'고, 교회에 나와 보라고 초청해야 하는 것입니다. 스스로 오지 못하기 때문에 억지로라도 나오도록 해야 합니다.

그래서 설교를 통해 예수님의 말씀을 듣도록 하면 불신자라도 사마리아 여인이 예수님을 믿는 믿음이 생긴 것처럼 예수님을 믿게 되고 그런 사람이 예수님을 믿기 시작하면 전도한 사람보다 더 잘 믿는 사람들이 많습니다.

저를 전도한 사람은 저의 집안 형님이었습니다. 그 형님이 저를 전도할 때 저는 전도하는 형을 놀렸습니다. 그 형님의 말을 무시했습니다. 만나고 싶지 않아 피해 다녔습니다. 그 형님을 어쩔 수 없이 만나야 하는 길에 마주쳐 지나갈 때에는 교회 가자는 말을 못하게 하려고 친구들과 유행가를 더 크게 부르며 지나치곤 하였습니다.

그러던 제가 때가 되니 예수님을 믿게 되었고 예수님을 믿기 시작한 저는 그 형님이 놀랄 정도로 변하기 시작하였습니다. 그래서 결국은 그형님보다 신대원도 먼저 입학을 했고 목사 안수도 먼저 받았고 담임목회도 먼저 시작했습니다.

여러분이 전도하기를 원하는 그 사람도 그럴 사람이 많습니다. 지금은 교회에 가자고 하면 엉뚱한 소리를 하면서 거절하고 듣기 거북한 말로 말대답을 해도 여러분이 포기하지 않고 전도하는 한 그 영혼은 반드시 예수님께 나와 전도하는 여러분보다 더 잘 믿는 날이 올 줄 믿습니다.

여러분의 배우자가 그렇게 되는 날이 속히 오기를 주님의 이름으로 축원합니다. 여러분의 자녀가 그렇게 되는 날이 속히 이를 줄 믿습니다. 여러분께서 기도하며 전도하는 예비신자들이 여러분보다 더 열성적으로 믿는 날이 속히 이르기를 주님의 이름으로 축원합니다.

그 사이에 제자들이 청하여 이르되 랍비여 잡수소서.(31절)

예수님께서 사마리아 여인에게 전하시는 동안 제자들은 동네로 먹을 것을 구하러 갔었습니다.

이는 제자들이 먹을 것을 사러 그 동네에 들어갔음이러라.(8절)

그 사이 그 여인은 물동이를 우물가에 놔두고 전도하러 갔습니다. 그 사이 제자들은 동네에 가서 먹을 것을 구해 온 겁니다. 그런 제자들이 예수님께 이렇게 권했을 것입니다.

예수님! 많이 시장하시죠?
저희들이 드실 음식을 구하여 오긴 했는데
입맛에 맞으실지 모르겠습니다.
어서 드시지요?

선생님의 필요를 채워드리려는 제자들의 모습이 아름다워 보이지요? 우리도 서로 이렇게 서로의 필요를 챙겨주는 사이가 되어야 할 줄 믿습니다. 집에서나 교회에서나 상대방의 필요를 채워주려고 하시기 바랍니다. 그런 가정에서는 가족 간에 사랑의 꽃이 피고 그러는 우리 교회 공동체는 사랑의 열매가 맺게 될 줄 믿습니다.

> 이르시되 내게는 너희가 알지 못하는 먹을 양식이 있느니라
> 제자들이 서로 말하되 누가 잡수실 것을 갖다 드렸는가 하니.
> (32,33절)

예수님께서 말씀하시기를 "내게는 너희가 알지 못하는 먹을 양식이 있느니라"고 하십니다. 그러시자 우리가 음식을 구하러 간 사이에 누가 드실 것을 갖다 드려서 예수님이 시장하지 않으신가 보다라고 제자들이 생각했다는 겁니다.

그러나 예수님께서 제자들이 음식을 구하러 간 사이에 누구에게 음식을 받아 드신 것은 아닙니다. 그런데도 예수님께서 "내게는 너희가 알지 못하는 먹을 양식이 있느니라"고 하시는 것은 제자들이나 우리가 생각하는 음식과는 다른 양식에 대해 말씀하시는 것입니다.

그렇다면 예수님께서 말씀하시는 양식은 어떤 것일까요? 제자들이 생각하는 양식은 입으로 먹는 음식물을 말합니다. 그러나 예수님께서 말씀하시는 양식은 영적인 양식을 말합니다.

영적인 양식이란 어떤 것일까요?

> 예수께서 대답하여 이르시되
> 기록되었으되 사람이 떡으로만 살 것이 아니요
> 하나님의 입으로부터 나오는 모든 말씀으로

살 것이라 하였느니라.(마 4:4,신 8:3)

사람은 영혼과 육체로 되어 있습니다. 영혼이든 육체든 건강을 유지하려면 먹어야 합니다. 기름 없이 자동차가 달릴 수 없고, 충전된 배터리 핸드폰이 작동할 수 없듯이, 사람도 죽지 않고 살아가려면 먹어야 합니다. 살아가는데 에너지가 필요하기 때문입니다.

그 에너지가 양식입니다. 그래서 사람은 육신의 에너지를 얻기 위해 입으로 음식물을 먹어야 하고 영혼의 에너지를 얻기 위해 눈과 귀로 하나님의 말씀을 듣고 읽어야 하는 것입니다.

육신의 양식은 입으로 먹어야 하고 영혼의 양식은 눈과 귀로 먹어야 합니다.

육신의 양식이든 영혼의 양식이든 잘 먹어야 합니다. 그래서 보면 밥을 잘 먹지 않는 아이는 대부분 몸이 약합니다. 그런데 밥을 잘 먹는 아이를 보면 대부분 몸이 건강합니다.

영혼도 마찬가지입니다. 믿음 좋은 성도는 설교 말씀을 잘 듣습니다. 한 번이라도 더 들으려고 합니다. 집에서는 규칙적으로 성경을 읽고 중요한 구절을 암송도 하고 말씀대로 살려고 몸부림칩니다. 그러나 설교말씀을 자주 듣지 않고 성경을 규칙적으로 읽지 않은 사람들 중에 믿음 좋은 사람은 찾기 어렵습니다. 잘 먹어야 건강합니다. 잘 먹는 여러분이 되셔서 영육이 건강하시길 축원합니다.

예수께서 이르시되 나의 양식은
나를 보내신 이의 뜻을 행하며
그의 일을 온전히 이루는 이것이니라.(34절)

여기서 예수님께서 말씀하신 양식은 영적인 양식이나 육적인 양식을 가리키는 것이 아니라 예수님께서 하셔야 할 사역을 말씀하십니다. 따라서 34절을 그런 의미로 재해석하면 내가 지금 먹는 것보다 더 우선해야 할 일은 "하나님 아버지께서 나를 이 땅에 보내신 일을 이루는 것이다"라고 할 수 있습니다.

예수님께서 제자들에게 이렇게 말씀하신 이유는 먹을 것을 구해 온 제자들에게 먹는 것도 중요한 일이지만 그 보다 더 중요한 것이 사마리아 여인과 같은 불신자들에게 전도하는 일이라는 것을 깨우치시려는 것입니다.

그렇습니다. 우리에게도 필요한 말씀입니다. 우리는 전도는 해도 되고 하지 않아도 되는 일로 생각하면 안 됩니다. 전도는 우리 성도들과 우리 교회가 그 어떤 일보다 중요하게 생각해야 하고 그 어떤 일보다 우선해야 할 일이기 때문입니다. 이전보다 전도에 더욱 힘쓰는 저와 여러분, 우리 교회 공동체가 되기를 주님의 이름으로 축원합니다.

너희는 넉 달이 지나야 추수할 때가 이르겠다 하지 아니하느냐
그러나 나는 너희에게 이르노니
너희 눈을 들어 밭을 보라 희어져 추수하게 되었도다.(35절)

예수께서 사마리아의 들판을 보시면서 하신 말씀입니다. "너희가 느끼는 것처럼 이곳 추수가 아직 4개월이나 남아 있지 않느냐?" 그러나 영적인 추수의 때는 그렇게 기다려도 될 정도로 우리가 여유를 부릴 일이 절대 아니라는 겁니다. 영적인 추수 때는 이미 이르렀다는 것입니다. 예수님께서 이 땅에 계실 때도 영적인 추수 때가 되어 영혼들이 다 희어진 곡식 밭과 같이 되었다면 지금 우리 주변의 영적 추수 밭은 한 시가 급할 정도로 급한 일이 되었습니다.

왜냐하면 지금은 영적인 추수 밭이 희어질 정도로 급하다고 하신 예

수님께서 지상 시역을 마치고 승천하신 지도 2000년이 넘었고 우리가 있을 곳을 예비하시면 다시 오시겠다고 약속하신 예수님께서 다시 오실 날이 가까워졌기 때문입니다.

또 개인적으로는 인생이 언제 어디서 어떤 식으로 마칠지 아무도 모르기 때문입니다. 그러기 때문에 다 미루어도 예수님을 믿는 일은 다음으로 미루면 절대 안 됩니다. 다른 일은 다 미루고 다음에 해도 전도하는 일만은 절대 미루면 안 됩니다. 미룰 일이 따로 있지 예수님 믿는 것을 미루면 안 되고 전도하는 일을 미루면 안 됩니다.

미루지 말고 전도에 힘쓰다가 여러분 주변에 꼭 함께 천국에 같이 가고 싶은 사람들이 여러분의 전도를 받고 다 구원받는 복을 받으시기를 소원합니다.

거두는 자가 이미 삯도 받고
영생에 이르는 열매를 모으나니
이는 뿌리는 자와 거두는 자가 함께 즐거워하게 하려 함이라.(36절)

뿌리는 자와 거두는 자가 나오지요? 마태복음 13장에서 이를 설명하기를 뿌리는 자는 예수님이시고 거두는 자는 예수님의 제자들이라고 합니다. 이 말씀을 오늘날 우리에게 적용하면 뿌리는 자는 예수님이시고 거두는 자는 우리들입니다.

예수님께서는 이 세상에 오셔서 복음의 말씀을 씨 뿌리듯 이 세상에 전하셨고 십자가에 죄인을 대신해 죽으심으로 누구든지 예수님을 믿기만 하면 용서를 받고 구원을 얻게 하셨습니다.

그러신 예수님께서 우리에게 맡기신 사명은 불신 영혼들에게 찾아가 예수님께서 이 땅에 뿌리신 복음을 전하라는 것입니다.

그 결과 불신자들이 예수님께 돌아오면 예수님께서 기뻐하시고 우리도 기쁘고 즐겁게 된다는 것입니다. 전도하다가 이런 기쁨을 맛보는 여러분이 되시기를 소원합니다. 그런데 이 말씀 중에 좀 이상한 부분은 "거두는 자가 이미 삯도 받고"라는 말씀입니다.

삯이란 일반적으로는 일을 한 후에 받습니다. 그런데 여기서는 일꾼들이 일을 마치기 전에 이미 삯을 받았다는 것입니다. 여기서 일은 우리가 전도하는 것이고 여기서 말하는 삯은 전도하는 사람에게 주시는 상급인데 하나님은 우리에게 이미 전도의 삯을 주셨다는 말입니다. 그렇다면 예수님을 믿는 우리가 하나님께 받은 삯이 무엇일까요? 그것은 구원입니다. 영생입니다.

우리는 이미 하나님께 삯을 받은 자들입니다. 우리는 삯을 받기 위해 일하는 삯꾼이 아니라 이미 삯을 받은 하나님의 자녀들입니다. 우리는 구원을 받기 위해 신앙생활을 하는 사람들이 아니라 우리는 구원을 받았기 때문에 구원해 주심에 감사해서 신앙생활을 하는 천국백성들입니다.

우리는 상을 받기 위해 일하는 사람들이 아니라 이미 상을 받았기 때문에 상 주심에 감사해서 일하는 사람들입니다. 우리는 상 받기 위해 전도하는 사람들이 아니라 영생의 상을 받았기 때문에 감사해서 전도하는 추수꾼들입니다.

그러기 때문에 우리는 삯을 위해 일하는 삯군과 달라야 합니다. 삯꾼은 주인이 보는 데서는 일하는 척 하다가도 주인이 보지 않는 곳에서는 시간이나 때우려고 합니다.

나를 자녀 삼으신 하나님 아버지 앞에 감사하는 마음으로 보든지 안 보든지 아버지 말씀이라면 최선을 다해 순종하려는 자세로 신앙생활도 하고 전도도 하고 봉사도 해야 합니다. 여러분 모두 그런 충성스런 하나님의 자녀들이 되시기를 소원합니다.

그런즉 한 사람이 심고 다른 사람이 거둔다 하는 말이 옳도다

내가 너희로 노력하지 아니한 것을 거두러 보내었노니
다른 사람들은 노력하였고 너희는 그들이 노력한 것에
참여하였느니라.(37,38절)

어떤 사람이 자신이 직접 씨 뿌리지 않은 곳에서 추수할 수도 있는 반면에 반대로 씨 뿌리는 자가 추수의 기쁨을 체험하지 못하는 수도 있다는 겁니다.

사마리아 여인이 동네에 들어가서 전도하였더니 많은 동네 사람들이 예수님께 나아오고 제자들이 전도하여 많은 영혼들을 예수님께 돌아오게 하는 것은 그들만의 수고의 결과가 아니라 그들이 알지 못하지만 이전에 세례 요한과 구약의 선지자들 모두가 많은 수고를 한 결과라는 것입니다.

우리가 지금 누리고 사는 것 역시 내가 알지 못하는 많은 분들의 수고의 결과를 우리는 거저 누리고 산다는 것을 기억해야 합니다. 그런 의미에서 우리는 영적으로든 육적으로든 수혜자들입니다. 우리는 앞서 수고하고 헌신한 분들의 수고의 열매를 누리고 살고 있습니다. 그러므로 우리는 무엇을 누리고 살든지 교만하면 안 됩니다.

어떤 환경에서든지 누리는 것에 감사하며 우리도 다음 세대를 위해 하나님의 영광을 위해 무언가 헌신하는 삶을 사시기를 주님의 이름으로 축원합니다.

| 제 15 장

예수님 저의 병을 고쳐주소서

_ 요한복음 4장 38~54절

자! 이제 우리 함께 사마리아를 방문 중이신 예수님을 만나러 가겠습니다.

> 사마리아인들이 예수께 와서 자기들과 함께 유하시기를 청하니
> 거기서 이틀을 유하시매.(40절)

예수님께서 우물가에서 만난 사마리아 여인에게 전도하셨습니다. 그 여인에게 믿음이 생겼습니다. 그 여인이 동네에 들어가 사람들에게 전도합니다. 그러자 동네 사람들이 예수님을 만나러 나옵니다. 사마리아인들이 예수님께 나아오고 말씀을 들었습니다.

이것은 당시 유대인과 사마리아인들 사이의 노골적이고 상호 배타적인 감정으로 보아 기적 같은 일이 일어났습니다. 더 놀라운 것은 사마리아 사람들이 예수님을 청하여 함께 머무시기를 간청한 사실입니다. 그래서 예수님께서 사마리아에 이틀간 머무시게 되었습니다.

어떻게 이런 일이 가능했을까요? 수가성의 사마리아 여인이 예수님을 만났기 때문입니다. 수가성의 사마리아 여인이 예수님을 만나 말씀을

듣고 믿음이 생겼기 때문입니다. 수가성의 사마리아 여인이 동네 사람들에게 나가서 "내가 메시아를 만났다 와보라"고 전도했기 때문입니다.

그 결과 어떻게 되었습니까? 41절 말씀을 보겠습니다.

> 예수의 말씀으로 말미암아 믿는 자가 더욱 많아
> 그 여자에게 말하되 이제 우리가 믿는 것은
> 네 말로 인함이 아니니 이는 우리가 친히 듣고
> 그가 참으로 세상의 구주신 줄 앎이라 하였더라.

사마리아 여인의 말을 듣고 예수님께 나아간 동네 사람들이 예수님의 말씀을 듣더니 예수님이 구주라는 것을 알게 되었고 예수님을 믿는 자들이 많아졌습니다.

사마리아 여인이 우물가에 갔다가 예수님을 만나 말씀을 듣다가 예수님이 메시아라는 것을 알게 되었고 믿게 되었다 하더라도 자기만 믿고 물동이를 이고 집으로 가버렸다면 어떻게 되었을까요?

자기는 예수님을 믿었을지 몰라도 동네 사람들은 예수님을 믿지 못했을 것입니다. 그러나 사마리아 여인이 자기가 만난 예수님, 자기가 알게 된 예수님, 자기가 믿게 된 예수님에 대해서 동네 사람들에게 전했을 때 동네 사람들도 예수님을 믿게 된 것입니다.

그래서 전도가 중요한 줄 믿습니다.

> 믿음은 들음에서 나며
> 들음은 그리스도의 말씀으로 말미암느니라.(롬 10:17)

누구든지 복음을 들으면 믿음이 생기고 누구든지 예수님을 믿기만 하면 죄 문제를 해결 받고 구원을 받습니다. 하나님의 자녀가 되고 천국 백성이 되어 영생을 누리게 됩니다.

우리가 복음을 듣고 예수님을 믿어 이런 복을 받은 줄 믿습니다. 그래서 우리는 복음을 듣고 예수님을 믿어 인생이 대박난 사람들입니다.

이런 복을 받은 것에 감사하여 사마리아 여인처럼 동네에 찾아가 전도에 힘쓰는 여러분이 되시기를 주님의 이름으로 축원합니다.

사마리아에서 이런 일이 있은 후 예수님께서 고향 나사렛으로 가신 것이 아니라 갈릴리로 가셨습니다. 왜 그러셨을까요?

> 이틀이 지나매 예수께서 거기를 떠나 갈릴리로 가시며
> 친히 증언하시기를 선지자가 고향에서는 높임을 받지 못한다 하시고
> 갈릴리에 이르시매 갈릴리 인들이 그를 영접하니
> 이는 자기들도 명절에 갔다가 예수께서 명절 중
> 예루살렘에서 하신 모든 일을 보았음이더라.(43-45절)

예수님께서 43절에서 말씀하신 바와 같이 예수님의 고향인 나사렛 사람들은 예수님을 목수 집의 아들로만 알지 인류를 구원하시기 위해 이 땅에 오신 하나님의 아들로는 믿지 않기 때문입니다.

그리고 당시 사람들이 생각하기를 나사렛은 가난하고 무식한 사람들이 사는 촌 동네로 무시했기 때문입니다.

빌립이 나다나엘에게 전도하면서 "우리가 메시아를 만났다. 그 분이 나사렛 출신 예수님이시다."라고 하자 나다나엘이 말하기를 "나사렛에서 무슨 선한 것이 날 수 있느냐?(요 1:46)"고 말할 정도였습니다.

그랬어도 나사렛은 예수님께서 자란 고향입니다. 그러기 때문에 예수

님께서 예루살렘을 떠나 갈릴리로 가셔서 전도 사역을 하시려면 가장 먼저 나사렛에 가셔야 합니다. 그런데 예수님은 고향 나사렛에 가시지 않으셨습니다.

왜 그러셨을까요?

예수님께서 "선지자가 고향에서는 높임을 받지 못한다."(44절)고 하신 바와 같이 예수님은 고향 사람이라도 믿지 않는 사람들에게서는 떠나시고 이방 사람이라도 믿는 사람에게는 다가가십니다. 그래서 예수님께서 제자들을 훈련하시고 내보내 전도하라고 하시면서 당부하시기를

누구든지 너희를 영접하지도 아니하고
너희 말을 듣지도 아니하거든
그 집이나 성에서 나가 너희 발의 먼지를 떨어 버리라.(마 10:14)

고 하셨습니다.

예수님은 외면하는 자에게 다가가지 않으십니다. 예수님은 만나기를 사모하는 사람을 만나주십니다. 그러기 때문에 예수님을 만나려면 예수님을 사모해야 합니다. 만나기를 사모해야 합니다. 말씀 듣기를 사모해야 하고 함께 있기를 사모해야 합니다.

오늘 무더위 중에도 예수님을 만나고 싶은 마음으로 이 자리에 나오신 여러분을 우리 주님께서 만나주시는 줄 믿습니다.

예수님께서 이 때 갈릴리에 도착하시자 갈릴리 사람들이 어떻게 하였는지 보시기 바랍니다.

갈릴리에 이르시매 갈릴리 인들이 그를 영접하니
이는 자기들도 명절에 갔다가 예수께서 명절 중
예루살렘에서 하신 모든 일을 보았음이더라.(45절)

갈릴리 사람들이 예수님을 영접했습니다. 환영하며 기쁨으로 맞이했습니다. 왜 그랬을지 45절 말씀을 보시기 바랍니다.

갈릴리에 이르시매 갈릴리 인들이 그를 영접하니
이는 자기들도 명절에 갔다가 예수께서 명절 중
예루살렘에서 하신 모든 일을 보았음이더라.

갈릴리 사람들이 유월절 명절을 지키러 예루살렘에 갔을 때 예수님께서 성전에서 행하신 일들을 본 겁니다. 예수님의 신적인 능력에 대해서 들었습니다. 그래서 그 예수님이 갈릴리에 오시자 그들이 예수님을 대대적으로 환영했던 것입니다.

"고기도 먹어 본 사람이 잘 먹는다"는 말과 같이 예수님도 만나 본 사람이 더 만나고 싶어 하고 말씀을 듣고 은혜를 받은 사람이 말씀을 더 듣고 싶어 하는 것입니다. 이런 사모함이 여러분에게 충만하길 소원합니다.

그럼 이 때 예수님께서 갈릴리 어디를 가셨을까요?

예수께서 다시 갈릴리 가나에 이르시니
전에 물로 포도주를 만드신 곳이라.(46절)

물로 포도주를 만드셨던 가나에 가셨습니다. 그랬으니 그곳 사람들이 예수님을 얼마나 열렬하게 환영했을지 짐작이 갑니다. 그 중에 예수님을 황급하게 만나러 나온 사람이 있었습니다.

왕의 신하가 있어 그의 아들이 가버나움에서 병들었더니
그가 예수께서 유대로부터 갈릴리로 오셨다는 것을 듣고 가서

청하되 내려오셔서 내 아들의 병을 고쳐 주소서 하니
그가 거의 죽게 되었음이라.(46,47절)

그는 왕의 한 신하였습니다. 아들이 있었는데 병이 든 겁니다. 그 병이 보통 병이 아니라 거의 죽게 된 병이었습니다. 그랬으니 아버지 입장에서 얼마나 안타까웠겠습니까?

좋다는 약을 다 써보았을 것이고 용하다는 의원은 다 찾아가 시키는 대로 치료도 해보았을 것입니다. 그런데도 차도가 없이 병이 중해지더니 이제는 거의 다 죽게 되었습니다.

이러다가 아들을 잃을 것 같다는 절망감이 들 때에 예수님께서 갈릴리 가나에 오셨다는 소식을 듣고 단숨에 달려 온 겁니다.

찾아와서 예수님께 청합니다.

내려오셔서 내 아들의 병을 고쳐 주소서 하니
그가 거의 죽게 되었음이라.

"예수님! 제 아이가 거의 다 죽어갑니다. 어서 오셔서 제 아들의 병을 고쳐주소서." 그 말을 들으시던 예수님께서 48절에서 그 아이의 아버지에게 의외의 말씀을 하십니다.

예수께서 이르시되
너희는 표적과 기사를 보지 못하면 도무지 믿지 아니하리라.

무슨 말씀입니까? 가시겠다는 말씀도 아니고 가지 못하시겠다는 말씀도 아니고 고쳐주시겠다는 말씀도 아니고 고쳐주지 않겠다는 말씀도 아닙니다.

그럼 무슨 뜻입니까? 눈에 보이는 이적만을 원하는 자들에 대해 실망하신다는 것입니다.

믿음에는 두 가지가 있습니다. 예수님을 믿기 때문에 예수님의 말씀도 믿는 믿음과 예수님께서 하신 일 때문에 예수님의 말씀을 믿는 믿음입니다.

수가성 사마리아 여인이 가졌던 믿음은 순전히 예수님의 말씀만을 듣고 믿는 믿음이고 지금 갈릴리 가나에서 아들을 고쳐달라고 애원하고 있는 이 왕의 신하의 믿음은 예수님께서 물로 포도주를 만드신 분이라면 내 아들의 병도 고쳐주실 것이라고 믿는 믿음입니다.

이 두 믿음 중에 어느 믿음을 주님께서 원하실까요? 이적과 표적을 보아야 믿는 믿음보다는 보지 않고 말씀만 들어도 믿는 그런 믿음을 예수님께서 더 기뻐하십니다.

우리의 믿음은 어떻습니까? 우리는 예수님을 만난 적도 없고 예수님께서 하신 기적을 본 적도 없습니다. 그래도 예수님을 구주로 믿는 우리의 믿음을 예수님께서 기뻐하실 줄 믿습니다.

"너희는 표적과 기사를 보지 못하면 도무지 믿지 아니하리라."는 말씀을 들은 왕의 신하는 어떻게 하였을까요?

신하가 이르되 주여 내 아이가 죽기 전에 내려오소서.(49절)

"주여 내 아이가 죽기 전에 내려오소서."라고 대답합니다.

무슨 말입니까? 아들이 죽지 않기를 바라는 아버지의 애절한 마음입니다. 그런데 이렇게 말하는 왕의 신하의 믿음은 아직도 약합니다. 오시더라도 아이가 죽기 전에 오셔야지 죽고 나서 오시면 소용이 없다는 뜻이 담긴 말이기 때문입니다. 그가 예수님을 믿어도 죽은 자도 살리시는 분으로는 믿지 못했던 것입니다.

그래도 예수님께서는 그 사람에게 50절에서 이렇게 말씀하십니다.

예수께서 이르시되 가라 네 아들이 살아 있다 하시니
그 사람이 예수께서 하신 말씀을 믿고 가더니.

"가라 네 아들이 살아 있다." 이 말씀의 뜻은 살게 될 것이다가 아닙니다. 살아나려 한다는 말도 아닙니다. 예수님께서 그 아이를 그 순간에 완전하게 고치셨다는 말입니다.

예수께서 이르시되 가라 네 아들이 살아 있다 하시니
그 사람이 예수께서 하신 말씀을 믿고 가더니.(50절)

예수님의 이런 말씀을 듣자 이 사람은 예수님께서 하신 말씀을 믿고 집을 향해 달려갑니다. 아마 "아멘", "아멘, 믿습니다", "제 아들이 낫게 된 줄 믿습니다." 하면서 달렸을 것입니다. 이제는 더 이상 기적을 보고 믿는 믿음이 아니라 말씀을 말씀대로 믿는 믿음이 그 사람에게 생긴 것입니다.

우리에게도 이런 믿음이 충만하길 소원합니다. 그래서 성숙한 믿음 큰 믿음 강한 믿음을 가지시길 주님의 이름으로 축원합니다.

그 결과 어떻게 되었을까요?

내려가는 길에서 그 종들이 오다가 만나서
아이가 살아 있다 하거늘

그 낫기 시작한 때를 물은즉
어제 일곱 시에 열기가 떨어졌나이다 하는지라.(51,52절)

그 사람이 가버나움의 집으로 돌아가는 길에 집에서 달려오는 종들을 만납니다. 가나에서 가버나움까지는 약 34Km 정도의 거리로 당시에 걸어서 8시간 정도 걸리는 거리입니다.

"주인님 아드님이 살아있어요. 아드님이 나았어요." ,"그래? 언제부터 낫기 시작하였느냐?" 그 사람이 아들이 낫기 시작한 시각을 왜 물었을까요? 아이가 나았다는 말을 듣는 순간 머리에 스치는 생각이 있었기 때문입니다.

"예수께서 가라 네 아들이 살아 있다"(50절)고 말씀하실 그 시각이 아닐까 하는 생각이 든 겁니다. 그래서 물었더니 종들이 말하기를 "어제 일곱 시에 열기가 떨어졌나이다 하는지라."

"어제 7시?"

그 시각이 바로 언제였을까요?

그의 아버지가
예수께서 네 아들이 살아 있다 말씀하신 그 때인 줄 알고(53절)

그 때가 바로 아들 낫기를 애원하는 왕의 신하에게 예수님께서 "가라 네 아들이 살아 있다."고 말씀하시던 바로 그 시각이었습니다. 할렐루야!

우리 예수님은 시간과 공간을 초월하여 역사하시는 분이십니다. 할렐루야!

여러분이 이곳에서 기도를 해도 군에 가 있는 여러분의 아들과 손자에게 응답의 역사가 일어날 줄 믿습니다. 여러분이 집에서 기도를 해도 학교에서 공부하고 있는 아이들에게 역사가 나타나고 여러분의 남편과 자녀가 있는 일터에 응답의 역사가 일어날 줄 믿습니다.

어디서든지 그런 믿음으로 기도하다가 그렇게 역사하시는 하나님을 경험하는 행복 자들이 되시기를 주님의 이름으로 축원합니다.

이렇게 되자 집에서 동네에서 어떤 일이 있었을까요?

그의 아버지가
예수께서 네 아들이 살아 있다 말씀하신 그 때인 줄 알고
자기와 그 온 집안이 다 믿으니라.

이런 일들을 통해 우리에게 주시는 교훈이 있습니다. 문제가 있으면 문제를 안고 예수님을 찾아가야 한다는 것입니다. 어떤 문제든지 예수님께 가지고 가면 문제는 해결됩니다. 안고 있던 문제를 예수님 만나서 해결 받게 된다면 그것을 보던 사람들도 예수님을 믿게 될 것입니다.

성도 여러분! 문제가 많으시지요? 가족의 불신앙의 문제, 내 건강 문제, 경제문제, 취업 문제, 결혼 문제, 신앙 문제 등 어떤 문제든 내가 안고 있으면 큰 문제입니다. 그러나 예수님께 맡기면 문제가 문제되지 않습니다. 해결됩니다. 고쳐집니다. 열려집니다. 풀려집니다. 할렐루야!

예수님께 나오기를 힘쓰다가 이런 예수님을 경험하며 살아가는 행복 자들 이 되시기를 주님의 이름으로 축원합니다.

| 제 16 장

예수님은 내 문제의 해결자이시다

_ 요한복음 5장 1~18절

그 후에 유대인의 명절이 되어
예수께서 예루살렘에 올라가시니라. (1절)

예수께서 예루살렘에 올라가셨다는데 그 때가 언제냐 하면 '그 후에' 입니다. 그 후에 라는 말은 예루살렘에 계셨던 예수님께서 사마리아를 거쳐 가나에 가신 후 다시 예루살렘으로 가셨다는 것입니다.

이 말씀을 통해서 우리가 알 수 있는 것은 예수님은 부지런하시다는 것입니다. 이 점이 예수님께서 다른 종교의 교주와 다른 점입니다. 하나님이신 예수님을 사람인 세상 종교의 교주와 비교한다는 것 자체가 어울리지도 않는 일이지만 불신자들의 시각에서 예수님을 굳이 비교해본다면 예수님은 다른 종교의 교주와 달리 언제나 일하시는 예수님! 부지런하신 예수님이십니다.

예수님에 대해 그린 그림들을 성화라고 합니다. 우리가 흔히 볼 수 있는 성화들을 보면 만찬을 즐기는 성화, 물 위를 걸으시는 성화, 잃은 양을 찾 찾아 안고 오시는 성화, 어린이를 축복하시는 성화, 마음 문 밖에 서서 문을 두드리시는 성화 등이 있습니다.

다 부지런히 일하시는 예수님의 모습입니다. 또 요한복음 5장 17절에서 예수님께서 말씀하시기를 "예수께서 그들에게 이르시되 내 아버지께서 이제까지 일하시니 나도 일한다."고 하셨습니다.

자식은 아버지를 닮게 되어 있습니다. 마찬가지로 하나님의 독생자 예수님도 하나님 아버지를 닮아 하나님처럼 열심히 일하셨습니다.

우리도 하나님의 자녀들이기 때문에 우리의 아버지 하나님을 본받아 부지런해야 합니다. 일을 해도 부지런하게 하고 공부를 해도 부지런하게 해야 합니다. 게으르게 사는 것은 죄 짓는 것입니다. 하나님을 기쁘시게 해드리기 위해 부지런히 일하는 여러분이 되시기를 소원합니다.

하나님께서 맡겨주신 사명을 위해서도 부지런하게 일하는 여러분이 되시기를 주님의 이름으로 축원합니다.

학생들은 공부가 힘들고 하기 싫어도 어쩔 수 없이 해야 합니다. 이왕에 해야 하는 공부니까 밝은 미래를 위해 좀 더 부지런히 공부하는 학생들 되어야 합니다.

본문 1절 말씀을 보면 예수님은 명절을 지키셨습니다. 예수님께서 명절을 지켜도 예루살렘에서 지키셨습니다. 이 말씀이 주는 교훈이 있습니다. 일부 사람들이 오해하기를 예수님은 복음으로 오셨기 때문에 율법도 부정하고 구약의 명절도 지키지 않으셨다고 합니다만 본문 말씀만 보아도 그렇지 않습니다.

예수님은 율법을 부정하신 분이 아니라 다 이루신 분이시고 예수님은 구약의 명절도 잘 지키셨습니다. 그러기 때문에 우리도 구약 성경에서 강조하는 율법 정신을 지켜야 하고 성경에서 유래된 절기들도 잘 지켜야 할 줄 믿습니다.

다음으로 예수님께서는 절기를 지켜도 언제나 예루살렘에서 지키셨다는 것입니다. 왜냐하면 예루살렘은 하나님의 성전이 있는 곳이었기 때문입니다. 그래서 예수님께서는 성전을 찾아와 명절을 지키셨습니다.

우리도 이런 정신을 본받아야 합니다. 이 정신이 바로 등록한 교회를 중심해서 신앙생활을 하는 것입니다. 어디든 다 하나님이 계신다고 하면서 아무데서나 예배를 드리면 안 됩니다. 외출을 했다가도 주일이 되면 등록한 교회에서 예배를 드려야 합니다.

십일조는 하나님께 드리는 것이니 아무 교회나 드리면 된다고 생각하고 내가 다른 교회를 정하여 그 교회에 십일조를 드리는 것은 잘못입니다. 십일조는 반드시 등록한 교회에 드려야 합니다.

내가 아는 어느 교회가 어려우니 나는 십일조를 그 교회에 보내어 돕겠다는 것도 옳은 신앙이 아닙니다. 정 돕고 싶으면 십일조는 출석하는 교회에 드리고 교회를 통해 그 교회를 돕도록 해야 합니다. 십일조는 내가 마음대로 사용해도 되는 내 것이 아니라 하나님의 것이기 때문입니다.

주일 예배를 드려도 등록한 교회에서 드리고 헌금생활도 등록한 교회에서 하는 것이 예루살렘에 찾아와 절기를 지키시던 예수님의 정신인 것을 믿으시기를 소원합니다.

예루살렘에 있는 양문 곁에
히브리말로 베데스다라 하는 못이 있는데
거기 행각 다섯이 있고(2절)

예루살렘 성에는 외부로 통하는 8개의 문이 있습니다. 그 중에 제물로 사용되던 양들을 데리고 출입하던 문을 양문이라고 합니다. 그래서 교회 이름에 양문교회, 양의문교회가 있는 것입니다.

그 양문 곁에 못이 하나 있었는데 그 이름을 히브리 말로 베데스다 라고 하였습니다. '베데스다'는 궁휼의 집(Bethesda)이라는 뜻입니다. 그래서 생긴 교회가 베데스다 교회, 이 이름을 딴 병원 명이 베데스다 병원, 베데스다 요양원 등입니다.

그곳에 행각 다섯이 있었다고 하지요? 행각이란 지붕이 있는 정자 연못가에 마련된 쉼터입니다. 그런데 거기에 많은 사람들이 모여 있었습니다.

어떤 사람들이었을까요?

그 안에 많은 병자, 맹인, 다리 저는 사람,
혈기 마른 사람들이 누워 [물의 움직임을 기다리니(3절)

그곳에 그냥 쉬는 사람들이 있는 것이 아니라 병자, 맹인, 다리 저는 사람, 혈기 마른 사람들이 모여 있는 겁니다. 그곳이 병원도 아닌데 왜 그렇게 많은 병자들이 모여 있었을까요?

이는 천사가 가끔 못에 내려와 물을 움직이게 하는데
움직인 후에 먼저 들어가는 자는 어떤 병에 걸렸든지 낫게
됨이러라](4절)

'이는' 성경이 성경을 풀어주는 좋은 예입니다. '이는' 그곳이 병원이 아닌데도 병자들이 모여 있는 이유는 연못 물이 움직이는 때가 있는데 그때 가장 먼저 연못에 들어가는 사람은 어떤 병에 걸렸든지 낫는다는 소문이 나 있었기 때문이라는 것입니다.

이런 소문은 사실이 아니라 전부터 전해 내려오는 전설 같은 이야기입니다. 그런데도 많은 병자들이 그 소문을 믿고 그 연못가에 모여 있는 것을 보면 어느 시대, 어느 곳이나 질병으로 고생하는 사람들이 많았다는 것을 알 수 있습니다.

누구나 환자가 되면 병을 고쳐보기 위해 지푸라기라도 붙잡고 싶은 심정을 가지고 있다는 것을 알 수 있습니다.

예수님께서 그곳을 찾아가셨습니다. 그리고 한 환자에게 다가가십니다.

거기 서른여덟 해 된 병자가 있더라.(5절)

그 환자는 38년 동안 병을 앓고 있던 환자였습니다. 강산이 변해도 서너 번은 변했을 세월 동안 병을 안고 살아온 불쌍한 환자입니다.
예수님께서 그 환자에게 다가가 말씀하십니다.

예수께서 그 누운 것을 보시고
병이 벌써 오래된 줄 아시고 이르시되 네가 낫고자 하느냐.(6절)

예수님께서 "네가 낫고자 하느냐?"고 물으시니 그 환자가 7절에서 이렇게 대답합니다.

병자가 대답하되
주여 물이 움직일 때에 나를 못에 넣어 주는 사람이 없어
내가 가는 동안에 다른 사람이 먼저 내려가나이다.(6절)

"당연하지요. 저도 낫고 싶어 이곳까지 온 겁니다. 그런데요. 이 연못 물이 움직일 때 누가 나를 가장 먼저 연못에 들어가도록 해주어야 하는데 그러는 사람이 제게는 없습니다. 그래서 이러고 있는 겁니다. 저를 도와줄 사람이 없을까요? 저 이렇게 살고 싶지 않습니다. 저도 병에서 낫고 싶습니다. 어찌해야지요?"
문제는 안고 있었지만 해결할 방법이 없던 불쌍한 환자의 하소연입니다. 그러는 환자에게 예수님께서 8절에서 이렇게 말씀하십니다.

일어나 네 자리를 들고 걸어가라.

"일어나 네가 지금 누워 있는 그 자리를 들고 걸어가라." 아니 38년 동안 앓아 누워있는 환자에게 일어나라는 겁니다. 일어나 누워 있던 자리를 들고 가라는 거예요. 그러자 어떻게 되었습니까?

그 사람이 곧 나아서 자리를 들고 걸어가니라.(9절)

놀랍게도 그 환자가 일어났습니다. 자리를 들고 걸어갑니다. 할렐루야!! 이 환자가 나은 것입니다. 38년이라는 세월이 고치지 못한 질병이 고침 받은 겁니다. 자기를 연못에 들어가도록 도와주는 사람이 없었어도 나았습니다. 연못 물이 동할 때 먼저 들어가지 않았어도 고침을 받았습니다. 예수님께서 고쳐주셨습니다.

여기서 우리가 붙잡아야 할 교훈이 있습니다. 우리도 문제들이 많다는 겁니다. 우리 학생들도 나름대로 문제가 많을 겁니다. 진학문제, 이성문제, 청년들은 취업문제, 결혼문제, 신앙문제, 어른들은 경제문제, 노후문제, 질병문제, 관계문제 등이 산재해 있습니다.

이런 문제들을 우리가 어떻게 해결해야 하지요?

베데스다 연못물의 소문처럼 그 사람만 만나면 문제를 해결할 수 있을 것 같고 그 약만 쓰면 병이 나을 것 같습니다.

그래서 약한 마음에 그런 사람 찾아가 도움을 청하기도 하고 좋다는 약도 써봅니다. 그러나 안고 있던 문제가 해결되던가요?

주일인데도 교회에 오지 않고 다른 곳에 가는 사람들이 있습니다. 문제를 안고 베데스다 연못을 찾아가는 것입니다. 그곳에 가면 문제를 해결할 것 같고 그곳에 가면 자기를 도와줄 사람을 만날 수 있을 것 같고 그곳에 가면 소원을 이룰 수 있는 길이 있을 것 같아서 산으로 바다로 강가로 누군가 사람을 만나러 갑니다.

그러나 어디를 가서 누구를 만나든 문제는 해결되지 않습니다.

38년 된 환자에게 예수님이 유일한 문제의 해결 자이셨던 것처럼 저와 여러분이 안고 있는 문제 역시 해결 자는 예수님뿐이심을 믿으시길 소원합니다.

그러기 때문에 문제를 안고 고생하는 사람이 있다면 문제의 해결 자이신 예수님을 만나야 합니다. 그리고 예수님의 말씀을 들어야 하고 들은 예수님의 말씀에 순종해야 합니다.

지금 우리는 무더위 중에도 주일은 주님 만나는 날로 믿고 오라는 곳 있어도 뿌리치고 예수님을 만나기 위해 사모하는 마음으로 이 자리에 나온 줄 믿습니다.

우리 하나님께서는 이런 우리의 믿음과 정성을 귀하게 보시고 그런 우리를 예배 중에 만나주시는 줄 믿습니다.

그래서 찬송을 부를 때 기쁨을 주시고 기도할 때 응답해주시고 말씀을 들을 때 깨달음과 은혜를 주시고 예물을 드릴 때 받으시고 더 귀한 것으로 채워주시고 축도를 받고 아멘하고 나갈 때 한 주간의 삶을 복된 길로 인도해 주십니다. 할렐루야!

그러기 때문에 우리는 주일 지키는 것을 신앙생활에서 생명처럼 여겨야 하는 것입니다. 주일 지키기를 더욱 힘쓰심으로 이런 주님을 경험하며 사는 행복한 여러분이 되시기를 주님의 이름으로 축원합니다.

예수님께서 베데스다 연못가에 가셔서 38년 된 환자를 고쳐주신 것은 그 환자에게도 복되고 기쁜 일이지만 옆에서 보던 사람들에게도 기쁜 일이었을 것입니다.

만일 우리가 그곳에 있었다면 우리는 자리에서 일어나 걸어가는 그 환자를 보면서 박수를 치며 함께 기뻐했을 것이고 그 환자를 고쳐주신 예수님께 박수를 치며 감사했을 것입니다.

그런데 38년 동안 누워만 지내던 환자가 예수님의 말씀에 순종하여 고침을 받고 깔고 있던 자리를 들고 걸어가는 것을 보는 유대인들은 예수님을 비난하기 시작합니다.

유대인들이 병 나은 사람에게 이르되 안식일인데
네가 자리를 들고 가는 것이 옳지 아니하니라.(9절)

안식일에 자리를 들고 가라고 하는 것이 옳지 않다는 것입니다. 당시 유대인들이 지키던 율법에 어긋나는 일이라는 것입니다. 당시 유대인들에게는 법은 있었어도 사랑이 없었기 때문입니다. 하나님께서 율법을 만들어주신 이유는 자의대로 살지 말고 율법이라는 기준을 앞에 두고 살면서 악한 죄를 짓지 말고 하나님을 기쁘시게 하는 일을 하면서 살라는 것입니다.

그런데 유대인들은 하나님의 이런 뜻을 알지 못했습니다. 그래서 유대인들은 하나님께서 정하지도 않으신 법까지 만들었습니다. 안식일에 해서는 안 되는 일을 정하기를 물건 운반하기, 불 때기, 불끄기, 글쓰기, 지우기, 요리하기, 빨래하기, 바느질, 실 풀기, 심기, 거두기, 추수하기 등 39가지나 됐습니다.

그런 후에 이런 법으로 사람들을 얽매기 시작하였습니다. 본래 율법의 목적은 사소한 일들에 정신이 팔려 하나님께서 기뻐하시는 일을 못하는 일이 없도록 하라는 것인데 유대인들은 이런 율법 정신을 잃어버리고 안식일에 하지 말아야 할 것을 지키려다가 하나님께서 기뻐하시는 일을 하지 못하게 만들고 있는 것입니다.

우리가 잘 아는 고린도전서 13장 3절에 이런 말씀이 있습니다.

내가 내게 있는 모든 것으로 구제하고

또 내 몸을 불사르게 내줄지라도 사랑이 없으면
내게 아무 유익이 없느니라.

무슨 말씀입니까? 법의 잣대로 남을 평가만 하려 하지 말고 사랑의 잣대로 용서하고 이해해주고 품어주는 사람이 되어야 한다는 말입니다.

법보다는 사랑이 앞서야 합니다. 어떤 일에 대해 비판보다는 인정해주고 수고에 칭찬을 해야 합니다. 법만 앞세우는 비판자들이 되지 말고 사랑으로 칭찬하고 격려하고 축복하는 긍정의 사람 믿음의 사람들이 되시기를 소원합니다.

38년 된 병자였던 사람이 그러는 유대인들에게 11절에서 대답합니다.

대답하되 나를 낫게 한 그가 자리를 들고 걸어가라 하더라 하니.

"나를 낫게 하신 그 분이 걸으라고 하셔서 내가 걷고 있는데요." 그렇습니다. 우리가 신앙생활을 할 때에 누가 뭐라고 하든지 예수님의 말씀에 순종하는 신앙생활을 해야 할 줄 믿습니다.

예수님께서 일어나라 하시면 일어나야 합니다. 자리를 들어라 하시면 들어야 합니다. 들고 걸어가라 하시면 걸어가야 합니다. 그럴 때 38년의 세월이 해결해 주지 못했던 질병이 고침을 받고 38년 동안 의지했던 인술과 의술이 해결하지 못했던 문제가 해결되고 38년 동안 수많은 사람들이 해결해주지 못한 문제가 해결되는 것입니다. 말씀에 대한 순종이 능력을 경험하게 합니다.

그러기 때문에 우리는 하나님의 말씀을 들을 때 순종하기를 주저하면 안 됩니다. 다른 길은 없을까 하고 타협하면 안 됩니다. 하나님의 말씀은 조건 걸지 말고 아멘 해야 하고 지체하지 말고 실행해야 합니다.

그럴 때 응답도 지체되지 않고 즉시 응답이 되며 응답도 가감 없이 말씀대로 이루어질 줄 믿습니다.

제 17 장

은혜를 받았으면…

_ 요한복음 5장 8절

우리는 지난주일 말씀을 통해 베데스다 연못가에 모여 있던 많은 환자들의 모습을 보았습니다. 그 중에서도 가장 불쌍한 환자가 있었는데 그 사람은 38년 동안 일어서지 못하는 환자였습니다.

우리가 병으로 3일만 앓아누워도 힘든 일인데 38년 동안 일어서지도 못하는 환자는 얼마나 힘들었을까요?

38년 동안 좋다는 약을 다 써보았을 것이고 용하다는 의원들을 다 찾아다녔을 것입니다. "우환이 도둑이라."고 살림도 축났을 것이고 마음고생도 많았을 것이며 몸도 만신창이가 되었을 것입니다.

그러던 차에 베데스다 연못가에 가서 물이 동할 때 먼저 들어가면 낫게 된다는 소문을 듣고 이제 마지막이라는 희망을 가지고 아마 누군가에게 부탁해서 베데스다 연못가에 들려왔을 것입니다.

그러나 거기에서도 병을 나을 소망이 없었습니다. 연못 물이 동할 때 자기를 가장 빨리 연못에 들어가도록 누군가 자기를 도아주어야 하는데 그럴 사람이 없었기 때문입니다.

문제를 안고도 문제를 해결하지 못하고 문제에 눌려 사는 것이 사람이 안고 있는 한계입니다. 이런 한계에 눌려 살면 누구나 불행하게 됩니다. 그러나 우리를 지으신 하나님은 우리가 문제에 눌려 불행하게 사는 것을 원치 않으십니다.

그래서 우리가 안고 있으면서도 해결하지 못하는 문제들을 해결해 주시려고 하나님께서 이 세상에 오셨습니다. 그 분이 예수님이십니다. 그 예수님께서 그 가련한 환자에게 다가가셨습니다. 그리고 말씀하십니다.

일어나 네 자리를 들고 걸어가라.

이 말씀 한마디에 38년 동안 앉아서 지내던 이 환자가 일어섭니다. 일어나 걷습니다. 일어나 앉아 있던 자리를 들고 걸어갑니다. 고침을 받은 것입니다. 안고 있던 문제가 해결된 것입니다. 할렐루야!

여러분 이런 모습을 보면서 어떤 생각이 드십니까? 나에게도 이런 일이 일어났으면 좋겠다는 생각이 들지요. 저도 동감입니다.

어떤 분은 '나에게도 저런 일이 일어났으면 좋겠는데 왜 나에게는 저런 일이 일어나지 않는가?' 라는 생각도 들 것입니다.

그런데요 우리 속담에 "남의 떡이 더 커 보인다."는 말이 있습니다.

무슨 말입니까? 내가 가지고 있는 것이나 내가 누리는 것은 보이지 않고 남이 가진 것이나 남이 누리는 것만 좋아 보인다는 말입니다. 그래서 우리도 38년 된 환자가 고침을 받는 것을 보면서 한편으로는 부럽기도 하고 한편으로는 불평 아닌 불평이나 소외감을 느끼는 것입니다.

그러나 조금만 우리 자신을 돌아보면 우리가 누리고 있는 것도 다른 사람에게는 부러움이 되는 것들이 많이 있습니다.

이번 아프리카 방문 기간 중 가장 불편했던 문제는 핸드폰을 사용하고 싶을 때 사용할 수 없다는 것이었습니다. 그래서 공항에서 와이파이를 연결하기 위해 한 번은 어느 아프리카 청년에게 도움을 요청했습니다.

피부색이 진해 유난히 눈과 이가 하얗게 보이는 그 청년이 능숙한 손

놀림으로 간단하게 연결해주면서 저를 부러운 모습으로 바라보는 거예요. 그러면서 하는 말이 "내 소원이 삼성 핸드폰 하나 갖는 것이고 한국에 가서 일하고 싶은 것이다."는 겁니다.

그렇습니다. 우리는 어떤 청년이 소원처럼 생각하는 핸드폰을 가지고 있고, 우리는 어떤 젊은이가 평생 꿈처럼 생각하는 좋은 나라에 살고 있습니다. 그렇다면 우리는 우리가 지금 누리고 있는 것이 얼마나 소중하고 복된 것인 줄 알아야 할 줄 믿습니다. 우리가 누리고 있는 복이 그것만 아닙니다. 우리는 복된 나라에 살면서 세계첨단의 문명의 혜택을 누리며 살 뿐 아니라 예수님 덕에 죄 용서를 받았습니다. 죽었던 영혼이 살아났습니다. 하나님의 자녀가 되었습니다. 천국을 예약해놓고 그 천국을 맛보며 살고 있습니다. 할렐루야!

그렇다면 이런 복을 누리고 살고 있는 우리가 어떻게 해야 합니까? 행복한 줄 알고 살아야 합니다. 행복을 느끼며 살아야 합니다. 그리고 그런 복을 주신 하나님께 감사하며 살아야 합니다.

이런 복을 받아 누리며 살고 있는 우리가 다음으로 해야 할 것이 있습니다. 그것이 무엇인지 14절 말씀을 보시기 바랍니다.

그 후에 예수께서 성전에서 그 사람을 만나 이르시되
보라 네가 나았으니 더 심한 것이 생기지 않게
다시는 죄를 범하지 말라 하시니.

이 말씀을 보면서 우리가 생각해 보아야 할 것이 있습니다. 그것은 38년 동안 일어서지 못했던 이유가 '그 사람이 죄를 지었기 때문이었을까?'하는 것입니다. 우리는 보통 어떤 좋지 않은 일을 당하는 사람을 볼 때 그 사람이 무언가 잘못해서 그런 일을 당한다고 생각하는 경향이 있습니다. 앞으로 살펴보게 될 요한복음 9장 1,2절에도 보면

예수께서 길을 가실 때에 날 때부터 맹인 된 사람을 보신지라
제자들이 물어 이르되
랍비여 이 사람이 맹인으로 난 것이 누구의 죄로 인함이니이까.

라고 묻는 장면이 나옵니다. 제자들이 날 때부터 앞을 보지 못하는 사람을 보고 저 사람이 소경으로 태어난 것이 누구의 죄 때문이냐고 질문한 겁니다. 이때 예수님께서 무엇이라고 대답하셨습니까?

예수께서 대답하시되
이 사람이나 그 부모의 죄로 인한 것이 아니라
그에게서 하나님이 하시는 일을 나타내고자 하심이라. (요 9:3)

사람에게 질병이 생기게 된 근본 원인이 사람의 대표인 아담과 하와가 하나님의 말씀을 거역한 죄를 지은 결과인 것은 사실이고 그런 죄성에 이끌려 스스로 죄를 범해서 좋지 않은 결과가 오는 경우도 있지만 개개인에게 나타나는 좋지 않은 결과 모두가 그 사람 본이이나 그 사람의 부모가 죄를 지었기 때문에 온다고 보아서는 안 된다는 것입니다.

본문에 등장하는 38년 동안 일어서지 못하다가 예수님께 고침 받은 사람의 경우도 마찬가지입니다.

보라 네가 나았으니 더 심한 것이 생기지 않게
다시는 죄를 범하지 말라.

그렇다면 예수님께서 그 사람에게 당부하신 말씀의 의미는 무엇일까요? 예수님의 도우심으로 고침을 받았어도 고침 받은 몸으로 죄를 지으면 전보다 더 심한 것이 생길 수 있다는 말입니다. 그러므로 예수님께서

그 환자였던 사람에게 당부하시는 말씀은 고침 받은 몸으로 죄 짓지 말고 살라는 것이고 고침 받은 몸으로 하나님을 기쁘시게 해드리며 살라는 것입니다.

　이 예수님의 말씀은 여기 모인 우리 각 사람들도 크게 명심해야 할 말씀입니다. 왜냐하면 예수님께서는 죽었던 영혼을 살려주셨으며 마귀의 결박에서 풀어주셨고 그동안 죽을 고비를 맞을 때마다 건져주셨으며 길을 잃고 방황할 때마다 복된 길로 인도해주셨기 때문입니다. 그런 우리에게 예수님께서 당부하십니다.

　보라 네가 나았으니 더 심한 것이 생기지 않게
　다시는 죄를 범하지 말라.

　성도 여러분! 죄 짓고 살면 안 됩니다. 하나님께서 기뻐하시지 않는 습관 끊지 못하고 얽매어 살면 안 됩니다. 하나님께서 기뻐하시지 않는 습관은 회개하고 끊어버려야 합니다. 하나님께서 기뻐하시지 않는 죄는 이전 것으로 족합니다. 그런 죄는 이제 회개하고 더 이상 계속하지 말아야 합니다. 왜냐하면 그렇지 않으면 지금은 회복되었지만 그런 죄를 계속 짓고 살면 더 심한 것이 생길 것이기 때문입니다.

　전에는 몰라서 죄를 지었을지라도 이제 예수님의 당부의 말씀을 들었으니 죄를 멀리하는 여러분이 되시기를 주님의 이름으로 축원합니다.

　그러므로 안식일에 이러한 일을 행하신다 하여
　유대인들이 예수를 박해하게 된지라.(16절)

　유대인들이 예수님을 핍박하게 되었다는 것입니다. 15절에 그 원인을 말하고 있습니다.

그 사람이 유대인들에게 가서 자기를 고친 이는 예수라 하니라.

38년 동안 일어서지 못했던 사람이 처음에는 자기를 고쳐주신 분이 누구인지 몰랐다가 나중에 성전에서 예수님을 다시 만났을 때 예수님께서 그 사람을 먼저 알아보셨습니다. 그리고 그 사람에게 당부하기를 "나은 몸으로 죄 짓고 살면 더 심한 것이 생길 것이니 성한 몸으로 절대 죄 짓지 말고 하나님을 기쁘시게 해드리며 살라"고 당부하셨습니다.

그러자 그 사람이 자기를 고쳐준 분이 예수님이라는 것을 알게 된 겁니다. 그 후에 그 사람은 "어떻게 해서 낫게 되었느냐?"고 묻는 사람들에게 "나를 고쳐주신 분은 예수님이시다"라고 했을 것입니다.

당연하지요? 예수님께 고침을 받은 사람은 다른 사람들에게 예수님을 자랑하게 되어 있습니다.

우리도 그래야 합니다. 우리를 살려주신 분이 예수님이십니다. 우리를 고쳐주신 분도 예수님이십니다. 우리에게 복을 주시는 분도 하나님이신 예수님이십니다. 그러기 때문에 우리는 이런 예수님을 주변 사람들에게 자랑하며 살아야 할 줄 믿습니다. 이것이 전도인 것입니다. 그러면 우리의 전도와 간증을 듣는 사람들 중에 우리가 만난 예수님을 만나고 싶어 교회에 이끌려오는 사람들이 생길 것이고 우리가 믿는 예수님을 믿을 사람들이 생길 것입니다.

38년 동안 일어서지도 못하던 환자가 예수님께 고침을 받고 그 분이 예수님이라는 것을 안 이후에 주변 사람들에게 예수님에 대한 소문을 내자 어떻게 되었습니까?

그러므로 안식일에 이러한 일을 행하신다 하여
유대인들이 예수를 박해하게 된지라. (16절)

왜 안식일에 환자를 고쳤느냐는 겁니다. 안식일에 환자를 고쳐서 안식일을 범했다는 겁니다. 그러자 예수님께서 17절에서 아주 중요한 말씀을 하십니다.

예수께서 그들에게 이르시되
내 아버지께서 이제까지 일하시니 나도 일한다 하시매

하나님을 "내 아버지"라고 하셨습니다. 하나님은 창조주이시십니다. 지금도 지으신 것들을 다스리시는 분, 일하시는 분입니다. 그러니 예수님도 하나님 아버지처럼 일하시는 분이라는 겁니다.

아들이 아버지를 닮는 것은 당연합니다. 하나님 아버지께서 일하시니 예수님은 안식일에도 일하셨습니다. 우리도 이런 예수님을 본받아 주일에도 일하는 부지런한 성도들이 되어야 할 줄 믿습니다. 주일에도 일을 해야 한다고 하는 말에 오해가 없기를 바랍니다. 주일에도 일을 해야 한다는 것은 먹고 사는 문제를 위해 교회에도 오지 않고 일하러 가야 한다는 말은 절대 아닙니다. 하나님께서는 주일을 지키는 자에게 6일을 일해도 7일을 먹고 사는데 지장이 없게 하시는 분이십니다.

그러기 때문에 먹고 사는 경제활동은 주일이 아닌 월요일부터 토요일까지 부지런하게 하고 주일에 해야 하는 일은 예배드리는 일을 해야 하고 예배를 돕는 일을 해야 하고, 찬양하는 일, 주일학교 학생들을 지도하는 일, 교인들을 수송하는 일, 안내하는 일, 섬기는 일, 심방하는 일들을 부지런히 해야 합니다.

그래서 제대로 주일을 지키며 신앙생활을 하는 분들은 사실 평일보다 남들이 쉬는 일요일이 더 바쁩니다. 그러나 몸은 피곤해도 마음은 더 기뻐서 몸의 피곤을 은혜로 이기는 것입니다. 할렐루야! 주일을 지키는 이런 기쁨이 여러분에게도 충만하시길 소원합니다.

유대인들이 예수님의 이 말씀을 듣자 18절에서 또 시비를 걸기 시작합니다.

> 유대인들이 이로 말미암아 더욱 예수를 죽이고자 하니
> 이는 안식일을 범할 뿐만 아니라
> 하나님을 자기의 친 아버지라 하여
> 자기를 하나님과 동등으로 삼으심이러라.

"네가 하나님의 아들이라고? 그러면 네가 하나님과 동등하다는 말이냐? 그러고 보니 너는 안식일을 범할 뿐 아니라 하나님을 모독하는 사람이구나. 네가 율법을 어겼고 하나님을 모독했으니 너는 죽어야 할 사람이라"고 하면서 덤벼든 것입니다. 이러는 유대인들을 보면서 어떤 느낌이 드는지요? 유대인들의 신앙은 대단히 열정적이라는 것입니다. 율법을 지키려는 열정, 하나님의 존엄을 지키려는 열정, 율법을 어기고 하나님의 존엄을 훼손하는 것을 보고만 있지 않고 적극적으로 막으려 했습니다. 이런 것을 보면 유대인들의 하나님에 대한 열정은 대단합니다.

그런데 그들의 율법과 하나님에 대한 열정은 귀한데 그 열정이 그들의 의도와는 다르게 율법을 파기하고 하나님의 존엄을 훼손하고 있다는 것입니다.

오늘날도 그런 사람들이 많습니다. 대단한 열심을 가지고 하나님을 위해 산다고 하는데 하나님의 영광을 드러내는 것이 아니라 하나님의 영광을 가리는 사람들이 있습니다.

어떤 사람들입니까? 이단들이 그렇습니다. 오늘날 이미 이단으로 규정된 집단에 소속되어 있는 사람들을 보세요. 얼마나 열심히 전도를 합니까? 생업을 포기하고 가정도 버리고 전도를 하러 다닙니다. 심지어는 기성교회를 혼란스럽게 만들어 자기들의 손에 넣으려고 교회에 자기 신분

을 속이고 위장 등록하고, 위장된 열심으로 교회에서 환심을 사고 주변에 자기 사람들을 만들기 위해 위장된 사랑을 베풀며 때를 기다렸다가 기회가 되면 숨겨진 발톱을 내미는 것입니다. 교역자에게 달려들어 교회를 혼란스럽게 만들어 교회를 분열시키고 교인들을 꼬여 자기들 집단으로 데려갑니다. 얼마나 비겁하고 악랄한 짓입니까? 그러면서도 그들은 그렇게 하는 것에 대해 죄책감을 느끼지 않습니다. 그렇게 하는 것이 오히려 하나님께 상 받을 헌신이라고 생각합니다.

하나님을 위해 헌신하다는 사람들이 일반 불신자들의 수준에도 못 미치는 부덕하고 불법적인 일을 행하면서도 죄책감도 느끼지 못하고 그런 짓을 하고 있는 겁니다. 착각에 빠진 오늘날의 유대인들의 모습입니다. 그렇다면 옛날의 유대인들이나 오늘날의 이단에 빠진 자들이나 하나님을 잘 믿겠다는 사람들이 왜 이런 착각에 빠져 그런 죄악을 죄인 줄도 모르고 행하는 것일까요?

신앙의 중심이 하나님이어야 하는데 전통이 되고 사람의 생각이 되기 때문입니다. "지금까지 우리가 다 그렇게 해왔잖아. 내 생각에는 그렇지 않은 것 같은데." 라고 하면서 전통을 따라 판단하고 나름대로의 생각에 따라 행동하는 이런 신앙이 유대인을 만들고 이단자들을 만드는 것입니다.

이런 신앙에 이끌려 의식과 형식 그리고 전통을 중시하는 천주교가 나왔고 성경을 믿는다고 하면서도 성경과 다르게 믿는 이단들이 생겨난 것입니다. 그러기 때문에 우리가 그런 착각에 빠지지 않으려면 성경대로 믿어야 합니다.

성경대로 믿어야 한다는 말은 무슨 말입니까? 예수님의 말씀대로 믿는 것을 말합니다. 왜냐하면 성경의 핵심은 예수님이기 때문입니다. 구약 성경은 장차 오실 예수님에 대한 말씀이고 신약성경은 오신 예수님 그리고 다시 오실 예수님에 대한 말씀입니다.

그러기 때문에 성경대로 믿으려면 성경의 핵심인 예수님이 하나님의 독생자라는 것을 알고 예수님을 믿어야 하는데 안타깝게도 유대인들은 율법만 생각하고 그들이 만든 법만 생각했지 예수님에 대해서 몰랐습니다. 그러기 때문에 구약에 예언된 구원자 하나님의 아들 예수님이 오셨는데도 예수님을 메시아, 구원자로 알지도 못하고 믿지 않고 그래서 하나님을 잘 믿는다는 열정으로 하나님이신 예수님을 핍박한 것입니다. 자기 기준에 맞지 않는다고 하나님이신 예수님을 괴롭게 한 것입니다.

오늘날도 성경에 집중하지 않고 신앙생활을 하면 누구나 유대인들과 똑같은 착각 신앙에 빠집니다. 자기 기준을 가지고 사람을 판단하고 자기 생각으로 교회를 판단합니다. 내 생각과 내 기준으로 신앙생활을 하면 안 됩니다. 누구나 나는 부족하기 때문입니다. 누구나 나는 온전치 못하기 때문입니다. 그러므로 내 생각을 접고 내 기준을 내려놓고 성경 말씀에 나타난 주님의 생각을 품고 성경에 나타난 주님의 기준으로 신앙생활을 해야 합니다. 그러는 사람을 하나님은 기뻐하십니다. 하나님은 그런 사람들과 함께하십니다.

저와 여러분이 그런 사람으로 변화되어야 할 줄 믿습니다. 그런 예수님의 사람들이 되시기를 주님의 이름으로 축원합니다.

┃ 제 18 장

사람이 영생을 얻고
생명의 부활을 얻는 길

_ 요한복음 5장 19~29절

안식일에 예루살렘 베데스다 연못가에 가신 예수께서 38년 동안 서보지 못한 환자를 보시고 불쌍히 여기셔서 고쳐주셨습니다. 인술과 의술로 해결하지 못한 문제, 세월로도 해결하지 못한 문제를 예수님께서 단번에 해결해 주신 것입니다.

그러자 그 환자는 너무 기뻤습니다. 그 모습을 바라보던 사람들도 박수를 치며 좋아했을 것입니다. 그러나 그런 모습을 보면서 오히려 분노하는 사람들이 있었습니다. 그 사람들은 불신자들이 아니었습니다. 하나님을 믿어도 누구보다 잘 믿는다던 유대인들이었습니다.

여기서 우리는 이상한 점을 발견하게 됩니다. 하나님을 잘 믿는다면 병들어 고생하는 사람에게 관심을 가져야 하고 그 환자를 낫게 해주신 예수님께 고마워하고 감사해야 할 일 아닙니까?

그런데 어찌하여 유대인들은 하나님을 누구보다 잘 믿는다고 하면서도 38년 된 병자를 고쳐주신 예수님께 화를 내며 죽이려 했을까요?

그것은 하나님을 믿어도 성경대로 믿지 않고 전통을 따라 믿기 때문이고 사람을 사랑과 긍휼로 대하지 않고 법으로 대하기 때문입니다.

그러니까 유대인들은 하나님을 믿는다고 하면서도 성경을 모르니까 성경에서 계속해서 예언한 메시아이신 예수님이 이 세상에 오셨는데도 몰라보았습니다. 예수님이 누구인지 모르니까 예수님께서 하시는 일마다 시비를 걸고 예수님께서 하시는 일마다 오해한 것입니다. 하나님을 믿는다는 사람들이 하나님이신 예수님을 죽이려는 무서운 죄를 짓고 있는 것입니다.

참으로 안타까운 일입니다. 그런데 이런 일은 유대인들에게만 해당되는 것이 아닙니다. 오늘날도 신앙자세가 잘못되면 누구나 그렇게 될 수 있습니다. 그러기 때문에 하나님을 믿어도 성경대로 믿어야 하고 사람을 대할 때도 법의 잣대로 대하지 말고 긍휼과 사랑으로 대해야 할 줄 믿습니다.

하나님을 믿어도 잘못 믿는 유대인들을 예수님께서 안타깝게 여기셨습니다. 그래서 예수님께서 그들에게 이런 말씀을 하셨습니다.

> 그러므로 예수께서 그들에게 이르시되
> 내가 진실로 진실로 너희에게 이르노니
> 아들이 아버지께서 하시는 일을 보지 않고는
> 아무것도 스스로 할 수 없나니
> 아버지께서 행하시는 그것을 아들도 그와 같이 행하느니라.(요 5:19)

무슨 말입니까? 나는 하나님의 아들이다. 그러므로 하나님의 아들인 나는 아버지 하나님께서 하시는 일을 따라 행한다. 내가 안식일에 38년 된 환자를 고쳐준 것도 하나님 아버지께서 원하시는 일이기 때문에 행한 것이라는 겁니다.

그렇습니다. 기독교 신앙은 예수님이 하나님의 독생자이심을 믿는 데서부터 시작합니다. 유대인들이 하나님의 백성이라는 이름을 가진 사람들이었고 그래서 그들은 우리보다 훨씬 일찍부터 하나님을 믿는다고 하면서도 아직도 하나님을 제대로 믿지 못하고 아직도 구원에 이르지 못한 이유는 예수님을 하나님의 아들로 믿지 않기 때문입니다.

하나님께서는 예수님이 어떤 분인가에 대해서 요한복음 3장 16절에서 아주 분명하게 밝히셨습니다.

하나님이 세상을 이처럼 사랑하사 독생자를 주셨으니
이는 그를 믿는 자마다 멸망하지 않고 영생을 얻게 하려 하심이라.

예수님은 하나님의 독생자이신데 하나님께서 우리 각자를 사랑하셔서 우리가 멸망에 이르지 않고 영생을 얻게 하시려고 예수님을 이 땅에 보내셨습니다. 그러기 때문에 누구든지 이 예수님을 주님으로 믿기만 하면 멸망을 당하지 않고 구원을 받게 되는 것입니다. 할렐루야!

바로 이 믿음으로 저와 여러분이 죄 용서를 받은 줄 믿습니다. 우리는 영생을 얻은 줄 믿습니다. 하나님께서 우리를 자녀로 삼아주신 줄 믿습니다. 하나님께서 성령을 통해 우리를 인도해 주시는 줄 믿습니다. 지금 우리가 죽음을 맞는다 해도 천국에 갈 줄 믿습니다.

우리는 예수님을 믿어 죽었던 영혼이 살아나는 기적을 체험한 장본인들입니다. 지옥에서 천국으로 옮겨진 기적을 체험한 장본인들입니다. 그런데 예수님께서 요한복음 5장 20절에서 이런 말씀을 하십니다.

아버지께서 아들을 사랑하사
자기가 행하시는 것을 다 아들에게 보이시고
또 그보다 더 큰 일을 보이사 너희로 놀랍게 여기게 하시리라.

인술과 의술 그리고 세월이 해결하지 못한 38년 된 병자를 고친 것이 기적이지 않느냐? 그런데 앞으로 하나님께서 예수님을 통해 이보다 더 큰일을 보여 너희를 놀라게 하실 것이라는 겁니다. 그 큰일은 어떤 일일까요?

아버지께서 죽은 자들을 일으켜 살리심 같이
아들도 자기가 원하는 자들을 살리느니라. (21절)

병들어 고생하는 환자를 고쳐주시는 것만 아니라 아버지 하나님께서 죽은 자를 살리심과 같이 예수님께서도 죽은 자를 살리는 큰일을 하시겠다는 겁니다. 이 예언의 말씀을 따라 예수님께서는 죽어 장사지내진 나사로를 무덤에서 살아 나오게 하셨습니다. 죽은 과부의 외아들을 살려주셨습니다. 죽은 회당장 야이로의 딸을 살려주셨습니다.

우리가 믿는 예수님은 사람들이 몸에 안고 있는 병을 고치시는 분이십니다. 죽은 자도 살리시는 분이십니다. 할렐루야! 그런 예수님께서 우리에게 이렇게 말씀하십니다.

구하라 그리하면 너희에게 주실 것이요
찾으라 그리하면 찾아낼 것이요
문을 두드리라 그리하면 너희에게 열릴 것이니
구하는 이마다 받을 것이요 찾는 이는 찾아낼 것이요
두드리는 이에게는 열릴 것이니라
너희 중에 누가 아들이 떡을 달라 하는데 돌을 주며
생선을 달라 하는데 뱀을 줄 사람이 있겠느냐
너희가 악한 자라도 좋은 것으로 자식에게 줄 줄 알거든
하물며 하늘에 계신 너희 아버지께서 구하는 자에게

꼭 필요한 것이 있지만 채우지 못해 안타까운 것 있느냐? 구하라. 그러면 줄 것인데 왜 구하지 않느냐? 꼭 찾아야 하는데 찾지 못한 것 있어 답답한 일이 있느냐? 찾으라. 믿음으로 찾으려고 하면 찾을 것인데 왜 찾지 않고 답답해하느냐? 열려야 하는데 열리지 않는 문이 있느냐? 두드려라. 믿음으로 두드리면 열어 줄 텐데 왜 두드리지 않고 닫혀 있는 문 앞에서서 한숨만 짓고 있느냐?

생각해 보아라. 아무리 악하다는 사람들도 생선 먹고 싶다는 자식에게 생선 대신 뱀을 주는 부모 보았느냐? 세상에 악하다는 사람들도 자식에게 좋은 것을 줄 줄 알거든 선하신 하나님 아버지께서 믿음으로 기도하는 너의 기도를 어찌 외면하겠느냐?

문제 있거든 걱정 말고 기도하라. 구하고 찾고 두드리는 심정으로 기도하라. 그러면 채워주겠다. 찾게 해주겠다. 열어주겠다. 할렐루야!

38년 된 우리 환자를 고쳐주신 예수님, 죽은 자도 살리시는 예수님께서 믿고 기도하기만 하면 여러분의 기도도 반드시 응답해 주실 줄 믿습니다. 여러분의 기도에 응답하셔서 여러분에게 큰 믿음을 주실 줄 믿습니다. 여러분을 치료해 주실 줄 믿습니다. 여러분의 길을 열어 주실 줄 믿습니다.

우리가 금년 목표로 삼고 있는 바와 같이 세 사람 이상 전도하여 한 사람이상 결실해야 합니다. 그러기 위해 우리가 누구를 예수님께로 인도해야 할까요? 여러분께서 누구를 주님께 인도할 것인가를 살펴보시기 바랍니다. 먼저 내 주변에 불신자가 누구인가를 살펴보시기 바랍니다. 다음으로 전에는 교회를 다녔다가 신앙이 식어버려 지금 교회에 출석하지 않고 있는 결석하고 있는 교우들이 누구인가를 살펴야 합니다.

마지막으로 이전에 전도를 받아 한 번 교회를 왔다가 그 후로 다시 교회에 오지 않는 사람이 누구인가를 살펴야 합니다. 바로 그 사람들이 우리가 예수님께로 인도해야 할 전도 대상자들입니다.

여러분이 아는 이 사람들은 하나님께서 여러분에게 맡겨 주신 영혼들입니다. 이 분들에게 전도하라고 여러분을 금년 그렇게 무더운 중에도 건강 지켜주시고 위험한 중에도 지금까지 생명 지켜 주신 줄 믿습니다.

그렇다면 세 사람 이상 전도하리라 작정하고 기도하며 사랑의 관계를 맺으며 가까이 지내다가 교회에서 하라는 대로 따라 하시면 여러분은 적어도 한사람은 전도 결실하게 될 것입니다. 할렐루야!

그렇게 하시라고 오늘 여러분에게 전도 대상자 작정 카드를 나누어 드렸습니다. 전도하기가 쉽지 않지만 죽은 영혼에 관심을 가지고 믿음으로 순종하면 하나님께서 여러분을 도와주실 줄 믿습니다. 세 사람 이상 전도하여 한 사람 이상 전도하는 것은 예수님께서 원하시는 일이니 우리 한 번 힘써봅시다.

다음으로 요한복음 5장 22절을 보시기 바랍니다.

아버지께서 아무도 심판하지 아니하시고
심판을 다 아들에게 맡기셨으니.

아버지께서 예수님께 맡기신 일이란 첫 번째 '더 큰일'은 살리는 일이었고, 두 번째 '더 큰일'은 '심판'에 관한 일이라는 겁니다. 본래 심판하는 권한은 창조주이신 하나님의 전권에 해당되는 일이었습니다(신 1:17).

그런데 하나님께서는 이 심판의 일까지도 예수님께 맡기셨습니다. 그러기 때문에 사람이라면 이 세상에 사는 동안 예수님께서 보시기에 합당하게 살아야 할 줄 믿습니다. 예수님께서 싫어하시는 것은 나도 싫어하며 살아야 하고 예수님께서 좋아하시는 일은 나도 좋아하며 살아야 합니다.

예수님은 죄를 아주 싫어하십니다. 거짓된 것, 교만한 것, 시기하고 질투하고 서로 미워하는 것, 부정적인 말, 남의 말을 나쁘게 하는 것을 아주 싫어하십니다. 그렇다면 예수님을 믿는 우리도 이런 것들은 싫어해야 할 줄 믿습니다.

예수님은 성경 말씀대로 사는 사람을 좋아하십니다. 진실하게 사는 사람을 좋아하십니다. 겸손하고 서로 사랑하며 사는 사람, 긍정적으로 사는 사람, 남의 말을 좋게 하는 사람을 좋아하십니다.

그렇다면 예수님을 믿는 우리 모두는 예수님께서 싫어하시는 것은 멀리하고 예수님께서 기뻐하시는 것은 좋아하여 심판하시는 예수님 앞에 설 때 잘했다 칭찬 받으시길 주님의 이름으로 축원합니다.

하나님의 자녀 된 우리들이 예수님께 칭찬 들으며 살려면 하나님을 사랑하며 살아야 합니다. 하나님을 가까이 하며 살아야 합니다. 하나님께 순종하며 살아야 합니다.

그런데 어떻게 하는 것이 우리가 하나님을 사랑하며 가까이 하며 순종하며 사는 것일까요? 요한복음 5장 23절을 보시기 바랍니다.

이는 모든 사람으로 아버지를 공경하는 것 같이
아들을 공경하게 하려 하심이라
아들을 공경하지 아니하는 자는
그를 보내신 아버지도 공경하지 아니하느니라.

창조자 하나님을 사랑하는 사람들은 하나님 아버지를 공경합니다. 그렇다면 하나님을 공경하고 사랑하는 사람들은 하나님의 아들도 사랑해야 하고 공경하며 살아야 한다는 말입니다.

왜냐하면 하나님 사랑과 예수님 사랑은 하나이기 때문입니다. 하나님 사랑이 예수님 사랑이고 예수님 사랑이 교회 사랑입니다. 교회 사랑이 목사 사랑이고, 목사 사랑이 성도 사랑입니다.

사람이 이 세상에 태어나 사람으로서 해야 할 일이 많습니다. 공부도 해야 하고, 경제활동도 해야 하고, 가정도 이루어야 하고, 자식도 키워야 하고, 하고 싶은 일들도 하고 살아야 합니다.

그런데 이런 일보다 더 우선해야 하고, 더 중요한 일이 있습니다. 그것이 무엇일까요? 사람이 이 세상에 사는 동안 해결해야 할 가장 중요한 일은 영생의 문제를 해결하는 일입니다.

왜냐하면 이 세상에 사는 동안 이 영생의 문제를 해결하지 못하고 죽음을 맞게 되면 영원한 세상에 가서 영벌을 받기 때문입니다. 그러면 사람이 어떻게 해야 영생의 문제를 해결할 수 있을까요?

내가 진실로 진실로 너희에게 이르노니
내 말을 듣고 또 나 보내신 이를 믿는 자는 영생을 얻었고
심판에 이르지 아니하나니 사망에서 생명으로 옮겼느니라.

사람이 영생을 얻으려면 예수님의 말씀을 들어야 합니다. 예수님을 하나님의 독생자로 믿어야 합니다. 하나님께서 예수님을 이 세상에 구원자로 보내셨음을 믿어야 합니다.

사람이 영생을 얻으려면 왜 예수님의 말씀을 들어야 할까요? 사람은 누구나 영적으로 무지하기 때문입니다. 사람은 영적인 문제를 스스로 해결할 능력이 없기 때문입니다. 그러기 때문에 신령하고 초월적인 일에 대해서 하나님께서 예수님을 통해 알려주시는 말씀을 들어야 사람이 죄인인 것을 알게 되기 때문입니다.

다음으로 사람이 예수님의 말씀을 들었으면 예수님을 믿어야 합니다. 예수님이 하나님의 독생자라는 것을 믿어야 합니다. 예수님이 죄인들을 대신해서 십자가에 죽으셨다는 것을 믿어야 합니다.

그러면 죄 용서를 받게 됩니다. 심판에 이르지 않게 됩니다. 저와 여러분이 이런 복을 받은 줄 믿습니다. 그런데 여기 24절 말씀에 아주 중요한 표현이 하나 있습니다. 그것은 예수님을 믿는 사람은 "영생을 얻었고"라고 한다는 것입니다.

이 말씀은 사람이 이 세상에서 예수님을 믿어도 영생은 그 사람이 죽어서 천국에 가서부터 시작되는 것이 아니라 예수님의 말씀을 듣고 예수님을 주님으로 믿는 사람은 그런 믿음을 가지는 순간부터 영생을 가지게 된다는 것입니다.

진실로 진실로 너희에게 이르노니
죽은 자들이 하나님의 아들의 음성을 들을 때가 오나니
곧 이 때라 듣는 자는 살아나리라. (요 5:25)

죽은 자들이 하나님의 아들의 음성을 들을 때가 올 것이다. 그런데 그때가 언제라고요? 이 때라는 겁니다. 그렇습니다. 지금 이 때가 하나님께서 보내신 예수님의 말씀을 들을 때입니다.

이 말씀은 사람이 멸망하지 않고 구원을 받으려면 하나님의 아들의 음성을 들어야 하는데 하나님의 아들 예수님의 말씀을 듣고 싶어도 들을 수 없는 때가 올 것이라는 것입니다. 그래서 하나님께서 이렇게 말씀하시는 것입니다.

너희는 여호와를 만날 만한 때에 찾으라
가까이 계실 때에 그를 부르라. (사 55:6)

성도 여러분! 구약 시대 홍수 심판을 앞두고 하나님께서 마련하라고 하신 방주의 문은 항상 열려 있지 않고 때가 되자 굳게 닫혔습니다. 지금 신약 마지막 때에 있을 심판을 앞두고 마련하신 교회의 문, 예수님을 믿어 구원 얻는 길이 지금은 열려 있지만 영원토록 열려 있지 않을 것입니다.

그러기 때문에 이사야 55장 6절의 말씀처럼 문 열려 있을 때 여러분의 가족들, 친구들, 이웃들을 전도해야 합니다.

이번 가을이 그 마지막 기회라고 생각하고 정말 전도에 힘쓰시길 주님의 이름으로 축원합니다.

그래서 송구영신예배를 드릴 때 "하나님 많이 전도하지 못했어도 한 사람 전도는 했습니다. 하나님 잘했지요?" 그렇게 고백하는 여러분이 되시기를 소원합니다.

사람이 살아가는 세상은 이 세상만 있는 것이 아닙니다. 이 세상의 삶을 마친 후에는 저 세상으로 가서 살게 됩니다. 이 세상의 삶은 길어야 100년 전후입니다만 죽음 이후에 전개될 저 세상의 삶은 100년 정도가 아니라 영원합니다.

그러면 사람이 죽은 이후에 전개될 저 세상에서는 어떤 일이 일어날까요? 사람이 알 수 없는 저 세상의 일에 대해 본문 요한복음 5장 29절에서는 이렇게 설명합니다.

> 선한 일을 행한 자는 생명의 부활로,
> 악한 일을 행한 자는 심판의 부활로 나오리라.

이 세상에서 '선한 일'을 행하며 살던 자들은 생명의 부활을 한 상태로 영원한 세상을 살아갈 것이고 이 세상에 살면서 '악한 일'을 행하며 살던 사람들은 저 세상에서 심판의 부활로 다시 살아 영벌을 받으며 살게 될 것이라는 것입니다.

그렇다면 어떻게 사는 것이 선하게 사는 것이고 어떻게 사는 것이 악하게 사는 것일까요? 선하게 산다는 것은 성경말씀을 가치기준으로 삼고 성경말씀에 합당하게 살려고 최선을 다하는 것을 말하고, 악하게 산다는 것은 성경말씀과 상관없이 살아가는 것을 말합니다.

저와 여러분은 예수님을 믿고 성경말씀대로 살려고 최선을 다하고 있기 때문에 우리가 죽음을 맞은 이후에도 주님께서 다시 오시는 날 생명의 부활로 다시 살아날 줄 믿습니다. 이 세상에 사는 동안에도 하나님의 자녀로 복을 받고 이 세상을 떠날 때에도 영생복락의 복을 누리게 될 줄 믿습니다. 우리 당대에도 하나님께서 복을 주시고 우리 후손들도 하나님께서 복을 주실 줄 믿습니다.

그런데 이런 복을 우리만 받으면 안 되잖아요. 영적으로 깨닫지 못해 아직도 예수님을 믿지 않는 사람들이 우리 주변에 있습니다.

이번 주간에는 우리 함께 그런 사람을 찾아보았으면 좋겠습니다. 지옥 가도록 내버려 두어서는 안 될 사람, 이 땅에서도 복 받기를 원하는 사람, 우리가 가는 천국에 같이 가서 영원토록 함께 살아야 할 사람들을 찾아봅시다.

우리가 그들을 가슴에 품고 기도하며 사랑하며 전도하면 성령님께서 도와주셔서 그들을 구원해 주실 줄 믿습니다. 그래서 3명 이상 전도하여 적어도 1명은 주님께로 인도하는 이 가을이 되기를 주님의 이름으로 축원합니다.

| 제 19 장

내 속에 하나님을 사랑하는
마음이 있는가?

_ 요한복음 5장 30~47절

    오늘이 10월 첫 주일입니다. 우리 모두 함께 새 달 10월을 맞이하였는데 여러분은 10월에 무엇을 하고 싶으십니까?

    이 달이 지나가기 전에 단풍 구경 가야지. 좋습니다. 금년 단풍은 예년에 비해 더 아름다울 것이라고 하는데 야외에 나가 바람도 쐬고 단풍 구경도 해야지요. 그러나 예수님을 믿는 우리들은 단풍놀이를 가도 주일을 피해 가야 할 줄 믿습니다.

    추워지기 전에 열심히 운동을 해야지. 좋습니다. 요즈음은 꼭 헬스장에 가지 않아도 산이나 길가에 운동기구들이 설치되어 있는 곳이 많습니다. 건강을 위해 열심히 운동도 하시기 바랍니다.

    또 이 가을에 하고 싶은 것이 무엇인가요? 이 가을에 여러분이 하고 싶은 일을 열심히 하세요. 특히 세 사람 이상 전도하여 한 사람 이상 결실하는 전도에도 힘써보세요. 그래서 이 10월이 즐겁고 보람되고 행복한 계절이 되기를 주님의 이름으로 축원합니다.

이 세상에서 가장 귀하신 분이 이 세상을 방문을 하셨습니다. 그분이 바로 하나님의 독생자 예수님이셨습니다. 그랬으면 사람들이 이 세상에 오신 독생자 예수님을 대대적으로 환영해야 하잖아요.

그런데 사람들은 그러지 않았습니다. 오히려 사람들이 하나님이신 예수님을 외면하였습니다. 외면할 뿐 아니라 하나님이신 예수님을 괴롭게 하였습니다. 그 중에도 예수님께서 이 세상에 계실 때 예수님을 가장 힘들게 했던 사람들은 유대인들이었습니다.

유대인들은 어떤 사람들입니까? 하나님을 믿는 이스라엘 사람들이었습니다. 하나님의 율법을 누구보다 잘 지킨다고 생각하던 사람들이었고 하나님을 믿어도 잘 믿는다고 말하는 사람들이었습니다.

그랬으면 유대인들은 이 땅에 오신 하나님의 독생자 예수님을 힘들게 하거나 괴롭게 하지 말았어야 했습니다.

그런데 왜 그토록 예수님을 미워하고 핍박하였을까요? 유대인들은 하나님을 믿는다고 하면서도 하나님의 아들 독생자가 이 세상에 오신 줄을 몰랐기 때문입니다. 왜 몰랐을까요? 하나님을 믿는다고 하면서도 하나님의 말씀에 대해서 무관심했기 때문입니다.

그러니까 하나님을 믿는다는 하나님의 백성들이 이 땅에 구원자로 오신 예수님을 대적하고 핍박하다가 결국은 예수님을 죽이는 엄청난 죄를 짓고 말았습니다.

오늘날도 마찬가지입니다. 하나님을 믿는다고 하면서도 성경말씀에 관심을 갖지 않고 신앙생활을 하면 절대로 복을 받지 못합니다.

그 뿐만 아닙니다. 하나님을 믿는다고 하면서도 성경말씀에 관심을 갖지 않고 신앙생활을 하면 과거 유대인들이 그랬던 것처럼 하나님의 교회에서 문제나 일으키고 예수님을 괴롭히고 예수님을 또 죽이는 그런 사람이 되기 쉽습니다.

그러기 때문에 하나님을 믿어도 바르게 잘 믿으려면 집에서 성경말씀을 열심히 읽어야 하고 교회에 출석해서 하나님의 말씀을 잘 들어야 하는 것입니다.

이 가을에 성경읽기와 공 예배 출석에 더욱 힘쓰시는 여러분이 되시기를 주님의 이름으로 축원합니다.

하나님을 믿는다고 하면서도 제대로 믿지 못하는 사람들을 가장 안타깝게 여기시는 분은 예수님이십니다. 그래서 예수님께서는 그러는 유대인들을 깨우치시기 위해 그들에게 예수님 자신이 누구라는 설명을 하시기 시작하셨습니다.

예수님에 대해서 바르게 알고 믿어도 바르게 믿으라고 말입니다. 그러기 때문에 이 당시 예수님께서 유대인들에게 예수님 자신에 대한 말씀을 하신 것이 대단히 중요합니다. 그러면 예수님께서 그 당시 무슨 말씀을 하셨을까요? 오늘은 그 말씀을 여러분과 나누려고 합니다.

오늘도 말씀을 잘 들으셔서 예수님에 대해서 바르게 알고 바르게 믿어서 여러분의 영혼이 잘 되고 범사도 잘 되는 복을 받으시기를 주님의 이름으로 축원합니다.

그럼 예수님께서는 어떤 방법으로 예수님 자신을 그들에게 알게 하셨을까요?

> 내가 만일 나를 위하여 증언하면 내 증언은 참되지 아니하되
> 나를 위하여 증언하시는 이가 따로 있으니
> 나를 위하여 증언하시는 그 증언이 참인 줄 아노라.(31,32절)

내가 나에 대해서 말을 하면 너희들이 내 말을 믿지 않을 것이다. 그러나 나에 대해서 증언하시는 분이 따로 있다. 그 분의 증언을 들어보아라. 그 분이 나에 대해서 증언하신 말씀이 참된 증언이라는 겁니다.

그럼 예수님에 대해서 증언하는 분이 누구일까요? 33,34절을 보시

기 바랍니다.

> 너희가 요한에게 사람을 보내매
> 요한이 진리에 대하여 증언하였느니라
> 그러나 나는 사람에게서 증언을 취하지 아니하노라.

　너희들이 세례 요한에게 사람을 보내 네가 누구냐고 물은 것을 나는 알고 있다. 그 때 세례 요한이 말하기를 "나는 그리스도가 아니다. 나는 물로 세례를 주는 사람이지만 내 뒤에 오시는 그 분은 성령으로 세례를 베푸실 분이시다. 나는 그 분의 신발 끈도 풀거나 메기에 부족한 사람이다. 그 분은 세상 죄를 지고 가는 하나님의 어린양 예수님이시다" 라고 한 것을 너희도 알 것이다.

　그러나 나는 사람이 말하는 것을 증거로 내가 하나님의 아들이고 내가 그리스도라고 말하고 싶지 않다는 것입니다.

　그러면 예수님에 대해서 요한보다 더 자세하게 권위 있게 증언하시는 분이 누구일까요? 예수님은 37절에서 이렇게 말씀하십니다.

> 또한 나를 보내신 아버지께서 친히 나를 위하여 증언하셨느니라.

　나를 보내신 아버지께서 내가 누구인가에 대해서 직접 증언하셨다는 것입니다. 그럼 하나님께서 언제 어디서 예수님에 대해서 말씀하셨을까요? 그 대답이 마태복음 3장 16,17절에 잘 나와 있습니다.

> 예수께서 세례를 받으시고 곧 물에서 올라오실 새
> 하늘이 열리고 하나님의 성령이 비둘기같이 내려
> 자기 위에 임하심을 보시더니

하늘로부터 소리가 있어 말씀하시되
이는 내 사랑하는 아들이요 내 기뻐하는 자라 하시니라.

장소는 요단강이고 때는 예수님께서 요한에게 세례를 받으실 때입니다. 바로 그 때 예수님 위에 하나님의 성령이 비둘기같이 내리더니 하늘에서 큰 소리가 나는데 들어보니 "이는 내 사랑하는 아들이요 내 기뻐하는 자라."라고 하는 것입니다.

바로 이것이 예수님이 어떤 분이신가에 대한 가장 정확한 증언이라는 것입니다.

사람의 지혜나 능력으로 영적인 것이나 초월적인 사실들을 알 수 없습니다. 그래도 사람이 꼭 알아야 할 초월적인 일들, 영적인 진리에 대해서는 하나님께서 성경말씀을 통해서 알려주십니다.

그러기 때문에 우리는 성경 말씀을 통해서 하나님과 예수님이 어떤 분이시라는 것도 알게 되고, 천국이 어떤 곳이고 지옥이 어떤 곳이라는 것도 알게 되는 것입니다.

이 원리를 따라 우리가 예수님이 누구라는 것도 성경말씀을 통해서 알아야 하는데 하나님께서 성경 말씀을 통해 무엇이라고 하셨습니까?

"이는 내 사랑하는 아들이요 내 기뻐하는 자라." 라고 하나님께서 알려주셨으니 우리는 예수님을 하나님께서 사랑하시고 기뻐하시는 아들로 믿는 것입니다.

두 번째로 예수님이 하나님의 아들이라는 증거가 있다는 것입니다. 그것이 무엇일까요? 36절을 보시기 바랍니다.

내게는 요한의 증거보다 더 큰 증거가 있으니
아버지께서 내게 주사 이루게 하시는 역사
곧 내가 하는 그 역사가

아버지께서 나를 보내신 것을 나를 위하여 증언하는 것이요.

예수님께서 하시는 일이 바로 예수님이 하나님의 아들이라는 증거입니다.

그럼 그 당시 예수님께서 하신 일이 무엇이었습니까? 예수님께서 가나의 혼인집에서 물로 포도주를 만드셨습니다. 이런 일은 사람이 할 수 없는 일입니다. 하나님만 하실 수 있는 일을 예수님께서 하신 것을 보면 예수님이 하나님의 아들이라는 것을 증명하는 것입니다.

종교 지도자들의 기세가 등등했던 시절, 예루살렘 성전 뜰에서는 성전에 바칠 제물을 사고팔고 성전에 바칠 돈을 환전하는 과정에서 종교지도자들이 사업하는 사람들과 결탁하여 뇌물을 주고받으며 성전 뜰이 마치 시장바닥보다 더 부정한 장소로 타락해 있었습니다.

그런 모습을 사람들이 보고 알면서도 감히 당시 종교지도자들의 잘못을 지적하는 사람들이 없었습니다. 그런데 예수님께서 성전 뜰에서 돈을 바꾸던 환전상들의 상을 뒤엎고 제물을 팔고 사는 사람들을 채찍으로 다 쫓아내셨습니다.

이런 일은 어느 누구도 할 수 없는 일이었습니다. 그런데 예수님께서 그 일을 하셨습니다. 예수님께서 하신 이런 일들이 예수님께서 하나님의 아들이라는 증거인 것입니다.

또, 예루살렘 성 양문 곁 베데스다 연못가에 수많은 환자들이 있었습니다. 그 사람들 중에 38년 동안 서보지도 못했던 환자가 있었습니다. 인술로 해결하지 못한 문제, 돈으로 해결하지 못했던 문제, 세월이 해결할 수 없었던 문제를 예수님께서 "일어나라 일어나 네 자리를 들고 가라." 는 말씀 한 마디로 해결해 주셨습니다.

세상에 어느 누가 그렇게 할 수 있습니까? 아무도 못한 일을 예수님께서 하셨습니다.

이런 예수님께서 하신 일들이 예수님이 하나님의 아들이라는 증거인 것입니다. 그럼 예수님께서 유대인들에게 왜 이런 말씀을 하시는 것일까요?

다만 이 말을 하는 것은
너희로 구원을 받게 하려 함이니라.(34절)

예수님께서는 사람들이 어떻게 해서라도 예수님을 믿기를 원하십니다. 예수님을 믿고 구원 받기를 원하십니다. 말씀을 듣고 믿지 못하면 예수님께서 하신 일이라도 보고 믿으라는 것입니다.

다음으로 예수님이 하나님의 아들이심을 증거하는 것이 또 있습니다. 그것이 무엇인지 39절 말씀을 보시기 바랍니다.

너희가 성경에서 영생을 얻는 줄 생각하고
성경을 연구하거니와
이 성경이 곧 내게 대하여 증언하는 것이니라.

성경이 예수님이 하나님의 독생자라는 것을 증언해주고 있다는 것입니다. 앞서 말씀드린 예수님께서 세례를 받으실 때 하나님께서 하셨다는 하나님의 음성도 그 당시 요한은 들었어도 다른 사람은 듣지 못했습니다.

예수님께서 이 세상에 계실 때 하셨다는 일도 지금으로부터 2000년이 훨씬 지난 일입니다. 그래서 이런 일들은 장소적으로 시간적으로 제한된 일이고 과거의 일입니다. 그래서 오늘날 많은 사람들에게 잊혀 질 수 있는 일이고 직접 보지 않고 직접 듣지 못한 입장에서는 그런 것을 순수하게 믿기 어려울 수 있는 증거요 증언입니다.

그러나 성경은 다릅니다. 성경은 누구나 볼 수 있도록 확실하게 기록된 하나님의 말씀입니다. 제한된 세상에 갇혀 사는 우리들에게 무한하신 하나님께서 초월적인 일까지도 시간과 공간을 초월하여 직접 보고 믿으라고 주신 하나님의 증언이요 증거 자료입니다.

그러기 때문에 우리는 성경을 통해 이 세상이 어떻게 존재하기 시작했는가를 알 수 있게 되었고 사람이 어떻게 존재하기 시작하였는가도 알 수 있게 되었습니다.

하나님이 어떤 분이신가에 대해서도 알 수 있게 되었으며 사람이 어떻게 살아야 복 받을 수 있는가에 대해서도 알게 되었습니다.

그리고 사람이 믿어야 할 대상은 오직 하나님 한 분 뿐이시고 사람이 구원을 얻는 유일한 길은 예수님을 믿는 것이라는 것도 알게 되었습니다. 성경을 통해서 말입니다.

그러기 때문에 성경이야말로 이 세상 모든 사람이 늘 읽고 지키며 살아야 할 인생살이 교과서입니다. 그러기 때문에 예수님을 믿으면 천국 길이 열리고 성경대로 살면 행복길이 열리는 것입니다.

제가 기도하면서 하나님께 받은 아주 귀한 말씀인데요. 다시 한 번 읽어보시기 바랍니다.

예수님을 믿으면 천국 길이 열리고
성경대로 살면 행복길이 열린다.

그렇습니다. 예수님을 믿으면 누구든지 구원을 받아 천국 백성이 되고 성경 말씀대로 살기만 하면 행복길이 환하게 열릴 줄 믿습니다. 이런 복을 받는 우리 모두가 되기를 소원합니다.

그런데 안타까운 것이 하나 있습니다. 그것이 무엇인지 42,43절을 보시기 바랍니다.

다만 하나님을 사랑하는 것이 너희 속에 없음을 알았노라
나는 내 아버지의 이름으로 왔으매 너희가 영접하지 아니하나
만일 다른 사람이 자기 이름으로 오면 영접하리라.

하나님께서 죄 지은 사람들이 이 세상에서도 저주 속에 살고 죽으면 지옥에 들어가서 영벌 받는 것이 안타까우셔서 구원해 주시려고 독생자 예수님을 보내 십자가에 대신 죽게 해서 죄 값을 치러주셨습니다. 하나님이 누구이고 예수님이 누구인지도 모르는 사람들에게 읽고 들어서라도 믿고 구원을 받으라고 성경도 선물로 주었건만 사람들이 하나님도 믿지 않고 예수님도 믿지 않는다는 것입니다.

그러나 우리는 다행히도 예수님을 믿어 구원을 받아 하나님의 자녀로 살고 있고 죄 용서를 받은 천국백성으로 살고 있으니 정말 날마다 순간마다 나를 구원해 주신 하나님, 예수님께 감사하는 마음으로 살아야 할 줄 믿습니다.

그런데 우리 가족 중에 아직도 하나님을 사랑하는 마음이 없는 가족이 있습니다. 아직도 하나님, 예수님을 믿지 않는 사람들이 있습니다.

왜 그럴까요?

"하나님을 사랑하는 것이 너희 속에 없음을 알았노라."는 예수님의 말씀처럼 그들 속에 하나님을 사랑하는 마음이 없기 때문입니다. 참으로 안타까운 일입니다. 그렇다면 하나님을 사랑하는 마음이 없어 예수님을 믿지도 않고 교회도 나오지 않는 그들을 위해 우리가 해야 할 일은 없을까요?

우리는 내 가족뿐 아니라 내가 알고 있는 사람들 중에 아직도 예수님을 믿지 않는 사람들에 대해서 관심을 가져야 합니다. 왜냐하면 예수님을 믿지 않는 사람들은 죄인들입니다. 그들의 영혼은 죽어 있습니다. 각자 자기 생각과 의지를 가지고 산다고 하지만 마귀의 종살이를 하고 있

는 것입니다.

나름대로 행복을 위해 열심히 산다고 하지만 사실은 저주 속에 살고 있으며 나름대로 의미 있는 삶을 산다고 하지만 그들이 도착할 인생살이 종착역은 지옥입니다. 그러면서도 그들은 그들의 삶이 한 번 들어가면 다시는 나올 기회가 없이 영원토록 지옥 불에서 영벌을 받는 삶이라는 것을 모릅니다. 그들도 알면 잘 믿을 텐데 몰라서 믿지 않는 겁니다.

그렇다면 그들을 보고 우리가 어떻게 해야 할까요? 믿고 안 믿고는 자기 의지에 달렸으니 자기가 알아서 하라고 두고 보아야 할까요? 언젠가는 돌아올 줄 믿고 기다리고만 있어야 할까요?

급류에 떠내려가는 사람을 보면서 알아서 나오라고 지켜보는 사람은 아무도 없을 것입니다. 영적인 일도 마찬가지입니다. 예수님을 믿지 않는 가족이 있고 교회를 다니지 않는 친구가 있는데도 지옥으로 떠내려가는 것을 느끼지 못하고 믿든 말든 내버려 두고 전도하지 않는 것은 급류에 떠내려가는 사람을 보면서도 구경만 하는 사람과 같습니다.

우리가 그런 사람이 되지 않으려면 내 주변에 이직도 예수님을 믿지 않는 사람이 누구인가를 알아야 합니다. 그 사람의 이름을 알아 전도하기로 마음먹고 그 이름을 종이에 적는 것이 예비신자 전도 작정을 하는 것입니다. 이 일을 지난 주일에 1차 했습니다. 아직 작정을 하지 않으신 분들은 오늘 2차 작정에는 꼭 참여하시기 바랍니다. 전도를 절대 미루지 마시기 바랍니다. 전도를 미루면 왜 안 되는지 43절을 보시기 바랍니다.

나는 내 아버지의 이름으로 왔으매 너희가 영접하지 아니하나
만일 다른 사람이 자기 이름으로 오면 영접하리라.

사람들이 예수님은 믿으라고 해도 믿지 않다가도 다른 사람이 자기 이름으로 와서 "내가 구세주이다. 나를 믿으면 구원을 받는다."고 하면 잘

도 믿는다는 말입니다.

그래서 예수님을 믿으라고 그렇게 권면해도 믿지 않던 사람이 다른 이단에 빠져 있는 사람들이 많습니다. 여러분의 믿지 않는 가족이 앞으로 그럴 수 있고 전도하려고 생각은 했으나 다음에 전도하겠다고 하면서 미루는 사이에

그 사람이 엉뚱한 이단에 빠질 수도 있습니다. 그리고 전도를 미루면 안 되는 또 다른 이유는 살아 있을 때 예수님을 믿어야 구원 받는데 사람 일이 어떻게 될지 아무도 모르기 때문입니다.

그러기 때문에 다른 일은 혹시 미루더라도 전도하는 일과 기도하는 일은 절대로 미루면 안 됩니다. 전도도 언제나 할 수 있는 것이 아닙니다. 천국 문이 항상 열려 있는 것이 아닙니다.

전도를 하고 싶어도 못할 때가 오고 기도하고 싶어도 기도할 수 없는 때가 올 것입니다. 성도 여러분! 이번 가을이야말로 하나님께서 여러분에게 기도하고 전도하라고 주신 가장 좋은 기회라고 생각하고 전도와 기도에 힘쓰시다가 하나님께 칭찬 받는 여러분이 되시기를 주님의 이름으로 축원합니다.

┃제 20 장

어려운 때를 이기며 사는 비결

_ 요한복음 6장 1~15절

　　오늘 본문의 말씀을 보면 예수님께서 세례 요한의 순교 소식을 들으신 후에 배를 타고 갈릴리 건너편 빈들로 가셨습니다. 그런데 사람들이 이를 어떻게 알았는지 여러 고을에서 예수님이 계시던 곳으로 몰려왔습니다.

　　대부분 병들고 못 먹고 문제 많은 불쌍한 사람들이었습니다. 예수님께서는 그들에게 진리의 말씀을 가르치시고 특히 병든 사람들을 불쌍히 여기시고 그들의 질병을 고쳐 주셨습니다.

　　그러는 중에 많은 사람들이 빈들에서 저녁을 맞게 되었습니다. 그러자 저녁식사를 걱정하던 제자들이 예수님께 와서 말합니다.

　　예수님! 이곳은 빈들이요 때도 이미 저물었으니 이제 무리를 보내어
　　마을에 들어가 각자 먹을 것을 사먹게 하시는 것이 좋겠습니다.

　　합리적인 말입니다. 그럴 수밖에 없는 상황입니다. 그런데 예수님께서는 제자들에게 이렇게 말씀하십니다.

　　갈 것 없다 너희가 먹을 것을 주어라.

어떻게 거기에 모여 있는 사람들에게 먹을 것을 준다는 말입니까? 그 곳에 모여 있는 사람이 2-30명 정도가 아니라 수백 수천 명인데 말입니다. 그때 제자들이 예수님께 대답합니다.

예수님! 이 많은 사람들 중에 먹을 것을 가지고 있는 것은
어린 아이가 가져온 도시락 한 개
보리떡 다섯 개와 물고기 두 마리뿐입니다.
그러니 이것 가지고 이 많은 사람들을 어떻게 먹게 합니까?
할 수 없습니다.

그러자 예수님께서 말씀하십니다.

그것을 내게로 가져오고
사람들은 잔디 위에 앉히도록 하라.

그런 후에 예수님께서 떡 다섯 개와 물고기 두 마리를 받아 드시고 하늘을 우러러 축사하시고 떡을 떼어 제자들에게 주시면서 무리에게 나누어 주라. 고 하십니다.

그런데 이상한 일이 일어납니다. 예수님께 받아든 떡을 제자들이 무리들에게 떼어 나누어주는데도 이 떡이 줄어들지 않는 겁니다. 그래서 잔디에 앉아 있던 사람들이 여자와 어린이외에 오천 명이나 되었는데도 배불리 먹고 남은 조각을 모아보니 열 두 바구니나 되었습니다.

이상이 본문에 기록되어 있는 "오병이어의 기적" 사건입니다. 이것은 예수님의 초자연적인 역사입니다.

우리가 믿는 예수님은 이런 능력이 있으신 분이십니다. 이런 예수님

의 초자연적인 능력이 저와 여러분의 삶 속에도 일어나기를 주님의 이름으로 축원합니다.

그렇다면 어떻게 할 때 이런 초자연적인 일들이 일어날까요? 오늘은 여러분과 이 말씀을 함께 나누려고 합니다. 오늘도 말씀을 잘 들으시고 지혜를 얻으셔서 그렇게 행하심으로 오병이어와 같은 예수님의 초자연적인 능력을 경험하며 사시기를 주님의 이름으로 축원합니다.

우리가 예수님의 초자연적인 능력을 경험하려면 어떻게 해야 할까요? 18절 말씀에 보면 "이르시되 그것을 내게 가져오라."고 하셨습니다.

그것이 무엇이었습니까? 그 무리 중 어린 아이가 가지고 있었던 도시락 하나였습니다. 그 도시락 속에 있던 떡 다섯 개와 물고기 두 마리였습니다. 여기서 떡은 보리떡입니다. 보리떡은 질 좋은 보리로 만든 떡이 아닙니다. 당시에 나귀나 짐승에게 먹이로 주던 쭉정이 보리를 가난한 사람들이 떡으로 만들어서 먹던 음식이었습니다.

옛날 우리나라에도 '개떡'이라는 것이 있었잖아요. 그 개떡이 어떤 떡인 줄 아시지요? 짐승의 먹이로 주던 쌀겨나 보리 겨를 가난한 사람들이 가져다가 부드럽게 빻아서 만들어 먹던 떡입니다. 그래서 본래 "겨떡"이라고 부르던 것을 사람들이 "개떡"이라고 부르게 된 것입니다. 그러므로 오늘 본문 말씀에 나오는 보리떡은 옛날 우리나라 사람들이 먹었던 개떡과 같은 종류의 떡입니다.

그리고 그 도시락 속에 있던 물고기 역시 우리나라 영광 굴비와 같은 물고기가 아닙니다. 여기서 말하는 물고기는 헬라어로 'ὀψάριον'(옵사리온)이라고 하는데 당시에 어부들은 고기를 잡으면 큰 고기는 집으로 가져가고 작은 고기는 살려주었습니다. 그런데 집에 가져가기도 그렇고 살려주기도 애매한 어정쩡한 고기는 땅에 버렸습니다.

그러면 고아나 과부들이 그 물고기를 주워다가 소금에 절여서 오랫동안 보관하며 먹었던 그 물고기를 말합니다. 따라서 어린아이가 들고 왔던 도시락 속의 보리떡 다섯 개와 물고기 두 마리는 비싼 고급 음식이 아닙니다. 가난한 사람이 먹는 한 끼 식사였습니다.

그런데 예수님께서 "그것을 내게 가져오라"고 하신 것입니다. 그 때 그 하찮은 도시락이지만 예수님 손에 드렸을 때 예수님께서는 그 하찮은 것으로 오천 명 아니 만 명을 먹이시는 기적을 행하셨습니다.

만약 혼자 먹어버렸다면 일인분으로 끝났을 그 도시락이 예수님의 손에 들려질 때 오병이어의 기적을 일으킨 재료가 된 것입니다.

이런 기적이 우리 교회 예배당 건축 중에도 일어났습니다. 우리가 건축을 시작할 때 예배당은 하나님께 예배드리는 성전이니 우리가 십시일반의 정신으로 힘을 합해서 참여하자 하면서 나름대로 형편껏 건축헌금을 작정하고 작정한 건축 헌금을 하나님께 드렸습니다.

어떤 분은 상대적으로 상당한 액수의 건축헌금을 드렸고 어떤 분은 형편이 여의치 못해 마음먹은 만큼 많이 드리지 못한다고 하시면서 드린 분도 계시고 청년들과 주일 학생들 역시 최선을 다해 건축 헌금에 동참했습니다.

그 중에 우리 유치부 어린이들과 학생들이 부모님이 주시는 용돈을 돼지 저금통에 모아 건축헌금으로 드렸고, 어느 권사님은 드리고 싶어도 드릴 것이 없어 궁리를 하다가 길거리에서 6개월 동안 박스를 주워 모은 돈과 당신의 몸에 마지막 남아 있는 금을 드린다고 하시면서 목걸이를 벗어 건축 헌물로 드린 분도 계십니다.

감동적인 헌금들입니다. 그러나 실상 그 헌금들을 헤아려보면 대개 10만원~ 15만원 정도이지 20만원도 넘지 않습니다. 아이들에게는 큰돈이지만 예배당을 건축하는데 필요한 전체 액수에 비하면 많지 않은 아주 적은 액수입니다.

그러나 그렇게 예수님의 손에 드린 건축헌금이 우리교회 예배당이 건축되는 기적을 일으켰고 우리교회 예배당 헌당까지 하는 기적이 일어난 것입니다. 내가 사용했으면 어디다 썼는지 표도 나지 않을 그 돈들이 나도 하나님의 성전건축에 빠지지 않고 참여해야겠다는 마음으로 예수님의 손에 드릴 때 우리교회 예배당이 건축되는 기적을 일으켰고 우리교회 예배당 헌당까지 하는 기적이 일어난 줄 믿습니다. 비록 하찮은 것이라도 하나님의 영광을 위해 예수님의 손에 올려놓는 것들을 통해 예수님은 지금도 기적을 일으키십니다.

구약 성경에 보면 이스라엘에 3년 6개월 동안 가뭄이 들었을 때가 있었습니다. 그때 사르밧 과부는 얼마나 흉년을 견디기가 어려웠던지 어느날 마지막 남은 가루와 기름으로 떡을 만들어서 아들과 함께 먹고 죽으려고 나뭇가지를 줍고 있었습니다.

그때 하나님의 사람 엘리야가 와서 "그 떡을 만들어서 나에게 주어 먹게 하라 그리하면 하나님이 통의 가루가 떨어지지 아니하고 병의 기름도 없어지지 않게 하시리라."고 말했습니다.

그러자 사르밧 과부는 그 말을 하는 분이 하나님의 사자인 줄 알고 하나님의 말씀으로 받고 순종하여 마지막 남은 가루와 기름으로 떡을 만들어 자기도 먹지 않고 아들도 주지 않고 하나님의 종 엘리야에게 가져다 줍니다.

그랬더니 3년 6개월 동안의 가뭄 기간에 그 집의 가루 통에 가루가 떨어지지 아니하고 기름병에 기름이 없어지지 아니하는 기적이 일어났습니다. 작은 것이라도 주님의 손에 올려드릴 때 오병이어와 같은 기적이 일어난 것입니다.

이런 기적을 통해 우리가 깨달아야 할 것이 있습니다. 땅의 법칙은 + 법칙이지만 하늘의 법칙은 ×(곱하기) 법칙이라는 것입니다.

하찮은 것이라도 하나님의 손에 올려드리면 하나님께서 ×(곱하기)로 축복해주심을 믿으시길 소원합니다.

믿는다면 여러분이 가진 것들을 주님의 손에 올려 드리시길 바랍니다.

여러분의 시간을, 여러분의 재능을, 여러분의 물질을 주님께서 필요하시다고 하실 때 주저하지 말고 주님의 손에 올려 드려보세요.

그러다가 하나님께 드린 것의 ×(곱하기)로 축복을 받는 저와 여러분 되시기를 주님의 이름으로 축원합니다.

다음으로 우리가 예수님의 초자연적인 능력을 경험하려면 어떻게 해야 할까요?

> 예수께서 이르시되 이 사람들로 앉게 하라 하시니 그 곳에 잔디가
> 많은지라 사람들이 앉으니 수가 오천 명쯤 되더라 예수께서
> 떡을 가져 축사하신 후에 앉아 있는 자들에게 나눠 주시고 물고기도
> 그렇게 그들의 원대로 주시니라.(10,11절)

여기서 중요한 것은 자기의 것을 예수님의 손에 올려드리는 믿음이고 그 믿음을 받으신 예수님께서 축사를 하신 것입니다. 예수님께서 축사하시기 전 도시락 속에는 떡 다섯 개와 물고기 두 마리뿐이었습니다. 그런데 예수님께서 축사를 하시자 아무리 떼어주어도 줄어들지 않는 기적의 떡이 되었고 기적의 물고기가 된 것입니다.

그러면 예수님께서 축사하셨다는 축사란 무엇일까요? 두 가지 의미가 있습니다. 하나는 '감사하다'는 뜻입니다. 예수님께서 잔디에 모여 있는 사람들을 대표해서 하나님께 감사기도를 드리신 것입니다.

> 하나님 아버지!
> 보리떡 다섯 개와 물고기 두 마리를 주셔서
> 우리 함께 식사하게 하시니 감사합니다.

이런 후에 오병이어의 기적이 일어나게 되었습니다. 여러분들도 작은 것을 가지고도 소중하게 여기며 하나님께 감사하다가 오병이어의 기적을 체험하시기를 주님의 이름으로 축원합니다.

축사라는 말의 두 번째 의미는 '축복하다'는 말입니다. 예수님께서 보리떡 다섯 개와 물고기 두 마리를 드시고 기도하시기를

하나님 아버지!
이 보리떡 다섯 개와 물고기 두 마리로
여기 배고픈 모든 사람들이 배불리 먹고 남게 하옵소서.

라고 하시며 축복하신 것입니다. 그러자 예수님의 축복하신 대로 거기 있는 모든 사람들이 배불리 먹고도 남는 기적이 일어났습니다.

이런 일은 지금도 마찬가지입니다. 우리가 오병이어의 기적을 또 경험하고 싶다면 내 손에 있는 것을 예수님의 손에 올려드려야 하고 내 손에 있는 것을 예수님의 손에 올려드리면 예수님은 그것을 드시고 축복해 주십니다.

예수님께서 드신 것에 축복해주시면 지금도 오병이어의 기적이 일어나는 것을 믿으시기를 소원합니다.

오늘 본문 말씀에 나오는 예수님의 손에 들려진 것은 한 어린아이의 도시락이었습니다. 보리떡 다섯 개와 물고기 두 마리. 그것은 둘이 먹기에도 부족한 것입니다. 그러나 그것을 예수님께 가져다 드리고 예수님께서 그것에 축복하시자 그곳에 있던 모든 사람들이 먹고도 남게 되었습니다. 그곳에 모여 있던 사람들은 본문에는 남자 어른만 5000명이라고 했습니다만 그곳에는 남자만 아니라 여자도 있었고 어른만 있었던 것이 아니라 어린이들도 있었기 때문에 실제로 그곳에 있었던 사람을 모두 합하면 적어도 15,000명 정도는 되었을 것입니다.

보리떡 다섯 개와 물고기 두 마리로 15,000명이 배불리 먹었습니다. 배불리 먹고도 남은 부스러기를 모으니 12바구니나 되었습니다.

어떻게 그렇게 될까요? 우리의 계산으로는 불가능한 일입니다. 그러나 예수님은 우리가 할 수 없는 불가능한 일을 가능케 하시는 분이십니다. 할렐루야!

그러기 때문에 우리가 예수님을 믿는다면 무슨 일을 만나든지 '안 된다 못한다 할 수 없다'는 소리부터 하면 안 됩니다. 우리는 불가능을 가능하게 하는 하나님을 믿는 사람들이기 때문입니다.

우리가 예배를 드릴 때마다 하나님께 우리의 믿음을 고백합니다. 그럴 때 우리가 우리의 믿음을 고백하는 것이 사도신경인데 그 사도신경에 이런 내용이 있습니다.

전능하사 천지를 만드신 하나님 아버지를 내가 믿사오며…

우리가 믿는 하나님은 어떤 분이시라고요? 전능하신 분, 천지를 만드신 분이시며 그 분이 우리의 아버지이시라는 것입니다.

그런데 그분의 독생자 아들이 누구인가?

그 외아들 우리 주 예수를 믿사오니,
이는 성령으로 잉태하사 동정녀 마리아에게 나시며,
본디오 빌라도에게 고난을 받으사
십자가에 못 박혀 죽으시고, 죽은 자 가운데서
다시 살아나시고…

그분이 바로 우리가 믿는 예수님이십니다.

그러기 때문에 이런 하나님을 믿고 이런 예수님을 믿는 우리는 불신자들처럼 살면 안 됩니다. 어렵다고 불평하고, 힘들다고 원망하고, 앞길이 캄캄하다고 극단적인 행동을 하면 안 됩니다.

우리가 이 세상을 살기가 팍팍하고 힘들고 답답하기 때문에 전능하신 하나님이신 예수님께서 우리 곁에 오신 것입니다. 그러기 때문에 어려울수록 힘들수록 예수님의 말씀대로 살려고 해야 합니다.

예수님의 제자들처럼 배고픈 사람들을 동네로 보내 알아서 사먹게 하지 말고 예수님처럼 배고픈 사람들을 어떻게든 도우며 살려고 해야 합니다. 예수님의 제자들처럼 이 많은 사람을 먹이려면 조금씩 나누어 주려 해도 200일 품삯이 있어야 한다고 계산만 하지 말고 예수님처럼 문제를 해결할 수 있는 방법을 믿고 찾아야 합니다. 그러면 문제 해결의 실마리를 발견하게 됩니다.

예수님의 제자들처럼 "여기 있는 것은 이것뿐입니다. 그래서 못합니다. 할 수 없습니다."라고 하지 말고 하찮은 것이라도 예수님의 손에 올려드리고 하나님께서 알아서 해달라고 맡겨야 합니다.

그러면 불가능한 일이 가능하게 됩니다. 안 될 일이 해결됩니다. 이런 기적을 경험하는 여러분이 되시기를 소원합니다.

그런 삶을 사는데 도움이 되는 일화를 하나 소개하겠습니다. 미국의 A.A 하아디의 간증입니다.

그는 사업이 잘되고 평탄할 때 신앙생활을 잘 하지 못했습니다. 주일 성수도 건성으로 하고 십일조 생활도 제대로 하지 않고 감사나 교회 봉사에도 관심이 없었습니다.

그러던 어느 날 갑자기 사업을 실패하게 됩니다. 잘 나갈 때 주머니가 두둑할 때는 교회에 나오지도 않던 이 사람이 사업에 실패하고 수천만 달러의 부채를 안고서야 교회에 나가 하나님께 눈물을 흘리며 회개하였습니다. 그날 목사님의 설교를 듣다가 '어려울수록 무조건 감사하라'는 말씀에 감동을 받았습니다. 그래서 하나님께 감사하려고 하는데 감사할 일이 하나도 없는 거예요. 사업에 실패하고 빚만 안고 교회에 왔으니 그 사람에게 감사할 일이 하나도 없었겠지요.

그래서 기도 중에 감사 기도를 못하고 끙끙거리고 있는데 갑자기 감사 거리가 떠오르는 겁니다. '사업에 실패해서 부채를 지고 있지만 내게 건강이 있지 않은가? 빚은 졌지만 마음을 기댈 가족이 있지 않은가? 이렇게 힘들 때 눈물 흘리며 기도할 수 있는 교회가 있고 하나님이 계시지 않은가?' 생각을 이렇게 바꾸니 입에서 감사가 쏟아져 나오는 겁니다. 성령께서 감동을 주신 줄 믿습니다.

그러고 나서 이 사람이 그 다음 주일부터 안하던 십일조 생활을 하기 시작하였습니다. 그러자 남 말하기 좋아하는 사람들이 나서서 남의 빚도 갚지 않고 십일조 생활은 한다고 빈정대기 시작합니다. 그러자 그가 사람들에게 말하기를

나는 사람에게만 아니라 하나님께도 빚진 사람이다.
그러니 사람의 빚을 갚기 전에 하나님의 빚을 먼저 갚으면
하나님께서 사람에게 진 빚도 갚을 수 있도록
해주실 것이다.

라고 말하며 열심히 사업을 위해 일하면서 빚도 갚으며 온전하게 십일조 생활을 하였습니다.

그 후에 이 사람이 경영하는 사업이 다시 일어나기 시작하는데 미국의 10대 재벌 중의 한 사람이 되었습니다. 어려운 중에도 이 사람이 드렸던 십일조를 하나님께서 귀하게 받으시고 예수님께서 보리 떡 5개와 물고기 2마리를 들고 축복하신 것처럼 이 사람의 십일조에 하나님께서 축복해주신 결과인 줄 믿습니다.

우리는 여러모로 부족한 것이 많은 사람들입니다. 그러나 우리의 하

나님은 우리가 부족한 환경에 눌려 살기를 원치 않으십니다. 부족한 것을 해결하고 살기를 원하십니다. 그래서 말씀하십니다.

'어려울수록 사람의 계산대로 살지 말고 하나님의 말씀대로 살아라. 하찮은 것이라도 주님의 손에 올려드리라. 그러면 더하기가 아니라 곱하기의 역사를 경험하게 될 것이다. 힘들수록 안 된다 못한다는 생각을 하지 말고 할 수 있다 하면 된다는 긍정적인 생각을 하라. 그리고 믿음으로 최선을 다하면 하나님께서 축복해주신다.'

이 하나님의 음성을 듣고 순종하시다가 벳새다 광야에서 일어난 오병이어의 역사를 경험하며 살아가는 여러분이 되시기를 주님의 이름으로 축원합니다.

제 21 장

어떤 예수님을 믿어야 구원을 받을까요?

_ 요한복음 6장 15~21절, 마가복음 6장 45~52절

어느 날 산에서 나무들 총회가 열렸습니다. 총회 주제는 나무의 왕을 지명하여 뽑는 일이었습니다. 나무들이 가장 먼저 찾아간 나무는 감람나무였습니다. "감람나무님 당신이 우리의 왕이 되어주세요." 그러자 감람나무가 대답합니다. "내가 왕이 된다면 어느 나무가 기름으로 하나님과 사람을 영화롭게 하겠습니까? 나는 이 일이 중하니 나는 못합니다."

그러자 나무들이 무화과나무에게 찾아가 자기들의 왕이 되어달라고 청합니다. 이 때 무화과나무가 대답합니다. "나의 단 것과 아름다운 열매를 어찌 버리고 가서 나무들 앞에서 우쭐댄다는 말입니까? 나는 왕이 될 수 없습니다."

그러자 나무들은 이제 포도나무에게 찾아가 왕이 되어달라고 부탁합니다. 포도나무가 대답합니다. "하나님과 사람을 기쁘게 하는 내 포도주를 내가 어찌 버리고 다른 나무들 앞에서 왕이 되어 우쭐거립니까? 그럴 수 없습니다."

왕이 될 만한 나무들이 다 이러니 큰일났습니다. 그래서 나무들이 평소에는 왕감으로 생각지도 않았던 가시나무에게 찾아가 부탁합니다. "가시나무님, 우리의 왕이 되어 주소서." "그래요? 지도자감 보는 눈들은 있

으시네요. 나 아니면 누가 왕이 되겠오. 다들 내 그늘 밑에 피하시오. 그리하지 않으면 내게서 불이 나와 당신들을 다 태워버릴 것이오."

이상은 사사기 9장에 나오는 우화입니다. 정말 왕이 될 자격이 있는 나무들은 다 사양하는데 왕이 되어서는 안 될 나무는 나서서 설치는 이런 성경 말씀을 우리의 정치인들이 좀 보고 깨달았으면 좋겠습니다.

그런데 이런 일을 또 생각나게 하는 한 사건이 본문에도 나옵니다. 어떤 사건인지 15절 말씀부터 보시기 바랍니다.

그러므로 예수께서 그들이 와서
자기를 억지로 붙들어 임금으로 삼으려는 줄 아시고
다시 혼자 산으로 떠나가시니라.

'그러므로' 예수님께서 보리떡 5개와 물고기 2마리로 적어도 만 명이 넘는 사람들을 먹이시므로 거기에 있던 사람들이 예수님을 억지로 임금으로 모시려고 한 것입니다. 어쩌면 당연한 일인지 모르겠습니다. 그런데 예수님은 그들에게 그러라고 하신 것이 아니라 그들의 생각을 미리 아시고 그 자리를 급하게 피하셨습니다.

예수님의 입장에서 보면 한 자리를 꿰찰 수 있는 최상의 기회, 절호의 찬스, 출세할 좋은 기회였습니다. 그런데 예수님이 그 자리를 급하게 피하신 이유는 감람나무와 무화과나무와 포도나무가 말했던 것처럼 예수님께서 더 중하게 생각하시는 사명이 있으셨기 때문입니다.

그 사명이 무엇일까요?

인자가 온 것은 섬김을 받으려 함이 아니라
도리어 섬기려 하고 자기 목숨을 많은 사람의
대속물로 주려 함이니라. (마 20:28)

예수님께서 이 세상에 오신 목적이 사람들의 임금이 되어 대접 받는 것이 아니었기 때문이 아니라 섬기러 오셨기 때문입니다. 누구를 어떻게 섬기려고 오셨다는 말입니까? 저와 여러분을 구원해 주시기 위해 오신 것입니다.

이런 예수님의 모습을 통해 우리가 붙잡아야 할 교훈이 있습니다. 어떤 유혹이 있어도 내가 해야 할 본분을 망각해서는 안 됩니다. 사람은 박수 받을 때 예수님처럼 조심해야 합니다. 잘 나갈 때 조심해야 하고 칭찬 들을 때 조심해야 합니다. 잘 나갈 때 주변에서 박수 친다고 분수도 모르고 교만하면 낭패를 당하기 쉽기 때문입니다. 그래서 하나님께서 고린도전서 10장 12절을 통해 교훈하시기를 "그런즉 선 줄로 생각하는 자는 넘어질까 조심하라."고 하신 것입니다.

그래서 겸손하게 섬기며 살면 하나님께서 기뻐하셔서 은혜를 주시고 기도할 때 응답해 주시고 문제 있을 때 해결해 주셔서 사람 앞에 존경받으며 살도록 복을 주실 줄 믿습니다.

예수님께서 하신 이런 모습을 통해서 우리가 배워야 할 점이 있습니다. 그것은 우리가 예수님을 믿어도 바르게 믿어야 한다는 것입니다. 예수님을 임금으로 모시려고 했던 당시 사람들도 예수님을 믿었습니다.

그들이 믿었던 예수님은 어떤 예수님이었습니까? 국가적으로는 로마의 위협을 물리칠 수 있는 예수님, 개인적으로는 병을 고쳐주실 예수님, 먹고 살 것을 해결해주실 예수님, 육신적인 문제를 해결해 주실 예수님, 믿어서 육신적으로 덕 볼 것만 생각하고 믿는 예수님입니다.

지금도 예수님을 믿어도 이렇게 믿는 사람들이 많습니다. 예수님을 믿으면 병 고쳐주시겠지? 예수님을 믿으면 돈 많아 벌게 해주시겠지? 예수님을 믿으면 자식들 잘 되게 해주시겠지? 예수님을 이용해 덕이나 보려고 예수님을 믿는 사람들이 있습니다.

그러면 어떻게 될까요?

자기를 억지로 붙들어 임금으로 삼으려는 줄 아시고
다시 혼자 산으로 떠나가시니라.(15절)

그들을 피해 산으로 떠나셨습니다. 그렇다면 우리가 어떻게 해야 할
까요? 예수님께서 그렇게 생각하는 사람들에게 머물러 계시지 않으셨습
니다. 급히 떠나셨습니다. 오늘날도 예수님을 그런 분으로만 생각하고 믿
으려고 하는 사람에게는 함께하시지 않습니다. 떠나십니다.
그렇다면 우리가 어떤 예수님을 믿어야 할까요?

이튿날 요한이 예수께서 자기에게 나아오심을 보고 이르되
보라 세상 죄를 지고 가는 하나님의 어린 양이로다.(요 1:29)

세상 죄를 지고 가는 예수님을 믿기를 원하십니다.

믿음의 주요 또 온전하게 하시는 이인 예수를 바라보자
그는 그 앞에 있는 기쁨을 위하여 십자가를 참으사
부끄러움을 개의치 아니하시더니.(히 12:2)

십자가에 달려 죽임 당하시는 예수님을 믿기를 원하십니다.
그래서 예수님께서 어느 날 제자들에게 말씀하시기를 "죽임을 당하
고 제삼일에 살아나리라."(마 17:23)고 하셨습니다. "나는 십자가에 죽
임을 당할 것이다. 그러나 삼일 만에 다시 살아날 것이라."고 미리 말씀
하셨습니다.
이때 제자들이 어떻게 하였습니까?

"제삼일에 살아나리라."는 생각은 하지 않습니다. 그 대신 "십자가에 죽임을 당할 것이다."는 말씀만 생각하면서 제자들이 매우 근심하게 됩니다(마 17:23).

예수님의 제자들도 예수님을 믿는다고 하지만 십자가에 죽임 당하는 예수님은 믿지 않은 겁니다. 그래서 예수님께서 진짜로 십자가에 죽임을 당했을 때 어떻게 하였습니까? 다 제 갈 길로 도망 가버렸습니다. 이런 믿음을 가지고는 구원을 받을 수 없습니다.

예수님을 믿어도 내 질병이나 고쳐주시는 예수님으로 믿으면 안 됩니다. 돈이나 많이 벌게 해주시는 예수님으로 믿으면 안 됩니다.

내 죄를 용서해 주시려고 내 대신 십자가에 돌아가신 예수님을 믿어야 합니다. 이 예수님을 마음속에 임금으로 모셔야 합니다.

그러면 죄 문제도 해결됩니다. 하나님의 자녀가 됩니다. 천국 백성이 됩니다. 이 세상에 사는 동안 주님의 몸 된 교회에서 신앙생활을 하면서 천국을 미리 맛보며 사는 복을 받습니다. 그러면 질병문제, 경제문제들은 보너스로 받아 누리게 되는 것입니다. 그래서 하나님께 이렇게 말씀하셨습니다.

> 너희는 먼저 그의 나라와 그의 의를 구하라
> 그리하면 이 모든 것을 너희에게 더하시리라.(마 6:33)

> 사랑하는 자여 네 영혼이 잘 됨같이 네가 범사에 잘되고
> 강건하기를 내가 간구하노라.(요삼 1:2)

무슨 말씀입니까? 영혼이 잘 되어야 범사도 잘 된다는 말입니다. 경제적인 문제도 건강문제도 중요합니다. 그러기 때문에 이런 중요한 문제를 해결하며 살려면 영혼 문제를 더 우선해서 하나님과의 관계를 잘하면

하나님께서 그런 사람이 안고 있는 경제문제도 해결해 주시고 건강문제도 해결해 주시는 것입니다. 이 진리를 깨닫는 여러분이 되시기를 소원합니다.

다시 본문으로 돌아와 사람들이 예수님을 임금으로 삼으려 할 때 산으로 피해가신 예수님에 대해서 살펴보겠습니다. 같은 상황을 다르게 기록하는 마가복음 6장 46절에서는 "무리를 작별하신 후에 기도하러 산으로 가시니라."고 합니다.

사람들이 예수님을 임금으로 추대하려고 할 때 예수님은 왜 갑자기 산으로 기도하러 가셨을까요? 기도를 해야 주변에서 오는 유혹을 이길 수 있기 때문입니다. 기도를 해야 영성이 강해져서 시험을 물리칠 수 있기 때문입니다. 예수님께서도 가끔 이렇게 산에 가셔서 기도하신 것처럼 우리도 기도에 힘써야겠습니다. 그래서 유혹과 시험을 이기는 여러분이 되시기를 소원합니다.

> 저물매 제자들이 바다에 내려가서
> 배를 타고 바다를 건너 가버나움으로 가는데
> 이미 어두웠고 예수는 아직 그들에게 오시지 아니하셨더니
> 큰 바람이 불어 파도가 일어나더라.(16–18절)

예수님은 사람들을 피해 산으로 기도하러 가셨고 제자들끼리 어두운 밤에 배를 타고 갈릴리 바다를 건너가기 시작하였습니다. 그런데 가는 중에 큰 바람이 불기 시작합니다. 높은 파도가 일기 시작합니다. 그래서 제자들이 아무리 노를 저어도 원하는 방향대로 원하는 속도로 가기 어려운 것입니다.

우리가 살아가는 이 세상 인생살이가 바다 위를 건너는 배와 같다는

것입니다. 바다에 예상치 못한 광풍이 불고 그러면 감당하기 어려운 파도가 쳐 배가 흔들거려서 아무리 노를 저어도 원하는 곳으로 나아가지 못하는 것과 같이 사람의 세상살이도 이와 같기 때문입니다.

그래도 인생의 방향을 잃지 않고 나아갈 수 있는 비결이 하나 있습니다. 그것이 무엇일까요?

> 예수께서 곧 그들에게 말씀하여 이르시되
> 안심하라 내니 두려워하지 말라 하시고
> 배에 올라 그들에게 가시니 바람이 그치는지라.(막 6:50,51)

칠흑같이 어두운 바닷길을 노 저어가던 제자들이 타고 가던 배에 광풍이 불고 파도가 일어 앞으로 나아가기가 어려울 때에 예수님을 모시자 바람이 그친 것처럼 인생의 배에 예수님을 모시면 어떤 세상 풍파가 일어도 그 인생은 원하는 목적지에 순항하게 될 줄 믿습니다.

왜 그럴까요? 예수님은 물로 포도주를 만드시는 분이시고, 38년 된 환자도 고치시는 분이시며, 오병이어의 기적을 일으키시는 분일 뿐만 아니라 바다 위도 걸으시는 분이시고, 바람을 꾸짖어 멎게 하시고, 파도를 명하여 잔잔케 하시는 분이시기 때문입니다.

그리고 예수님은 또 어떤 분이실까요?

> 바람이 거스르므로 제자들이 힘겹게 노 젓는 것을 보시고
> 밤 사경쯤에 바다 위로 걸어서 그들에게 오사 지나가려고 하시매.
> (막 6:48)

제자들이 풍랑을 해치고 가느라 힘들어 하는 모습을 보시는 예수님은 힘들어하는 제자들을 두고 보실 수 없어 제자들에게 찾아가십니다. 어

두운 밤중인데도 길을 잃지 않고 곧바로 찾아가신 빛이 되시는 예수님이십니다. 제자들을 찾아가셔도 바다 위를 걸어서 가신 예수님이십니다.

놀이터에서 혼자 뛰노는 아이가 있다 할지라도 멀찍이 그 아이에게서 한시도 눈을 떼지 않고 지켜보는 엄마가 있듯이 예수님은 우리에게 그런 분이십니다.

시편121편 4절 말씀처럼 "졸지도 아니하시고 주무시지도 아니하시는 분"이 예수님이십니다. 이런 예수님께서 나를 여전히 지켜보고 계심을 믿고 두려움 많은 세상에 살지라도 예수님 붙잡고 담대하게 살아가는 여러분이 되시기를 소원합니다.

또 하나는 예수님은 우리를 멀찍이 지켜보실 뿐만 아니라 위기가 닥치면 가장 먼저 다가오시는 분이시라는 것입니다. 바람과 파도 때문에 배 위에서 힘들어하는 제자들에게 예수님께서는 다가가셨습니다. 어떻게 다가가셨을까요? 마가복음 6장 48절을 보시기 바랍니다.

> 바람이 거스르므로 제자들이 힘겹게 노 젓는 것을 보시고
> 밤 사경쯤에 바다 위로 걸어서 그들에게 오사 지나가려고 하시매.

바다 위로 걸어서 오셨다고 합니다. 어떻게 예수님께서 물 위를 걸으신다는 말입니까? 사람으로는 불가능한 일입니다. 그러나 예수님은 하실 수 있는 분이십니다. 예수님은 이 땅에 계시는 동안 우리가 같은 사람이셨지만 우리와 다른 신성을 가지신 분이셨기 때문입니다.

그러기 때문에 우리가 예수님을 믿어도 인간적인 생각이나 이성적인 이론으로 믿으려고 해서는 안 됩니다. 예수님을 믿어도 말씀대로 믿어야 합니다. 예수님께서 물 위를 걸으셨다는 것이 머리로는 이해가 되지 않아도 하나님의 말씀을 의지해서 하나님의 말씀대로 믿어야 합니다.

성경말씀은 초월하시는 하나님께서 우리가 사람으로서 꼭 알아야 할

초월적인 사실들을 말씀으로 알려주시는 계시의 말씀이기 때문입니다.

파도와 바람 때문에 제자들이 배 위에서 고생하고 있을 때 예수님께서 배 가까이 다가가시자 제자들이 어떻게 되었을까요?

제자들이 노를 저어 십여 리쯤 가다가 예수께서 바다 위로 걸어 배에 가까이 오심을 보고 두려워하거늘.(19절)

제자들이 그가 바다 위로 걸어오심을 보고 유령인가 하여 소리 지르니.(막 6:49)

한밤중에 바람과 풍랑이 이는 바다 위에 누군가 배를 향해 걸어오고 있는 겁니다. 기절초풍할 일 아닙니까? 그래서 제자들이 "유령이 나타났다"고 소리를 질렀습니다. 그 소리를 듣고 예수님은 더 놀라셨을 것입니다. 그래서 예수님께서 말씀하십니다.

이르시되 내니 두려워하지 말라 하신대 이에 기뻐서 배로 영접하니 배는 곧 그들이 가려던 땅에 이르렀더라.(20,21절)

제자들이 정신을 차리고 자세히 보니 바다 위를 걸어오시는 분이 유령이 아니라 예수님이신 겁니다. 그래서 예수님을 배에 모시니 바람이 그치고 파도가 잔잔해지면서 배는 목적지에 안전하게 도착하게 되었습니다.

예수님은 나를 지켜보실 뿐 아니라 감당할 수 없는 일을 만났을 때 찾아오셔서 안심시켜주시고 문제를 해결해 주시는 분이십니다.

그러기 때문에 풍파 많은 힘든 세상 혼자 바동거리며 살려 하지 말고 예수님을 선장으로 모시고 살아야 합니다. 예수님을 여러분의 인생의 배에 모시고 여러분의 인생의 키를 예수님의 손에 맡기시길 소원합니다.

풍랑 이는 뱃길 인생을 살아가는 동안 이런 예수님을 삶 속에 모시고 살기만 하면 예수님은 그 사람의 사공이 되셔서 세상풍파 많은 세상 중에서도 두려움 없이 지나도록 지켜주실 줄 믿습니다. 그래서 예수님 때문에 행복한 인생 항해를 하시는 여러분이 되시기를 주님의 이름으로 축원합니다.

♬

1. 큰 물결이 설레는 어둔 바다 저 등대의 불빛도 희미한데
   이 풍랑에 배 저어 항해하는 이 작은 뱃사공은 주님이라
2. 큰 풍랑이 이 배를 위협하며 저 깊은 물 입 벌려 달려드나
   이 바다에 노 저어 항해하는 이 작은 뱃사공은 주님이라
3. 큰 소리로 물결을 명하시면 이 바다는 고요히 잠자리라
   저 동녘이 환하게 밝아올 때 나 주 함께 이 바다 건너가리

[후렴]
나 두렴 없네 두렴 없도다 주 예수님 늘 깨어 계시도다
이 흉흉한 바다를 다 지나면 저 소망의 나라에 이르리라

(찬송가 432)

| 제 22 장

생명의 떡을 먹었나요?

_ 요한복음 6장 22~40절

뱃새다 빈들에 날이 밝았습니다. 뱃새다는 지난 초저녁에 만 명이 넘는 사람들이 예수님께서 축사하시고 나누어주신 떡과 물고기를 배불리 먹었던 그곳입니다. 도무지 믿기지 않는 오병이어의 기적을 경험한 사람들이 날이 밝자 그곳에 다시 와서 예수님을 찾기 시작합니다.

> 이튿날 바다 건너편에 서 있던 무리가
> 배 한 척 외에 다른 배가 거기 없는 것과
> 또 어제 예수께서 제자들과 함께 그 배에 오르지 아니하시고
> 제자들만 가는 것을 보았더니 (그러나 디베랴에서 배들이
> 주께서 축사하신 후 여럿이 떡 먹던 그 곳에 가까이 왔더라)
> 무리가 거기에 예수도 안 계시고 제자들도 없음을 보고
> 곧 배들을 타고 예수를 찾으러 가버나움으로 가서.(22-24절)

어제 저녁 해변에는 분명히 배는 예수님과 제자들이 함께 타고 왔던 한 척밖에 없었고 그 배는 예수님의 제자들이 타고 가버나움으로 떠나는 것을 보았기 때문에 예수님은 분명 그곳에서 밤을 지내셨을 것 같은데 예

수님이 보이지 않기 때문이었습니다. 그래서 사람들이 뱃새다 빈들에서 예수님을 찾았지만 찾지 못했습니다.

왜 찾지 못하였을까요? 예수님께서 이미 그곳을 떠나셨기 때문입니다. 어떻게 떠나셨습니까? 그들은 예수님도 배를 타야만 갈릴리 바다를 건너실 줄 알았습니다. 그러나 예수님은 배를 타고 건너신 것이 아니라 그냥 물 위를 걸어서 건너셨습니다. 그들이 알고 있던 예수님과 실제 예수님은 이렇게 달랐습니다. 그러기 때문에 그들은 예수님을 찾았지만 만나지 못했던 것입니다. 이런 그들의 모습을 보면서 우리가 깨달아야 할 것이 있습니다.

그것은 예수님을 만나려면 예수님에 대해서 바르게 알고 찾아야 한다는 것입니다.

그럼, 우리가 만나야 할 예수님은 어떤 분이실까요? 우리가 만나야 하는 예수님은 어느 한 사람의 병이나 고쳐주시고 몇 사람 배고픈 문제나 해결해 주시는 슈퍼맨 정도가 아닙니다. 예수님은 천지를 지으신 조물주이시며, 사람의 생사화복을 주관하시는 분이시며, 무슨 일이나 하실 수 있는 전능하신 하나님이십니다.

그런 의미에서 이런 예수님을 믿는 우리는 대단한 사람들입니다. 몇년 전, 언론에서 대단한 사람들의 이름이 자주 거론되지요? 최순실이라는 사람 말입니다. 국민들에게 별로 알려지지 않았던 이 여인이 알고 보니 한국에서 그렇게 어렵다는 회사 설립도 단 하루 만에 해버리고, 돈 한 푼 없이 시작한 회사에 기업들이 앞 다투어 몇 백억씩 가져다 바치고, 그렇게 입학하기 어렵다는 명문대학도 특례 입학도 그 여인의 딸에게는 원서 마감 이후에 딴 메달 성적까지 소급 적용해서 합격이 되고, 기업은 물론 대학, 청와대 직원들까지 벌벌 떨게 하는 대단한 여인이었더라고요.

이런 일이 어떻게 가능했을까요? 그 여인의 지시에 벌벌 떤 기업들과 학교와 관계된 사람들은 그 여인이 VIP라는 사람과의 관계에서 오는 특권이 있다고 알았거나 느꼈기 때문일 것입니다.

지금 이 시대에도 VIP와 가까이 지내는 사람의 힘이 정치인들과 기업인들 그리고 학문의 전당까지 뒤흔드는 일들이 버젓이 일어나고 있다는 현실이 너무나 안타깝고 참담합니다.

그런데 우리는 어떻습니까? 최 여인은 한 나라의 VIP와 관계된 사람이라면 우리는 온 세상의 VIP와 관계된 사람들입니다. 한 나라의 VIP와 가까이 지내도 온 나라를 들었다 놓았다 할 수 있는 특권이 있다면 온 세상의 VIP와 가까이 지내는 우리에게는 그와 비교할 수도 없는 어마어마한 특권이 있습니다. 그럼 우리가 예수님을 믿기 때문에 누리고 있는 그 어마어마하다는 특권이 과연 어떤 것일까요? 우리가 예수님 때문에 누리는 특권은 죄인이었지만 하나님의 자녀가 되어 사는 특권입니다.

죄 많은 세상에 살면서도 하나님의 말씀을 들으며 사는 특권이요 이 땅에 살면서도 예배를 통해 천국을 맛보며 사는 특권입니다. 우리가 누리는 특권은 언제 어디서나 예수님의 이름으로 하나님과 대화할 수 있는 특권이요 무슨 문제든지 기도하면 응답을 받을 수 있는 특혜입니다. 또한 우리가 예수님 때문에 누리는 특권은 갑질하는 특혜가 아니라 섬기는 특혜입니다. 이런 특권을 가지고 있는 성도 여러분! 그런 특권을 가지고 하나님을 섬기고, 교회를 섬기고, 이웃을 섬기며 살아가는 멋지고 복된 저와 여러분이 되시기를 주님의 이름으로 축원합니다.

사람들이 예수님을 찾으려고 벳새다 빈들을 헤매다가 찾지 못하고 서둘러서 벳새다 건너편 마을 가버나움에 도착했습니다. 그 후에 어떤 일이 있었을까요?

바다 건너편에서 만나 랍비여 언제 여기 오셨나이까 하니.(25절)

예수님을 찾아다니던 사람들이 그곳에서 예수님을 만납니다. 이 사실이 우리에게 주는 교훈이 있지요? 예수님은 찾는 사람이 만난다는 것입니다. 예수님은 찾아야 만날 수 있습니다. 예수님을 만나려면 찾아야 합니다.

여러분께서 오늘 이 시간 이곳에 모인 것도 예수님을 만나기 위해 찾아 나오신 줄 믿습니다. 예수님은 이곳에 나오신 여러분들에게 사모하는 마음으로 말씀을 들을 때 은혜로 만나주시고, 믿음 실어 기도할 때 응답으로 만나시며, 찬양하고 감사할 때 기쁨으로 만나주실 줄 믿습니다. 할렐루야!

벳새다에서 찾아온 사람들을 만난 예수님께서 그들에게 한 말씀을 하십니다.

내가 진실로 진실로 너희에게 이르노니
너희가 나를 찾는 것은 표적을 본 까닭이 아니요
떡을 먹고 배부른 까닭이로다.(26절)

"너희들이 여기까지 왜 나를 만나러 왔느냐? 어제 먹은 오병이어의 능력 때문에 나를 찾아왔느냐? 나를 만나기만 하면 오늘도 배고픔의 문제를 해결할 줄로 알고 여기까지 왔느냐?" 예수님을 찾아온 사람들에게 물으신 이 질문이 오늘 이 자리에 오신 여러분에게도 동일하게 하시는 질문입니다. 성도 여러분, 예수님의 이 질문에 한 번 대답해 보시기 바랍니다.

내가 오늘 교회를 올 때 사람을 만나러 왔는가? 예수님을 만나러 왔는가? 예수님께 복달라고 왔는가? 나를 구원해 주신 예수님께 감사하러 왔는가? 맡은 일 빠질 수 없어 순서 맡으러 왔는가? 하나님께 예배드리러 왔는가? 내가 왜 교회에 왔는지 예수님께 분명하게 대답해 보시기 바랍니다.

여러분께서 교회에 나오신 이유는 사람을 만나러 나오는 것이 아니라 예수님을 만나러 나오는 줄 믿습니다. 여러분께서 교회에 나오신 이유는 예수님께 복달라고 나오는 것이 아니라 나를 구원해 주신 예수님께 감사하러 나오는 줄 믿습니다. 여러분께서 교회에 나오신 이유는 맡은 일 빠질 수 없어 순서 맡으러 나오는 것이 아니라 하나님께 예배드리러 나오는 줄 믿습니다.

예수님께서는 그런 여러분을 만나 주실 줄 믿습니다. 여러분을 만난 예수님은 여러분에게 영적인 은혜도 주시고 육신의 삶에 필요한 복도 주실 줄 믿습니다. 질병도 고쳐주시고 아직 풀리지 않는 일들도 풀어주실 것이며 아직 열리지 않은 길도 열어주실 줄 믿습니다. 이런 예수님을 경험하며 살아가는 행복한 여러분이 되시기를 주님의 이름으로 축원합니다.

그렇다면 예수님께서 예수님을 찾는 자들에게 가장 원하시는 일이 무엇일까요?

> 썩을 양식을 위하여 일하지 말고
> 영생하도록 있는 양식을 위하여 하라
> 이 양식은 인자가 너희에게 주리니
> 인자는 아버지 하나님께서 인치신 자니라.(27절)

두 가지 말씀을 하시지요? 썩을 양식을 위하여 일하지 말고 영생하도록 있는 양식을 위하여 하라는 것입니다.

여기 예수님께서 하신 말씀 속에 "양식"이라는 말이 나옵니다만 "양식"은 사람에게 반드시 필요한 것입니다. 양식이란 먹을거리입니다. 음식입니다. 사람은 이 음식을 먹어야 살 수 있습니다. 사람에게는 에너지가 필요하기 때문입니다.

핸드폰이 제 기능을 하려면 충전된 배터리가 필요하고, 자동차가 움직이려면 기름이 필요하듯이 사람도 활동을 하려면 에너지가 필요합니다.

사람에게 필요한 그 에너지를 양식이라고 합니다.

그런데 사람에게 필요한 양식은 두 가지입니다. 썩어 없어지는 양식과 썩지도 않고 없어지지도 않는 양식입니다. 썩어 없어지는 양식은 입으로 먹는 음식이고, 썩지도 않고 없어지지도 않는 양식은 귀로 먹는 하나님의 말씀입니다. 입으로 먹는 음식은 육적인 양식이라고 하고, 귀로 먹는 하나님의 말씀은 영적인 양식이라고 합니다. 사람에게는 이 두 가지 양식이 다 필요합니다. 이 두 가지 양식을 균형 있게 먹어야 건강하게 살 수 있습니다.

그런데 대부분의 사람들은 입으로 먹는 육적인 음식만 양식인 줄 알고 귀로 먹어야 할 영적인 양식은 있는 줄도 모릅니다. 영적인 양식이 있는 줄 아는 사람들 중에도 육신의 양식은 꼬박꼬박 삼시 세끼 다 찾아 먹으면서도 영혼의 양식인 하나님의 말씀은 며칠씩 읽지도 않고 듣지도 않아서 영혼이 굶으면서도 영혼이 배고픈 줄도 모르는 사람들이 있습니다.

그러면 어떻게 될까요? 영혼이 굶주려서 힘이 없습니다. 스스로의 믿음을 지키기도 어렵습니다. 기도를 하고 싶은데 기도가 나오지 않습니다. 전도를 하려고 하는데 전도할 용기가 나지 않습니다. 마귀가 죄를 지으라고 유혹을 하는데도 물리칠 힘이 없습니다. 죄를 물리쳐야 하는데 물리칠 힘이 없습니다. 주변 사람들과의 관계에서 웬만한 일은 이해하고 넘어가야 하는데도 사소한 일에 오해를 하고 시험에 듭니다.

이렇게 되면 신앙생활도 제대로 못합니다. 하는 일도 제대로 되지 않습니다. 주변 사람과의 인간관계도 원만하지 못합니다. 그래서 영도 피곤해 지쳐버리고 육신의 일도 막히고 꼬이면서 남는 것은 짜증과 원망과 불평만 자꾸 생기는 겁니다. 만일 이런 사람이 있다면 어떻게 되겠습니까? 그런 사람은 절대 행복한 삶을 살 수 없습니다. 그래서 예수님께서 말씀하시기를

썩을 양식을 위하여 일하지 말고
영생하도록 있는 양식을 위하여 하라.(27절)고 하신 것입니다.

그러면 영생하도록 있는 양식은 어디서 어떻게 받아먹을 수 있을까요?

썩을 양식을 위하여 일하지 말고
영생하도록 있는 양식을 위하여 하라
이 양식은 인자가 너희에게 주리니
인자는 아버지 하나님께서 인치신 자니라.”(27절)

영생하도록 있는 양식은 하나님의 보내심을 받아 이 땅에 오신 예수님이 하나님을 대신해서 사람들에게 나누어 주십니다. 그러기 때문에 사람들은 예수님을 믿어야 영생의 복을 받을 수 있고 예수님께 나아와 예수님의 말씀을 들어야 영생의 양식을 받아먹을 수 있는 것입니다.

바로 이 자리가 썩지 아니할 영생의 양식을 받아먹는 자리입니다. 사모함으로 말씀을 통해 영생의 양식을 배부르게 받아 드시면 영혼이 살찌고 육신은 날씬해질 줄 믿습니다. 그래서 영혼도 건강하고 육신도 건강하게 되는 여러분이 되시기를 주님의 이름으로 축원합니다.

예수님을 찾아온 사람들에게 예수님께서

썩을 양식을 위하여 일하지 말고
영생하도록 있는 양식을 위하여 하라.

고 말씀하시자 그 말을 듣던 사람들이 질문합니다.

그들이 묻되 우리가 어떻게 하여야 하나님의 일을
하오리이까.(28절)

예수님, 그러면 우리가 어떻게 해야 하나님의 일을 할 수 있는 것이
지요? 그러자 그들에게 예수님께서 하나님의 일에 대해서 알려주십니다.

예수께서 대답하여 이르시되
하나님께서 보내신 이를 믿는 것이 하나님의 일이니라 하시니.(29절)

"하나님께서 보내신 이 예수님을 믿는 것이 하나님의 일이니라." 하나
님의 일이란 예수님이 성경에 예언된 구원자요 그리스도이신 것을 믿고
예수님을 마음에 영접하는 겁니다. 아주 귀한 진리의 말씀입니다. 하나
님께서 보내신 예수님을 잘 믿는 것이 하나님의 일입니다. 예수님을 잘 믿으
셔서 하나님의 일을 잘했다고 칭찬 듣는 여러분이 되시기를 소원합니다.

그리고 예수님께서는 35절에서 아주 귀한 말씀을 하십니다.

예수께서 이르시되
나는 생명의 떡이니 내게 오는 자는 결코 주리지 아니할 터이요
나를 믿는 자는 영원히 목마르지 아니하리라.

"내가 곧 생명의 떡이다. 내게로 오는 자는 주리지 않을 것이다. 나를
믿는 자는 영원히 목마르지 않게 될 것이다."는 것입니다. 무슨 말씀입니
까? 예수님은 죽은 영혼을 살리시는 분이시고, 영생을 주시는 분이시며,
영육의 문제 해결자라는 것입니다. 그러면 이런 예수님에 대해서 사람은
어떻게 해야 할까요?

그러나 내가 너희에게 이르기를
너희는 나를 보고도 믿지 아니하는도다 하였느니라. (36절)

사람이 이런 예수님을 믿기만 하면 죄 용서를 받고 구원을 받으며 영생을 얻게 되는데 예수님을 믿지 않는 것이 문제라는 것입니다. 그렇습니다. 누구든지 예수님을 믿으면 죽은 영혼이 살아납니다. 영생을 얻습니다. 영육의 문제가 해결됩니다. 이것이 진리입니다.

그래서 사람이 예수님을 믿느냐 믿지 않느냐는 사느냐 죽느냐를 결정하는 것입니다. 37절의 말씀처럼 예수님은 어느 한 사람이라도 멸망당하지 않고 다 구원 받기를 원하십니다.

아버지께서 내게 주시는 자는 다 내게로 올 것이요
내게 오는 자는 내가 결코 내쫓지 아니하리라. (37절)

그러나 그런 기회는 항상 있는 것이 아닙니다. 불러도 대답을 듣지 못할 때가 오고 찾아도 만나지 못할 때가 옵니다. 그러기 때문에 들어가기를 원하는 집에는 문이 열려 있을 때 들어가야 하고 잡기를 원하는 일은 기회가 왔을 때 붙잡아야 하는 것입니다.

지금이 바로 방학 중에 있는 성도가 잃은 믿음을 회복할 때요 아직도 마귀에게 눌려 지내는 사람이 자유하게 될 수 있는 기회입니다. 그래서 이 가을이 복음 전도의 절호의 기회인 줄 알고 전도에 힘쓰는 여러분이 되시기를 소원합니다. 여러분이 순종하여 전도하려고 애쓰기만 하면 전도 결실은 하나님께서 하실 줄 믿습니다.

그러므로 결과를 염려하지 말고 하나님의 말씀에 순종하는 마음으로 예비신자 작정하고 예비신자의 이름 부르며 기도하고 복음을 전해야 합니다. 그러면 어떻게 될까요?

내가 하늘에서 내려온 것은 내 뜻을 행하려 함이 아니요

나를 보내신 이의 뜻을 행하려 함이니라

나를 보내신 이의 뜻은 내게 주신 자 중에

내가 하나도 잃어버리지 아니하고

마지막 날에 다시 살리는 이것이니라. (38,39절)

하나님께서 작정하신 영혼들은 반드시 구원을 얻게 될 줄 믿습니다. 그런데 하나님께서 작정하신 사람들이 어떤 과정을 통해 구원을 얻게 될까요?

구원하시는 분은 하나님이시만 구원을 받는 사람은 먼저 예수님을 믿는 사람이 가서 전도할 때 그 전도를 통해서 구원을 받게 해주십니다. 그래서 전도가 중요한 것입니다. 여러분의 전도가 죽은 영혼을 살리는 일입니다. 여러분의 전도가 하나님의 구원 계획을 이루게 하는 일입니다. 이보다 더 보람되고 영광스런 일이 세상에 어디 있겠습니까?

그래서 전도가 영광스런 일이고 보람된 일이고 복된 일인 것입니다. 전도에 더 힘쓰시는 복된 여러분이 되시기를 주님의 이름으로 축원합니다.

I 제 23 장

참된 양식과 참된 음료를 마셨나요?

_ 요한복음 6장 41~59

우리는 지난 시간에 사람이 먹어야 할 두 가지 양식에 대해서 말씀을 나누었습니다. 하나는 육신을 위해 입으로 먹어야 하는 육적인 양식, 그리고 영혼을 위해 귀와 눈으로 먹어야 하는 영적인 양식이 있습니다.

육신의 양식에 대해서는 우리가 너무나 잘 압니다. 육신의 양식은 누가 시키지 않아도 잘 챙겨 먹습니다. 요즈음은 육신의 양식을 너무 많이 먹어서 문제입니다. 많이 개선되는 느낌이 들기는 합니다만 차려 놓고 먹는 음식보다 버리는 음식이 더 많은 식당들도 있습니다. 먹을 것이 너무 풍성한 나라가 우리나라입니다. 세상에 우리처럼 잘 먹고 사는 나라는 별로 없습니다.

그렇다면 영적인 양식이란 어떤 것일까요?

나는 생명의 떡이다.(35절)

예수님이 우리의 영적인 양식이라는 것입니다. 예수님이 우리의 영적인 양식이라면 우리가 어떻게 해야 합니까? 양식은 먹는 것입니다. 예수님이 영적인 양식이라면 우리가 예수님을 영적인 양식으로 알고 먹어야 합니다. 우리가 예수님을 먹어야 한다고요? 예, 먹어야 합니다.

> 내 살은 참된 양식이요 내 피는 참된 음료로다
> 내 살을 먹고 내 피를 마시는 자는 내 안에 거하고
> 나도 그의 안에 거하나니.(요 6:55,56)

예수님의 살을 먹어야 하고 예수님의 피를 마셔야 한다고 합니다. 그러면 우리가 예수님을 어떻게 먹고 마신다는 것일까요? 초대교회 때 기독교인들이 예수님의 살을 먹고 피를 마셔야 한다는 이 말 때문에 많은 사람들에게 오해를 받고 많은 핍박을 받았습니다.

기독교인들을 핍박하던 사람은 생각하기를 예수님을 믿는 사람들은 모이면 사람을 잡아 피를 나눠 마시고 죽은 사람의 시체를 먹는다고 오해를 했기 때문입니다.

그러나 예수님을 믿는 성도들이 "예수님의 살을 먹고 피를 마셔야 한다."는 말은 그런 의미가 아닙니다. 우리가 이미 아는 바와 같이 예수님을 믿는 기독교인들은 예수님과 연합하여 하나가 된다는 의식으로 성찬식에 참예합니다. 성찬식에는 예수님을 주님으로 믿는 사람들이 모여 예수님을 믿는 신앙을 함께 고백하며 떡을 떼어 먹고 포도주를 마십니다.

이때 예수님을 믿는 성도들이 함께 떼어 먹는 떡은 예수님께서 죄인들을 구원해 주시기 위해 십자가의 고난을 당하신 예수님의 몸을 상징합니다. 그리고 받아 마시는 포도주는 예수님께서 죄인들을 구원해 주시기 위해 십자가의 고난을 당하시면서 흘리신 예수님의 보혈을 상징합니다.

그러면서 성도들이 예수님께서 베푸신 은혜에 더 감사하는 마음을 갖고 고난과 죽음을 통해 구원해 주신 예수님을 더 사랑할 것을 다짐하는 겁니다.

그러기 때문에 기독교를 박해하던 사람들이 오해했던 것처럼 기독교

인들은 모이면 사람을 죽여 살을 뜯어 먹고 그 피를 마시는 식인종들이 아닙니다. 구원 받은 성도들이 예수님의 이름으로 모여 떡과 포도주를 나누어 먹고 마시며 예수님께 감사하고 예수님을 더 사랑하기로 다짐할 때 하나님께서는 믿음을 새롭게 해주시고 죄와 악을 이길 은혜를 부어주십니다. 그러기 때문에 성찬식에 참여한다는 것은 대단히 귀한 일이고 복을 받는 기회입니다.

아직 세례를 받지 않으신 분은 학습과 세례를 위한 교육을 받으시고 세례를 받은 후에 영적인 양식인 예수님을 먹고 마시는 성찬식에 꼭 참여하시기 바랍니다. 그럴 때 나는 예수님 안에 거하고 예수님은 내 안에 거하시는 신비적인 연합이 이루어지는 것입니다.

우리가 생명의 떡이신 예수님을 먹는 방법이 또 하나 있습니다. 그것은 우리의 눈으로 먹고 귀로 먹는 방법입니다. 생명의 떡이신 예수님을 눈으로 먹는다는 것은 집이나 직장에서 성경말씀을 눈으로 읽는다는 것이고 생명의 떡이신 예수님을 귀로 먹는다는 것은 공 예배에 출석하여 설교말씀을 귀로 듣는 것을 말합니다.

그럴 때 어떻게 될까요?

예수께서 이르시되 나는 생명의 떡이니
내게 오는 자는 결코 주리지 아니할 터이요
나를 믿는 자는 영원히 목마르지 아니하리라.(35절)

나는 하늘에서 내려온 살아 있는 떡이니
사람이 이 떡을 먹으면 영생하리라.(51절)

예수님을 먹고 마시면 주리지 않고 목마르지 않으며 영생을 하게 됩니다. 무슨 말입니까? 예수님을 믿고 예수님의 말씀을 듣고 읽으면서 예수님의 말씀에 순종해 살면 이 세상에서도 복을 받으며 살고 이 세상을 떠나서도 영생복락을 누리게 된다는 말입니다.

그런데 만일 예수님을 아예 믿지 않거나 믿는다고 하기는 해도 세례도 받지 않고 성찬식에도 참예하지 않고 집에서 성경말씀도 읽지도 않고 설교말씀을 듣는 것도 소홀하게 한다면 어떻게 될까요?

53절을 보시기 바랍니다.

예수께서 이르시되 내가 진실로 진실로 너희에게 이르노니
인자의 살을 먹지 아니하고 인자의 피를 마시지 아니하면
너희 속에 생명이 없느니라.

"너희 속에 생명이 없느니라." 죽은 영혼이 살아나지 못한다는 말입니다. 죄로 인해 죽은 영혼이 살아날 수 있는 유일한 길은 생명의 떡이신 예수님을 먹어야 합니다. 다른 말로 예수님을 생명을 주시는 분으로 믿어야 구원을 받습니다. 그런데도 예수님을 믿지 않거나 교회는 다녀도 예수님과 상관없이 사는 사람은 죽은 영혼이 살아날 수 없는 것입니다.

예수님을 영적인 양식이라고 인정하고 예수님을 진심으로 마음에 주님으로 믿고 그 표현으로 세례를 받고 성찬에 참여하면 죄인이었고 영적으로 죽었던 사람이 죄 용서를 받고 죽었던 영혼이 살아나면서 하나님의 자녀가 되고 이 세상에 사는 동안에도 하나님의 인도하심과 도우심을 받아 살다가 이 땅의 수한이 다 되어 죽을지라도 영원히 사는 영생의 복을 누리게 되는 것입니다.

그래서 예수님께서 35절에서 말씀하시기를 "나는 생명의 떡이니 내게 오는 자는 결코 주리지 아니할 터이요 나를 믿는 자는 영원히 목마르지 아니하리라."고 하신 것입니다.

그런데 우리는 어떻습니까? 우리는 예수님을 믿어서 죄 용서를 받았

습니다. 마귀의 종이었던 우리가 하나님의 자녀가 되었습니다. 죽었던 우리의 영혼이 살아났습니다. 그리고 우리는 지금 죽어도 영원히 사는 영생의 복을 받았습니다. 할렐루야!

그래서 우리는 예수님을 믿어 대박난 사람들이며 예수님 때문에 팔자고친 사람들인 줄 믿습니다. 이 얼마나 좋은 일입니까? 이 얼마나 복된 일입니까? 그렇다면 이런 좋은 복을 우리만 받아 누리면 안 되지 않겠습니까? 이런 복을 우리 가족들도 받아야 할 줄 믿습니다. 이런 복을 우리 이웃들도 받아야 할 줄 믿습니다. 이런 복을 우리 친구들도 받아야 할 줄 믿습니다. 그래서 우리가 그들을 예수님께로 인도하기로 작정하고 이제 그분들의 이름을 부르며 기도하면서 전화를 하고 또 찾아가서 선물을 전하며 관계 맺기를 하고 있습니다. 앞으로 우리가 그들에게 찾아가 복음을 전하며 그들을 교회로 초대하게 될 텐데 그 때에 성령께서 저들에게 감동하셔서 죽은 자가 살아나는 기적이 일어나도록 역사해 주실 줄 믿습니다.

예수님께서 이렇게 아주 귀한 말씀을 하실 때 이 복된 말씀을 듣던 유대인들은 어떻게 반응을 했을까요? 41절과 42절 그리고 52절 말씀을 보시기 바랍니다.

자기가 하늘에서 내려온 떡이라 하시므로
유대인들이 예수에 대하여 수군거려 이르되
이는 요셉의 아들 예수가 아니냐 그 부모를 우리가 아는데
자기가 지금 어찌하여 하늘에서 내려왔다 하느냐.(41,42절)

그러므로 유대인들이 서로 다투어 이르되
이 사람이 어찌 능히 자기 살을 우리에게 주어 먹게 하겠느냐.(52절)

당시 유대인들은 수군거리며 서로 다퉜습니다. 왜 그랬을까요? 예수

님의 말씀을 믿을 수 없다고 생각했기 때문입니다. 예수님은 죄인들을 구원하시기 위해 하늘에서 오신 하나님이시기 때문에 영적으로 이해를 해야 하는데, 그들은 예수님을 육신적인 정보로만 이해하려 했기 때문에 수군거리고 다투면서 이렇게 말합니다.

내가 예수 당신의 부모를 알고 형제들도 안다. 당신이 목수 집 아들이지 않느냐? 내가 당신 어려서부터 어떻게 자랐는지를 아는데 하늘에서 내려왔다고? 당신이 자꾸 하나님의 아들이니 어쩌니 하면 당신은 하나님을 모독하는 사람이 될 테니 그런 소리하지 말라는 것입니다.

그들의 말을 들어보니 어떻습니까? 엉뚱한 말은 아니지요? 어떻게 보면 맞는 말입니다. 우리가 그 당시에 살았더라면 우리도 그들처럼 말했을지 모릅니다.

그러나 예수님을 이런 식으로 이해를 하면 절대 안 됩니다. 왜냐하면 예수님은 사람으로 이 세상에 계셨지만 다른 사람들과는 전혀 다른 분이셨기 때문입니다.

무엇이 달랐습니까? 예수님은 다른 사람들과는 본질이 다른 분이십니다. 본질이 어떻게 다른지 다음의 말씀들을 보시기 바랍니다.

전에는 우리도 다 그 가운데서
우리 육체의 욕심을 따라 지내며
육체와 마음의 원하는 것을 하여
다른 이들과 같이 본질상 진노의 자녀이었더니.(엡 2:3)

사람은 누구나 본질상 진노의 자녀였습니다. 그런데 빌립보서 2장 6절에서 보면 "그는 근본 하나님의 본체시나 하나님과 동등 됨을 취할 것으로 여기지 아니하시고."라고 했습니다.

예수님은 본질적으로 하나님과 동등하신 독생자이셨습니다. 그 하나님이신 예수님께서 이 세상에 오신 것입니다. 그래서 예수님은 사람들이 보기에 다른 사람들과 같아 보이지만 절대로 같지 않은 분이셨습니다.

다음으로, 사람과 예수님이 다른 점은 출생 자체가 다릅니다. 사람은 누구나 아버지와 어머니 사이에서 태어납니다. 그러나 예수님은 요셉의 집에서 자라기는 했어도 요셉과 마리아 사이에서 태어나신 분이 아니라 남자와 성적인 결합 경험이 없는 동정녀 마리아의 몸에 성령께서 잉태케 하심으로 이 세상에 태어나신 죄가 없으신 하나님이셨습니다.

하나님께서 하시는 이런 초월적인 사실들은 사람이 세상적인 논리나 판단으로 이해할 수 없습니다. 하나님께서 말씀으로 천지만물을 창조하셨다는 사실을 사람의 머리로 어떻게 이해할 수 있겠습니까? 이해하지 못합니다. 하나님의 아들 예수님께서 성령으로 처녀의 몸에 잉태되어 출생하신 사실을 사람의 머리로는 이해할 수 있겠습니까? 이해하지 못합니다. 그러기 때문에 불신자들은 이런 영적인 일들을 인정도 하지 않으려 하고 믿지도 않는 것입니다. 그러나 사람이라면 세상과 사람이 어떻게 존재하기 시작했으며 사람은 무엇을 위해 어떻게 살아야 하는가? 정도는 알아야 하잖아요? 그래서 사람에게 하나님께서 하신 초월적인 일들을 계시를 통해 성경말씀으로 우리에게 알려주신 것입니다. 그러기 때문에 사람이 경험할 수도 없고 알 수도 없는 초월적인 사실들은 머리로 이해해서 아는 것이 아니라 믿어서 알아야 하는 것입니다. 할렐루야!

다음으로 44절을 보시기 바랍니다.

나를 보내신 아버지께서 이끌지 아니하시면
아무도 내게 올 수 없으니
오는 그를 내가 마지막 날에 다시 살리리라.

무슨 말씀입니까? 예수님께 나오는 사람은 다 하나님 아버지께서 이 끄시는 사람이라는 것입니다. 다른 말로 하면 누구든지 하나님께서 이끌 어 주셔야만 예수님 앞으로 나올 수 있고 교회에 나올 수 있다는 것입니 다. 그렇게 본다면 저와 여러분이 이렇게 예수님 앞에 나온 것은 우리 스 스로 나온 것 같지만 사실은 하나님께서 우리를 이끌어주셨기 때문이라 는 것을 알 수 있습니다. 할렐루야!

나를 지옥 가도록 버려두지 않으시고 예수님께로 이끌어주셔서 예 수님을 믿게 하시고 자녀 삼아주신 하나님께 감사하시기를 소원합니다.

그렇다면 우리가 전도하고 있는 사람들은 어떨까요? 전도 대상자로 작정도 내가 했고, 선물도 내가 가져다주고, 밥도 내가 사주고, 교회에 데 리고 오려고 노력도 내가 했더라도 그 영혼을 이끌어주시는 분은 하나님 이신 줄 믿습니다.

그러기 때문에 우리가 이제 힘써야 할 일은 전도대상자의 이름을 부 르며 기도하는 일입니다. 지옥으로 끌려가고 있는 영혼을 천국으로 초대 하기 위해 우리가 전도할 그 영혼들의 이름을 부르며 기도하면 하나님께 서 그 영혼을 흔들어주셔서 예수님께 나오도록 이끌어주실 것입니다. 할 렐루야!

하나님께서 예수님 앞으로 이끌어주시는 사람은 어떻게 될까요?

1) 내게 오는 자는 내가 결코 내쫓지 아니하리라.(37절)
2) 오는 그를 내가 마지막 날에 다시 살리리라.(44절)

예수님은 누가 나오든지 외면하지 않으십니다. 전에 왜 그렇게 살았느 냐 묻지도 않습니다. 누구든 두 팔 벌여 맞아주시고 죄 씻어주십니다. 그 러니 예수님께 나아와 이런 복을 받은 사람은 이 세상에 사는 동안도 하 나님의 축복 속에 살다가 죽어 이 세상을 떠날 때에도 영원히 사는 영생의 복을 받아 누리게 되는 것입니다. 그러기 때문에 예수님을 믿는 것은 살아서는 복이고 죽어서도 복인 것입니다. 할렐루야!

다음으로 45절을 보시기 바랍니다.

> 선지자의 글에
> 그들이 다 하나님의 가르치심을 받으리라 기록되었은즉
> 아버지께 듣고 배운 사람마다 내게로 오느니라.

여기 선지자의 글이란 이사야 54장 13,14절을 요약 인용한 말씀입니다. 이 말씀을 그대로 다 보면 이렇습니다.

> 네 모든 자녀는 여호와의 교훈을 받을 것이니
> 네 자녀에게는 큰 평안이 있을 것이며
> 너는 공의로 설 것이며 학대가 네게서 멀어질 것인즉
> 네가 두려워하지 아니할 것이며
> 공포도 네게 가까이하지 못할 것이라.

하나님의 자녀 된 성도들이 하나님의 교훈을 받으며 살면 큰 평안이 찾아옵니다. 공의는 설 것입니다. 학대는 멀어지고 두려움도 공포도 가까이 오지 못할 것이라는 겁니다.

그래서 구원 받은 성도들에게 54절에서 "하나님의 가르치심을 받으리라."고 강조하는 것입니다.

하나님의 가르침을 받는 것이 집에서, 직장에서 틈을 내서 성경을 읽는 것입니다. 공 예배에 한 번이라도 더 출석하려고 하면서 설교말씀을 듣는 것입니다. 구역 예배 시간에 모여 말씀을 나누는 것입니다. 성경공부 시간에 참여해서 훈련을 받는 것입니다.

이렇게 하는 성도에게 근심, 걱정, 두려움은 사람지고 큰 평안이 찾아올 줄 믿습니다. 기도하다가, 말씀 배우고 순종하다가 주님께서 주시는 큰 평안을 받아 누리는 여러분이 되시기를 주님의 이름으로 축원합니다.

| 제 24 장

불안한 세상을 사는 지혜
(세례식 · 성찬식)

_ 요한복음 6장 60~71절

요즈음 우리 국민들은 배신감과 실망 그리고 허탈감에 빠져 있습니다. 그것이 어제는 분노로 바뀌어 길거리로 나서게 되었고 시위를 하는 사람들이 들고 있는 "이게 나라입니까?"라는 말이 공감될 정도로 나라가 나라의 기능을 잃고 온통 혼돈에 빠져 있습니다.

그 이유가 북한 때문도 아니고 주변 나라들 때문이 아니라 지도자에 대한 기대와 신뢰가 무너졌기 때문입니다. 앞으로 우리에게 어떤 일이 일어날지 예측이 불가능한 상황입니다. 그런데 이런 불안감과 혼란은 우리나라 국민만 그런 것이 아니라 지금 미국과 전 세계도 마찬가지입니다.

지난 미국 대선에서 전혀 예상치 못했던 후보가 대통령으로 당선되었기 때문입니다. 저는 이런 일들을 듣고 보면서 사람이란 잠시 뒤의 일도 알 수 없는 존재라는 생각을 해 보았습니다. 우리나라 대통령도 자신이 한 일이 이렇게 까지 심각해질지 상상도 못했을 것입니다. 미국 국민들 대부분도 트럼프가 대통령에 당선되리라고는 상상도 못했을 것입니다.

그러면 우리는 어떨까요? 우리들 역시 잠시 잠깐 뒤의 일도 모르고 살아가고 있습니다. 우리 아이가 잠을 자지 못하고 노력은 하지만 원하는 대학에 진학할지 못할지 모릅니다. 내가 취업을 위해 백방으로 알아보고 노력은 해도 지원하는 회사에 취업이 될지 모릅니다. 노후에 자녀들에게 짐이 되지 않게 건강하게 어려움 없이 살고 싶지만 내가 그렇게 살게 될지 나도 모릅니다. 그래서 앞으로의 일이 불안한 것이 사실입니다.

그렇다면 잠시 뒤의 일도 모르고 살아가는 우리가 어떻게 해야 불안을 떨치고 살아갈 수 있을까요? 비결이 딱 하나 있습니다. 그것은 나는 잠시 뒤의 일을 알지 못해도 과거 일도 아시고 지금 일도 아시며 장래의 일까지도 다 아시는 그 분의 말씀대로 사는 것입니다.

과거 일도 아시고 지금의 일도 아시며 장래의 일까지도 다 아시는 그 분이 누구이십니까? 천지를 만드신 하나님, 우리의 구세주 예수님이십니다.

국내 정치를 바라보아도 희망이 안 보이고 세계를 바라보아도 소망이 보이지 않는 이 시대에 불안한 우리가 믿고 의지하고 따라야 할 분은 오직 하나님 우리 주님 예수 그리스도뿐입니다.

하나님의 말씀에 귀를 기울이고 하나님만을 바라보며 살아가시기를 소원합니다. 그래서 하나님이 다시 한 번 우리나라를 만져주심으로 빨리 혼란이 수습되고 다시 안정을 되찾아 하나님을 기쁘시게 해드리는 대한민국, 하나님의 뜻을 잘 받드는 한국교회가 되기를 주님의 이름으로 축원합니다.

이번에 국내외적으로 일어나고 있는 불안한 일들을 보면서 느낀 두 번째 생각은 사람에게 정말 필요한 것은 분별력과 지혜라는 것입니다. 분별력과 지혜가 부족한 사람은 누구든 주변 사람들에게 휘둘리게 되기 때문입니다.

성도 여러분! 여러분 생각에는 어쩌다가 우리 대통령이 이 지경에까지 이르게 되었다고 생각하십니까? 저는 대통령이 개인적으로 돈에 대한 욕심이 있어서도 아니고 불의를 지시하고 불의에 동조할 정도로 나쁜 사람이어서 그런 것도 아니라고 봅니다.

그런데도 대통령이 이 지경에까지 이르게 된 이유는 분별력과 지혜가 부족했기 때문입니다. 대통령도 그것을 알고 있었던 것 같습니다. 그래서 대통령도 국정을 감당하는데 필요한 분별력과 지혜를 얻고 싶어서 도움을 줄 사람을 찾다가 그 최 씨 일가를 돕는 자로 선택한 겁니다. 잘못된 선택을 한데서부터 지금의 불행이 시작된 것입니다. 분별력과 지혜가 필요할 때 도움을 받을 자에 대한 선택을 잘 해야 할 줄 믿습니다.

성경에 보면 이런 선택을 잘했다가 대박난 사람이 있습니다. 그가 누구인지 여러분도 아실 것입니다. 열왕기상 3장 7-9절을 보시기 바랍니다.

> 나의 하나님 여호와여
> 주께서 종으로 종의 아버지 다윗을 대신하여 왕이 되게 하셨사오나
> 종은 작은 아이라 출입할 줄을 알지 못하고
> 주께서 택하신 백성 가운데 있나이다
> 그들은 큰 백성이라 수효가 많아서 셀 수도 없고 기록할 수도 없사오니
> 누가 주의 이 많은 백성을 재판할 수 있사오리이까
> 듣는 마음을 종에게 주사 주의 백성을 재판하여
> 선악을 분별하게 하옵소서.

이분이 솔로몬입니다. 그가 이스라엘 나라의 왕이 된 이후에 왕의 역할을 감당하는데 분별력과 지혜가 부족하다는 것을 느꼈습니다. 그러자 솔로몬은 주변 사람들 중에서 돕는 자를 찾지 않았고 하나님 앞에 엎드려 기도를 하였습니다.

'제가 왕이 된 것은 하나님께서 세워주셨기 때문인 줄 믿습니다. 그런

데 제 힘으로는 왕의 직무를 감당할 수 없습니다. 하나님께서 저에게 지혜를 주셔서 하나님께서 맡겨주신 왕의 직무를 하나님의 뜻대로 감당하게 하옵소서.'

솔로몬이 이렇게 기도하자 하나님께서 이렇게 말씀하십니다.

솔로몬이 이것을 구하매 그 말씀이 주의 마음에 든지라
내가 네 말대로 하여 네게 지혜롭고 총명한 마음을 주고
네가 구하지 아니한 부귀와 영광도 네게 주노니
네 평생에 왕들 중에 너와 같은 자가 없을 것이라.(10-13절)

"솔로몬 네가 왕이 되고도 교만하지 않고 나에게 분별력과 지혜를 달라고 하는 것을 보니 내 마음에 든다. 그러니 네가 구한 분별력과 지혜를 주고 네가 구하지 않았지만 왕으로서 네게 필요한 부귀와 영광도 더하여 주리라." 할렐루야!

그래서 솔로몬이 세상에서 가장 지혜롭다는 말을 듣는 지도자가 될 수 있었던 것입니다. 이 말씀을 보면서 저는 이런 생각을 해보았습니다. 우리 대통령이 그랬더라면 얼마나 좋았을까? 만일 그랬다면 대통령 자신에게도 지금과 같은 후회스런 일이 없었을 것이고 나라도 잘 되고 우리 국민들에게도 존경받는 대통령으로 남았을 것인데 말입니다.

그런데 '통일대박'을 외치고 '비정상'을 '정상'으로 돌려놓겠다면 대통령이 하나님께 지혜를 구하지 않고 사람에게 지혜를 얻어 나라살림을 하다가 지금은 대박이 아니라 쪽박 차게 되었고 비정상적인 국가로 만들고 말았으니 너무나도 안타까운 일입니다.

그렇다면 이런 어려운 때에 우리는 어떻게 해야 할까요?

너희가 회개하여 각각 예수 그리스도의 이름으로 세례를 받고
죄 사함을 받으라 그리하면 성령의 선물을 받으리니.(행 2:38)

무슨 말씀입니까? 어려울수록 사람을 의지하지 말고 예수님을 믿어야
하고 남 탓하지 말고 자신을 바라보며 회개해야 한다는 말입니다.
예수님을 믿는 우리가 자신을 돌아보고 회개하면 어떻게 될까요?

너희가 회개하여 각각 예수 그리스도의 이름으로 세례를 받고
죄 사함을 받으라 그리하면 성령의 선물을 받으리니.(행 2:38)

하나님께 선물을 받습니다. 어떤 선물을 받을까요? 성령의 선물입니
다. 죄 사함의 선물, 구원의 선물, 영원한 생명의 선물, 하나님의 자녀가
되는 선물, 분별력과 지혜의 선물입니다.
그런데 우리는 어떻습니까? 우리는 예수님을 믿어 성령을 선물로 받
은 사람들입니다. 사람이 세상에 사는 동안 누려야 할 가장 귀한 복을 받
은 사람들입니다. 할렐루야!
그러면 이런 복을 받은 우리가 해야 할 일이 있겠지요? 53절을 보시
기 바랍니다.

예수께서 이르시되 내가 진실로 진실로 너희에게 이르노니
인자의 살을 먹지 아니하고 인자의 피를 마시지 아니하면
너희 속에 생명이 없느니라.

예수님의 살을 먹고 피를 마셔야 합니다. 이 말은 우리가 식인종처럼
인육을 먹거나 흡혈귀처럼 진짜 피를 마신다는 것이 아니라 예수님과 영
적인 교제를 지속해야 한다는 말입니다. 예수님과 영적인 교제를 지속하

는 방법은 예배를 통한 교제, 성례식을 통한 교제입니다.

이 중 기독교의 성례는 세례식과 성찬식입니다. 따라서 오늘은 예수님을 믿어 구원 받은 하나님의 자녀들인 우리가 예수님과의 특별한 교제를 하기 위해 예수님의 명령을 따라 성례식을 행하려고 합니다.

성례식 중 먼저 행할 세례식에 대해서 말씀드리겠습니다.

세례식이란 죽고 다시 사는 의식입니다. 죄에 대해 죽고 의에 대해 사는 것입니다. 예수님을 믿음으로 말미암아 죄 씻음을 받았다는 것을 경험하는 의식입니다. 새로운 삶을 살겠다는 의지와 각오의 표현입니다.

그런데 이런 세례를 바르게 받기 위해서는 하나님께서 사람을 구원하시는 원칙을 알아야 합니다. 그래서 그런 원칙에 대해 배우고 익히는 과정을 갖게 되는데 그것이 학습이라는 과정입니다.

학습이란 14세 이상 된 성도로서 교회 예배에 출석한지 6개월 이상 된 성도가 세례를 받기 전에 기본 신앙을 확인하고 앞으로 세례를 받을 준비를 하는 것입니다.

그리고 입교라는 절차도 있는데 입교란 스스로의 신앙고백 없이 유아세례를 받는 성도들이 스스로의 신앙고백을 할 수 있는 때가 되었을 때 교회 공동체의 일원으로 가입하는 의식입니다.

성찬식이란 이렇습니다.

고린도전서 11장 24,25절에 이런 말씀이 있습니다.

이것은 너희를 위하는 내 몸이니 이것을 행하여 나를 기념하라
이 잔은 내 피로 세운 새 언약이니
이것을 행하여 마실 때마다 나를 기념하라.

성찬은 예수님의 과거의 죽음을 기념하는 것입니다. 예수님께서 우리의 죄 때문에 십자가에서 살이 찢기시고 피를 흘리시며 우리를 대신해

죽임을 당하셨습니다. 그 은혜로 우리가 죄 용서를 받았고 구원을 받았습니다.

그런데 우리는 그 은혜를 잊기 쉽습니다. 그래서 1년 두 차례씩 성찬식을 하면서 예수님의 그 은혜를 다시 되새기고자 하는 것입니다. 떡을 받고 잔을 받아 들기 전에 지은 죄는 회개하고 다시는 죄 짓지 않고 예수님의 지상명령을 지키며 살겠노라 다짐하는 여러분이 되시기를 바랍니다.

다음으로 우리가 힘써야 할 일은 죄를 멀리하고 살아야 합니다. 하나님을 가까이 하며 살아야 합니다. 하나님을 기쁘시게 해드리며 살아야 합니다. 성령에 이끌려 살아야 합니다. 그래서 유혹 많은 세상에서 분별력을 가지고 살아 죄는 멀리하고 주님은 가까이 하는 여러분이 되시기를 주님의 이름으로 축원합니다.

∣ 제 25 장

신앙생활을 제대로 잘하려면?

_ 요한복음 7장 1~13절

요즈음 자주 듣는 말이 있습니다. 검찰을 향해서 수사를 하려면 제대로 하라. 국회를 향해서 정치를 하려면 제대로 하라. 젊은이들을 향해서는 스팩을 쌓으려면 제대로 쌓으라. 학생들에게는 공부를 하려면 제대로 하라. 체중관리를 하는 사람에게는 다이어트를 하려거든 제대로 하라.

공통된 말은 '제대로 하라'입니다. 이 말은 대단히 중요합니다. 왜냐하면 무슨 일을 하든지 건성건성 대충 하는 척 흉내나 내는 것으로는 좋은 결과를 거둘 수 없기 때문입니다.

신앙생활도 마찬가지입니다. 이왕 하는 신앙생활 제대로 해야 할 줄 믿습니다. 그러면 어떻게 해야 신앙생활을 제대로 할 수 있을까요? 오늘은 여러분과 이 말씀을 나누려고 합니다. 귀를 여시고 집중하셔서 신앙생활 제대로 하시는 여러분이 되시기를 주님의 이름으로 축원합니다.

신앙생활을 제대로 하려면 반드시 알아야 할 것이 있습니다.

첫째, 믿음을 지키며 살면 고난을 받는다는 것입니다.

교회 출석을 시작한지 얼마 되지 않는 새 가족이 이런 말씀을 들으면 아마도 이상하게 들릴 것입니다. 불확실한 시대에 불안해서 기댈 곳이 필요해 교회에 나왔는데 믿음을 지키며 살면 고난을 받는다고? 그렇게 생각할 수 있습니다.

그래서 어떤 분이 예수님을 잘 믿으면 이 세상에서 고난을 더 받는다면 나는 예수님을 믿지 않겠습니다라고 말하는 분이 있을지라도 저는 확실하게 밀씀 드릴 수 있는 것이 예수님을 잘 믿으면 이 세상에서 고난을 더 받는다는 것입니다.

그러면 우리가 고난을 받더라도 예수님을 믿어야 하는 이유가 무엇일까요? 그 이유는 여러 가지가 있습니다.

우리가 짐승이 아니라 사람이기 때문에 예수님을 믿어야 합니다. 짐승은 몸과 몸을 통제하는 땅에 속한 혼이 있지만 사람은 몸과 혼만 아니라 몸과 혼을 통제하는 하나님께 속한 영혼이 있습니다.

그래서 짐승은 머리가 땅을 향해 있고 사람은 머리가 하늘을 향해 있어야 있습니다. 그러기 때문에 짐승은 배만 부르면 되고 몸만 편하면 됩니다. 그러나 사람은 배부르고 육신적으로 평안만 해서는 안 됩니다. 사람은 영혼이 평안해야 합니다.

영혼이 평안하면 생일날이 되어 호텔에서 칼질하며 외식하지 못하고 집에서 고구마 케이크 하나에 온 가족이 둘러앉아 미역국에 밥을 먹어도 그것이 더 행복합니다.

영혼이 평안하면 아침 일찍부터 저녁 늦게까지 일하느라 몸이 피곤하고 넉넉지 못한 월급을 쪼개어 근근이 살아도 도우며 살고 감사하며 행복하게 사는 것입니다.

그래서 사람으로서 사람답게 살려고 예수님을 믿는 것이지 이 세상에서 육신적으로 평안하게 남보다 부자로 살기 위해서 교회에 나오는 것이 아닙니다.

당장 육신적으로 쾌락을 즐기고 배부르고 평안하게만 살려고 하면 예수님을 믿지 않고 죄악 속에 사는 것이 나을 것입니다. 우리가 짐승이라면 그렇게 살아도 되겠지만 우리가 사람이기 때문에 하루를 살아도 사람답게 살아야 할 줄 믿습니다. 우리가 사람답게 살기 위해서는 내가 어떤 존재인가를 알아야 합니다.

사람은 어떤 존재일까요? 사람은 스스로 존재하기 시작한 것이 아닙니다. 어느 순간에 우주공간에서 뚝 떨어진 존재도 아닙니다. 사람은 신에 의해 지음을 받은 피조물입니다. 그 신을 우리는 조물주라고 하고, 그 신이신 조물주를 성경에서는 하나님이라고 합니다. 그래서 성경적으로 사람의 존재를 다시 설명하면 사람은 조물주요 창조자이신 하나님께서 지으셨습니다. 하나님께서 사람의 육신을 만드셨고 그 육신 속에 하나님의 영을 불어 넣으셨습니다.

그래서 사람은 하나님께서 불어 넣어주신 영혼이 육신 속에 머물면서 자신을 지어주신 하나님을 주인으로 알고 주인 되신 하나님을 기쁘시게 해드리며 살아야 했습니다. 그럴 때 하나님은 그렇게 사는 사람 때문에 기뻐하시고 사람은 자신을 인하여 기뻐하시는 하나님 때문에 기뻐하며 생육하고 번성하며 행복하게 살 수 있었습니다. 이런 모습이 본래 사람답게 사는 모습이었고 이렇게 사는 것이 사람답게 사는 행복한 모습입니다.

그런데 어느 날 사람의 시조인 아담과 하와가 사단의 유혹을 물리치지 못하고 하나님께서 따먹지 말라고 하신 선악과를 따먹고 맙니다. 하나님의 말씀은 거역하고 마귀가 유혹하는 말은 따른 겁니다.

그러자 아담과 하와는 죄인이 되어버렸고 이 세상에 죄와 악과 저주와 불행이 찾아오게 되었습니다. 그 이후에 아담과 하와의 후손으로 태어난 모든 사람도 역시 죄인으로 태어나 죄와 악으로 가득한 사회를 이루며 살게 되었습니다.

사람의 마음과 인격 속에는 죄악이 자리를 잡고 죄와 악으로 오염된 사람들이 이루는 사회와 세상도 죄와 악의 구조로 변해버렸습니다. 죄와 악이 개인의 습관이 되고 대중의 상식이 되고 사회의 풍습이 되어 버렸습니다. 이 모습이 바로 우리의 모습입니다.

대부분의 사람들은 이런 오염되고 타락한 비정상적인 환경을 정상으로 착각하고 적당하게 타협하면서 살아가고 있습니다. 그러나 예수님을 믿는 성도들은 그렇게 살면 안 됩니다. 그렇게 살 수 없습니다.

예수님을 믿는 사람들 역시 그런 성품을 타고 태어났고 그런 죄와 악이 상식으로 통하는 사회에서 자랐을지라도 진정 예수님을 믿는다면 불신자들과는 다르게 살아야 합니다.

전에는 몰랐어도 성경말씀을 읽고 들으면서 하나님의 말씀대로 살지 않는 것이 죄이고 하나님을 떠나 사는 것이 비정상이라는 것을 알았다면 하나님을 거역하는 사람들과는 다르게 살아야 합니다. 예수님을 믿는 성도들은 죄와 악에 익숙해진 사람들과는 다른 생각을 하고 다르게 행동해야 합니다. 예수님을 믿는 성도들은 위기를 모면하기 위해 거짓말을 하지 않습니다. 너 좋고 나 좋다는 식으로 뇌물을 주고받지 않습니다. 부정한 청탁으로 승진하기 위해 줄서기를 하지 않습니다. 다른 사람들이 다 하는 술을 거절합니다. 다른 직원들이 다 가는 뒷골목 3차 회식에는 가지 않습니다.

그럴 때 주변 사람들이 무엇이라고 합니까? 칭찬할까요? 칭찬 대신에 융통성 없는 사람, 앞뒤가 꽉 막힌 사람, 융통성 없는 사람이라고 비난할 것입니다.

그런 비난만 하는 것이 아닙니다. 회사에서 알아야 할 정보도 들려주지 않습니다. 깊은 대화에도 끼워주지 않습니다. 그래서 다른 동료들에게 왕따를 당하기도 합니다. 그러다가 실제로 승진 서열에서 밀리기도 합니다. 다른 사람보다 열심히 일하는데도 그들과 다르게 행동한다는 이유 때문에 말입니다.

그래도 예수님을 믿는 성도들은 불신자들과 다르게 살아야 할까요? 동료 직원들에게 따돌림을 당하고 승진에서 제외되는 느낌이 들면 아무리 믿음이 좋은 사람이라도 갈등이 생길 것입니다.

'계속 이래야 되는 건가?' 그럴지라도 신앙생활을 잘하려면 그런 일을 두려워해서는 안 됩니다. 그런 일을 당할 각오를 해야 합니다.

예수님을 믿는 사람들은 어떤 일이 있어도 길이 아니면 가지 말아야 하고 누가 무슨 말을 해도 죄악 된 일이라면 거절할 줄 알아야 합니다. 진리를 선택함으로 오는 손해를 각오해야 하고 적당하게 타협하면서 신앙생활을 하면 안 됩니다. 교회에서는 집사로 활동하는데 사회에 나가서는 불신 친구들과 똑같아서는 안 됩니다. 말이 달라야 합니다. 먹고 마시는 것이 달라야 합니다. 일 처리하는 모습이 달라야 합니다. 처신이 달라야 합니다.

살아계신 하나님, 생사화복을 주관하시는 하나님께서는 그런 구별 된 사람, 그렇게 다르게 사는 사람을 찾으시고 그런 사람에게 함께하시고 그렇게 사는 사람을 도우시는 줄 믿습니다.

불신자와는 다르게 사시기 바랍니다. 죄악에서 구별되게 사시기 바랍니다. 그렇게 사는 내가 하나님께서 찾으시는 남은 자입니다.

그러면 예수님을 믿는 사람은 항상 손해만 보고 항상 당하고만 살아야 한다는 말입니까? 그래야 합니다. 그러는 사람이 하나님께 인정을 받게 되고, 그러는 사람이 결국은 사람에게도 인정받고 높임 받고 더 귀한 열매를 거두기 때문입니다.

요즈음 우리나라를 혼란스럽게 만든 몇 사람들의 모습이 언론을 통해 자주 등장합니다. 그 사람들의 공통점이 무엇입니까? 그 사람들은 이번 국가적인 사건이 드러나기 전에는 누구보다 잘 나가던 사람들, 줄 잘 서서 출세한 사람들, 주변 사람들이 부러워했던 사람들이었습니다.

그런데 지금은 어떻습니까? 언론 앞에 하나같이 얼굴을 들지 못합니다. 얼굴을 가립니다. 왜 그러지요? 죄와 악을 즐기면서 살았기 때문입니다. 죄와 악의 구조 속에서 나쁜 짓을 공모했기 때문입니다. 그러다가 결국은 구속이 되었습니다.

우리가 이런 모습들을 거의 매일 보면서 반드시 깨달아야 할 것들이 있습니다. 그것은 사람이 죄와 악을 가까이 하면 당장은 웃을지 모르지만 언론에 보도되는 사람들처럼 나중에는 수치를 당하고 망하게 된다는 것입니다.

사람이 죄와 악을 멀리하고 살면 당장은 오해도 받고 손해 볼 때도 있고 고난을 받지만 나중에는 인정을 받고 상을 받게 된다는 것입니다. 죄와 악을 가까이 하면 당장은 웃지만 나중에 수치를 당하고 망하게 되고 죄와 악을 멀리하고 살면 당장은 고난을 받지만 나중에는 인정을 받고 상을 받게 되는 줄로 믿습니다.

둘째, 신앙생활을 제대로 하려면 반드시 알아야 할 것은 주변 사람들이 하는 말을 잘 분별해서 판단해야 한다는 것입니다.

본문에 보면 예수님의 형제들이 예수님께 권면하는 장면이 나옵니다. 초막절 명절이 가까워져서 사람들이 다 예루살렘에 가는데 숨어서 활동하지 말고 많은 사람들이 모이는 자리에 가서서 사람들에게 이적을 일으키시면 사람들이 그 이적 기사를 보고 예수님을 따를 것이 아닙니까? 남도 아닌 예수님의 형제들이 예수님께 권면하는 말이니 얼마나 합리적인 권면이고 정말 예수님을 위해서 하는 권면이지 않습니까? 이런 권면을 받은 예수님은 어떻게 반응하셨을까요?

"나는 아직 올라가지 않겠다."(8절)고 하셨습니다.

예수님께서 형제들의 권면을 듣지 않으셨습니다. 왜 그러셨을까요?

이는 그 형제들까지도 예수를 믿지 아니함이러라.(5절)

그들이 예수님의 형제들이지만 그들은 예수님을 하나님의 아들로 믿지 않았습니다. 하나님께서 죄인들을 구원하시려고 보내신 구원자라는 것을 믿지 않았습니다.

그러므로 그들이 예수님께 한 권면은 믿음에서 하는 권면이 아니라 육신적인 명예나 출세를 위해서 하는 권면이었습니다. 그래서 예수님은 믿음에서 나오지 않는 형제들의 권면을 거절하였던 것입니다.

이런 예가 또 있습니다. 예수님께서 십자가의 고난을 당하시기 전에 예수님께서 고난당하실 것을 제자들에게 미리 말씀하셨습니다. '내가 유대 지도자들에게 많은 고난을 받고 죽임을 당할 것이고 제삼일에 살아날 것이다.'

이 말씀을 듣던 베드로가 예수님을 붙들고 간청합니다. "예수님 그리 마옵소서. 이런 일이 결코 주님께 일어나면 안 됩니다. 아니 그러실 수 없습니다." 이것은 예수님을 진정으로 위해서 하는 간청이었습니다.

이런 간청을 들으신 예수님께서 베드로에게 무엇이라고 하셨습니까?

예수께서 돌이키시며 베드로에게 이르시되
사탄아 내 뒤로 물러가라 너는 나를 넘어지게 하는 자로다
네가 하나님의 일을 생각하지 아니하고
도리어 사람의 일을 생각하는도다.(마 16:23)

예수님의 제자들을 대표하고 예수님을 가장 가까이서 보좌하던 베드로에게 "사단"이라고 하시면서 "내게서 물러가라"고 하셨습니다.

베드로는 예수님을 위해서 권면하였는데 예수님께서는 너무 심하다 싶을 정도로 베드로를 꾸짖으셨습니다. 왜 그러셨을까요? 예수님께서는 누가 무슨 말을 하든지 그 말이 영적으로 유익한 말인지 아닌지 하나님께서 기뻐하실 말인지 아닌지를 분간해서 행동하셨다는 겁니다.

예수님께서는 주변 사람들의 말이라고 해서 다 들은 것이 아니라 그 말을 들어야 할 것인지 거절해야 할 것인지를 분간해서 판단하는 분별력이 있으셨습니다.

저는 이런 말씀을 보면서 '우리 대통령이 이런 분별력이 있었더라면 얼마나 좋았을까?'하는 생각을 해보았습니다. 아무리 신세를 진 사람이 부탁하는 말이라도 대통령으로서 들어주어야 할 말이 있고 거절해야 할 말이 있을 텐데 그것을 분간하지 못해서 지금 우리나라가 이렇게 혼란스럽지 않나 하는 생각이 들기 때문입니다.

중요한 것은 우리도 잘못하면 우리의 삶 속에서 비슷한 실수를 할 수 있다는 것입니다. 가정에서든지 직장에서든지 교회에서든지 우리도 주변 사람들에게 여러 부탁도 받고 권면도 들을 텐데 그럴 때마다 이 말이 영적으로 유익한 말인지 아닌지, 하나님께서 기뻐하실 말인지 아닌지를 잘 분간하는 분별력을 가지시기를 소원합니다. 그래서 예수님처럼 죄와 악은 멀리하고 하나님께서 기뻐하실 일에 힘쓰는 저와 여러분이 되기를 주님의 이름으로 축원합니다.

셋째, 때를 잘 판단하고 행동해야 합니다. 우리가 신앙생활을 제대로 잘하려면 무엇을 잘 판단하고 행동해야 한다고요? 때를 잘 판단하고 행동해야 합니다.

왜냐하면 기회가 오지 않았는데도 일을 시작하면 시작한 일이 헛되기 때문입니다. 기회가 지났는데 일을 시작하면 역시 헛되기 때문입니다. 그래서 우리는 언제나 '아직'과 '이미'를 잘 분간해야 합니다. '아직'일 때는 아무리 급해도 때가 이를 때까지 기다려야 하고 '이미' 일 때에는 기회가 지나가기 전에 해야 할 일을 서둘러 해야 합니다.

그럼 우리가 어떻게 '아직'과 '이미'라는 때를 분간해 알 수 있을까요?

우리의 때를 주관하시는 분은 하나님이십니다. 그러기 때문에 우리가 성경말씀을 규칙적으로 읽고 한번이라고 더 들으려고 하면 하나님께서 말씀을 통해 '아직'과 '이미'라는 때를 분간해 알도록 지혜를 주실 줄 믿습니다. 성공과 실패의 차이는 때를 알아차리느냐 못하느냐에 달려 있습니다. 하나님을 가까이 하다가 때를 분간하는 지혜가 충만한 여러분이 되시기를 소원합니다.

넷째, 우리가 신앙생활을 제대로 잘하려면 일의 방법을 잘 선택해야 합니다. 예수님께서 초막절 명절에 예루살렘에 가셨습니까? 가지 않으셨습니까? 8절에 보면 가지 않으시겠다고 하셨다가 10절에 보면 가셨다고 했습니다. 왜 그러셨을까요? 예수님께서 거짓말하신 건가요?

4절에서 사람들은 공개적으로 가시기를 원했지만 10절에 보면 예수님은 자신을 대중에게 나타내지 않으시고 은밀하게 예루살렘으로 올라가셨습니다. 무슨 말씀입니까? 예수님께서 거짓말하신 것이 아니라 방법을 달리 하신 것입니다.

우리가 신앙생활을 잘하려면 예수님처럼 일을 처리하는 방법을 잘 선택해야 합니다. 하나님께서 기뻐하시는 일이라고 해서 열정만 가지고 밀어붙이면 만사형통하리라고 착각하면 안 됩니다. 하나님께서 기뻐하시는 일일수록 마귀는 싫어해서 수단과 방법을 가리지 않고 방해하기 때문입니다. 그래서 하나님께서 기뻐하시는 일일수록 더욱 삼가 조심해서 지혜롭게 해야 합니다.

시기를 조절하고, 완급을 조절하고, 방법을 조절해야 합니다. 그래서 하나님을 기쁘시게 해드리기 위해서 하는 일들이 실패하지 않고 성공하도록 해야 합니다. 우리가 하나님의 말씀에 귀 기울이고 기도하면 하나님께서 우리에게도 이런 지혜를 주실 줄 믿습니다.

다섯째, 우리가 신앙생활을 제대로 잘하려면 사람들이 하는 말에 흔들리지 말고 신앙생활을 해야 합니다. 예수님께서 세상에 계실 때 당시 사람들은 예수님에 대해 어떻게 평가했을까요?

> 예수에 대하여 무리 중에서 수군거림이 많아
> 어떤 사람은 좋은 사람이라 하며
> 어떤 사람은 아니라 무리를 미혹한다 하나.(12절)

하나님이신 예수님께서 이 세상에 계실 때에도 사람들 중에는 좋은 사람이다라고 하는 사람도 있었고, 무리를 미혹하는 사람이다라고 말하는 사람들도 있었습니다.

이럴 때 예수님께서는 사람들의 평판에 개의치 않으셨습니다. 사람들이 좋게 평가한다고 해서 예수님께서 좋아지시는 것이 아니고 사람들이 나쁘게 평가한다고 해서 예수님이 나빠지는 것이 아니기 때문입니다.

그래서 예수님은 하늘에 계시는 하나님 아버지의 말씀에만 집중하고 하나님의 평가에만 관심을 가지고 사역을 하셨습니다. 우리도 이런 모습을 본 받아 주변 사람들이 무엇이라고 하든지 하나님께만 집중하고 하나님의 말씀에 순종하면서 맡은 일에 최선을 다해야 할 줄 믿습니다.

그러면 어떻게 될까요?

> 그 주인이 이르되 잘하였도다 착하고 충성된 종아
> 네가 적은 일에 충성하였으매 내가 많은 것을 네게 맡기리니
> 네 주인의 즐거움에 참여할지어다.(마 25:21)

하나님께서 인정해주시고 칭찬해주실 줄 믿습니다. 하나님께서 좋은 것으로 갚아주실 줄 믿습니다.

연말이 되었습니다. 한 해를 마무리해야 하고 새해를 맞을 준비를 해

야 하는 시기입니다. 이왕 신앙생활 하는 것 하나님 눈에 들게 잘 해서 이런 인정과 칭찬과 복을 받는 저와 여러분이 되시기를 주님의 이름으로 축원합니다.

| 제 26 장

예수님은 어떤 분이신가?

_ 요한복음 7장 14~30절

본문의 말씀은 예수님께서 이 세상에 계실 때 예루살렘에서 있었던 일을 보여주고 지금 우리나라의 최대 관심사가 대통령인 것처럼 그 당시 예루살렘 사회의 최대 관심사는 예수님이셨습니다.

이스라엘의 촌 동네 갈릴리 지방 나사렛이라는 동네 출신인 예수님이라는 사람이 나타나 혼인 잔치에서 물로 포도주를 만듭니다. 유대교 지도자들에 의해 타락해진 성전 뜰에서 부당한 짓을 하던 사람들을 다 몰아냅니다. 보리떡 5개와 물고기 2마리로 만 명이 넘는 사람들을 먹여줍니다. 38년 된 병자를 고쳐주고 "내가 생명의 떡이니 나를 먹는 자는 영원히 살리라"고 외칩니다.

예수님에 대한 이런 소문들이 온 이스라엘에 퍼지면서 "도대체 예수라는 그 사람이 누구냐?", "그 예수를 만나고 싶다." 사람들마다 궁금해하면서 예수님에 대해 관심을 가지게 되었습니다. 그 당시에 지금 JTBC 같은 방송국이 있었다면 아마도 매일 예수님에 대한 특종 보도를 내보냈을 것입니다.

지금도 이 세상에 살고 있는 사람들에게 최대의 관심을 끄는 분은 예수님이십니다. 세상 끝 날까지 예수님에 대한 이런 관심은 계속될 것입니다.

성도 여러분! 예수님이 과연 어떤 분이시기에 모든 시대를 초월한 인류 최대의 관심거리, 이슈가 될까요?

오늘은 이 문제를 여러분과 나누려고 합니다. 오늘도 말씀에 귀를 기울이시고 인류 최대의 관심사이신 예수님에 대해서 확실하게 깨닫고 믿고 붙잡으시기를 소원합니다.

예수님은 누구신가? 금년 성탄절이 다가옵니다만 세상의 역사는 예수님께서 이 세상에 오신 때를 기점으로 기원전과 기원후가 나누어집니다. 예수님께서 이 세상에 오시기 전을 기원전 Before Christ, BC 라고 하고, 예수님께서 이 세상에 오신 이후를 기원후 Anno Domini, AD라고 합니다. 이것은 세상 역사만 그러는 것이 아니라 개인에게도 마찬가지입니다. 개인적으로 예수님을 믿기 전과 예수님을 믿은 이후는 세상 역사가 바뀌듯 전혀 다른 사람으로 변화가 됩니다.

그런즉 누구든지 그리스도 안에 있으면 새로운 피조물이라
이전 것은 지나갔으니 보라 새 것이 되었도다.(고후 5:17)

누구든지 그리스도 안에 있으면 새로운 피조물이 되고 이전 것은 지나가고 새것이 되기 때문입니다. 그러기 때문에 세계 역사적으로나 개인적으로 예수님을 예수님으로 바로 아는 것이 대단히 중요합니다. 그렇다면 실제로 예수님은 어떤 분이실까요? 먼저 28절 말씀을 보시기 바랍니다.

예수께서 성전에서 가르치시며 외쳐 이르시되
너희가 나를 알고 내가 어디서 온 것도 알거니와
내가 스스로 온 것이 아니니라.

"너희가 나를 알고 내가 어디서 온 것도 알거니와" 당시 사람들도 예수님에 대해서 아는 사람들이 있었다는 것입니다. 그런데 예수님께서 바로 이어 예수님을 안다는 사람들에게 말씀하시기를 "내가 스스로 온 것이 아니니라." 고 하셨습니다.

예수님께서 이렇게 말씀하시는 것은 당시 사람들이 예수님을 안다고는 하지만 사실은 예수님이 어떤 분이신가를 정확하게 알지 못했기 때문입니다. 사람이 알아야 할 것들 중에 가장 중요한 것이 예수님에 대해서 아는 것인데 예수님에 대해서 이렇게 잘못 알게 되면 어떻게 될까요?

인생의 방향을 잘못 잡게 됩니다. 인생의 방향을 잘못 잡으면 그 인생은 꼬이게 되고, 잘못되고, 인생의 종착역에 내리는 순간 "아이고 내 인생 잘못 살았네. 내가 가려고 했던 곳은 이곳이 아닌데." 그러면서 후회하게 될 것입니다. 그러기 때문에 지난 주일에 우리가 믿어도 제대로 믿어야 한다고 말씀드린 것처럼 우리가 예수님에 대해서 알아도 제대로 알아야 하는 것입니다. 우리가 예수님에 대해서 알아도 어떻게 알아야 한다고요? 제대로 알아야 합니다.

그럼 당시 대부분의 사람들은 예수님을 어떤 분으로 알고 있었을까요? 그 당시 대부분의 사람들은 예수님을 알아도 자기 눈과 귀로 들리는 사람들의 소리를 듣고 알았습니다. 세상에서 떠도는 소문으로 예수님에 대해서 알았습니다.

예수님? 나도 알아!
나사렛 동네 목수 요셉의 집 장남이 예수야.
그의 어머니는 마리아라 하고
그의 형제들도 내가 아는데…

어떻게 아는데?

나 그 동네 사람이야 이 사람아…

그래 자네는?

나는 그 동네 사람은 아니어서 예수님을 본 적은 없지만

내 친구가 예수님을 만났는데…그래서 알게 됐어!

그 당시 예수님을 안다는 사람들은 대개 이런 식으로 예수님을 알았기 때문에 예수님에 대해서 오해를 하고 있었습니다. 예수님께서도 사람들이 그런 식으로 예수님에 대해서 알기 때문에 많은 오해를 하고 있다는 것을 알았습니다. 그래서 예수님께서는 제자들이라도 바르게 알고 바르게 믿도록 하기 위해 예수님께서 제자들에게 이렇게 질문하셨습니다.

예수께서 빌립보 가이사랴 지방에 이르러

제자들에게 물어 이르시되

사람들이 인자를 누구라 하느냐(마 16:13)

"사람들이 나를 누구라고 하더냐?" 그때 제자들이 무어라고 대답하였습니까?

더러는 세례 요한, 더러는 엘리야,

어떤 이는 예레미야나 선지자 중의 하나라 하나이다. (마 16:14)

예수님에 대해서 안다고 하지만 사람마다 예수님에 대해서 각기 다르게 알고 있었고 오해하고 있었다는 것을 알 수 있습니다. 당시 대중들만 예수님에 대해서 오해하고 있었을까요? 지난 시간에 살펴보았습니다만 5절에 보면 "이는 그 형제들까지도 예수를 믿지 아니함이러라."고 했습니다.

예수님의 형제들까지도 예수님에 대해서 예수님에 대해 오해하고 있었습니다. 예수님을 안다고 하면서도 예수님을 잘못 알면 어떻게 될까요? 예수님의 형제들처럼 때에 대해서 착각하게 되고 방법에 대해서 착각하게 됩니다. 그러면 하는 일을 실수하게 되고 실패하게 되는 겁니다.

> 그 후에 예수께서 갈릴리에서 다니시고
> 유대에서 다니려 아니하심은
> 유대인들이 죽이려 함이러라.(요 7:1)

이 땅에 구원하러 오신 예수님을 죽이려 합니다. 유대인들, 바리새인들, 유대교 지도자들처럼 말입니다. 그러다가 나중에 그들은 정말로 하나님이신 예수님을 십자가에 죽이는 죄를 짓고 맙니다.

그러기 때문에 예수님에 대해서 모르거나 오해를 하는 것은 영적인 무지로 끝나는 것이 아니라 자기도 망하고 남도 망하게 하는 큰 죄가 범하는 것입니다. 그러기 때문에 사람이라면 예수님에 대해서 무지하면 안 됩니다. 예수님에 대해서 오해를 하면 안 됩니다. 그런데 오늘날에 보면 예수님을 안다는 사람들은 많은데 제대로 아는 사람들은 많지 않습니다. 대부분 예수님에 대해서 모르면서도 아는 체 합니다.

불신자들은 예수님에 대해서 아예 모르면서 아는 체 하고 이단들은 예수님에 대해서 안다고 하면서도 잘못 알면서 아는 체를 합니다. 왜 그럴까요? 예수님에 대한 잘못된 정보를 통해 예수님을 알기 때문입니다.

이런 것을 보면서 우리가 깨달아야 할 것은 예수님이 어떤 분이신가에 대해서 제대로 알려면 예수님에 대한 정보를 성경에서 확인해야지, 사람들의 말을 듣고 알려고 해서는 안 된다는 것입니다. 예수님에 대한 정보는 성경에서 얻어야 합니다.

자 그럼 성경을 통해 예수님에 대한 정보를 확인해보겠습니다. 28,29

절 말씀을 보시기 바랍니다.

> 예수께서 성전에서 가르치시며 외쳐 이르시되
> 너희가 나를 알고 내가 어디서 온 것도 알거니와
> 내가 스스로 온 것이 아니니라
> 나를 보내신 이는 참되시니 너희는 그를 알지 못하나
> 나는 아노니 이는 내가 그에게서 났고
> 그가 나를 보내셨음이라 하시니.

예수님은 보내심을 받아 세상에 오신 분이시지만 최태민이라는 사람처럼 스스로 나서서 사람들에게 교주가 되겠다는 분이 아닙니다.

그럼 예수님은 누구에게 보냄을 받아 세상에 오셨다는 것입니까?

> 나를 보내신 이는 참되시니 너희는 그를 알지 못하나

사람들이 알지 못하나 참 되신 그 분이 예수님을 세상에 보내셨다는 겁니다. 그럼 예수님을 세상에 보내셨다는 참 되신 그 분은 누구일까요?

> 하나님이 세상을 이처럼 사랑하사 독생자를 주셨으니
> 이는 저를 믿는 자마다 멸망치 않고 영생을 얻게 하려
> 하심이니라.(요 3:16)

그 분은 예수님의 아버지이시고 예수님은 그 분의 독생자이신데 그 분이 세상 사람들을 사랑하셔서 사람들이 멸망치 않고 영생을 얻게 하시려고 독생자 예수님을 세상에 보내셨다는 것입니다.

그 분이 바로 성부 하나님이십니다. 그리고 성부 하나님께 보냄을 받

아 이 세상에 오신 분이 성자 예수님이십니다. 이것이 성경에서 말하는 예수님에 대한 가장 기본적인 정보입니다. 이 정보에 근거해서 예수님이 어떤 분이신가를 정리해보겠습니다.

하나님은 성부 하나님이시고, 예수님은 성자 하나님이시고, 성령님은 성령 하나님, 성자 예수님의 영이십니다. 삼위의 하나님이 세상을 지으시고 사람도 지으셨습니다. 하나님께서 죄인들을 구원해 주시려고 성자 예수님을 이 세상에 사람으로 태어나게 하셨습니다. 이 세상에 오신 예수님께서 기적을 보여주시면서 생명의 말씀을 전하셨습니다. 이때 예수님께서 사람들에게 하신 말씀은 어떤 말씀일까요?

> 예수께서 대답하여 이르시되
> 내 교훈은 내 것이 아니요 나를 보내신 이의 것이니라.(16절)

예수님께서 세상에 계시는 동안 사람들에게 하신 교훈의 말씀은 예수님의 개인적인 말씀이 아니라 하나님의 말씀이라는 것입니다. 그러면 이런 예수님에 대해 사람들은 어떻게 해야 할까요? 방금 전에 예수님께서 제자들에게 사람들이 나를 어떤 사람으로 알더냐고 물으실 때 제자들이 대답하기를 "세례 요한이라고 하는 사람도 있고요. 엘리야라는 사람도 있고요. 예레미야나 선지자 중의 하나라고 하는 사람들도 있습니다."고 했습니다. 바로 그때 예수님께서 제자들에게 아주 중요한 질문을 하십니다.

> 너희는 나를 누구라 하느냐.(마 16:15)

다른 사람들은 나에 대해서 그렇게 말한다 치자 그러면 "너희는 나를 누구로 아느냐?"는 것입니다.

너희는 나를 누구라 하느냐?

예수님께서 지금 이 시간에도 저와 여러분에게 똑같은 질문을 하십니다. 여러분께서 그동안 여러 사람들에게 예수님이 어떤 분이신가에 대한 여러 정보들을 많이 들으셨을 텐데 여러분은 예수님을 누구라고 생각하십니까? 각자 내 개인의 말로 예수님이 누구신가에 대한 대답을 할 수 있어야 합니다. 예수님은 여러분에게 과연 어떤 분이십니까?

예수님의 질문을 들은 제자들이 대답을 못하고 주저하고 있을 때 선임 제자였던 베드로가 번쩍 손을 들고 대답합니다.

시몬 베드로가 대답하여 이르되
주는 그리스도시요 살아 계신 하나님의 아들이시니이다.(마 16:16)

"예수님은 저의 주인이십니다. 예수님은 저를 구원하시기 위해 이 땅에 오신 구원자이십니다. 예수님은 살아계신 하나님의 아들이십니다." 할렐루야! 이것이 바로 그 유명한 예수님에 대한 베드로의 신앙고백입니다.

예수님께서는 베드로의 이 신앙고백을 들으시고 17절에서 이렇게 말씀하셨습니다.

바요나 시몬아 네가 복이 있도다
이를 네게 알게 한 이는 혈육이 아니요
하늘에 계신 내 아버지시니라.

"시몬 베드로야, 네가 예수님을 그렇게 알고 믿고 고백하는 것이 어느누가 너를 가르치거나 시켜서가 아니라 하나님 아버지 때문이다. 너는 참으로 복 받은 사람이구나." 그리고 18절에서 말씀하십니다.

또 내가 네게 이르노니 너는 베드로라
내가 이 반석 위에 내 교회를 세우리니
음부의 권세가 이기지 못하리라.

내가 너의 그 믿음 위에 음부의 권세가 이기지 못하는 교회를 세우겠다고 하셨습니다. 그리고 19절에서는 이렇게 말씀하십니다.

내가 천국 열쇠를 네게 주리니
네가 땅에서 무엇이든지 매면 하늘에서도 매일 것이요
네가 땅에서 무엇이든지 풀면 하늘에서도 풀리리라.

예수님에 대한 너의 이런 믿음이 교회의 기초가 될 것이고 예수님에 대한 이런 믿음이 네 앞에 천국 문도 열리게 될 것이다라고 하셨습니다.
성도 여러분! 예수님을 알아도 이렇게 성경을 통해 제대로 알고, 예수님을 믿어도 이렇게 성경적으로 제대로 믿으면 이 세상에서도 복을 받고 이 세상을 떠나서도 복을 받는 줄 믿으시기를 소원합니다.
이런 믿음을 가진 자는 자기 마음속으로만 믿는 것이 아니라 베드로처럼 예수님 앞에서나 사람들 앞에서 당당하게

주는 그리스도시요 살아 계신 하나님의 아들이시니이다.

라고 고백하게 됩니다.
여러분들도 베드로처럼 예수님에 대한 신앙고백을 확실하게 할 수 있기를 소원합니다.

예수님은 저의 주인이시고 저의 구원자이시며

살아계신 하나님이신 것을 믿습니다.

여러분들이 예수님을 이렇게 믿고 고백한다면 여러분의 그 믿음은 하나님 아버지께서 여러분에게 주신 은혜의 선물인 줄 믿습니다. 하나님께서 나에게 예수님을 믿는 믿음의 선물을 주셔서 내가 죄 용서를 받았고 하나님의 자녀가 되었고 구원을 받아 천국백성이 된 줄로 믿습니다.

여러분들이 예수님을 이렇게 믿고 고백하기 때문에 여러분이 이 세상에서 사는 동안 매여야 할 것은 매여지게 될 것이고 풀려야 할 것은 풀려지게 될 것이고 여러분이 이 세상을 떠날 때에는 여러분 앞에 천국 문도 활짝 열려지게 될 줄 믿습니다. 할렐루야!

| 제 27 장

믿는 자에게 주시는 은혜

_ 요한복음 7장 31~52절

요즈음 우리나라 사람들은 모이면 대부분 대통령 탄핵과 특검에 관련하여 에 수군수군 이야기를 할 것입니다. 그러면 본문 말씀에서 당시 사람들은 무슨 일로 모여서 수군거렸을까요?

예수에 대하여 무리가 수군거리는 것이
바리새인들에게 들린지라. (32절)

예수님에 대하여 수군거리고 있었습니다. 왜 그랬을까요?

너희가 나를 알고 내가 어디서 온 것도 알거니와
내가 스스로 온 것이 아니니라
나를 보내신 이는 참되시니 너희는 그를 알지 못하나
나는 아노니 이는 내가 그에게서 났고 그가
나를 보내셨음이라. (28,29절)
나를 보내신 이에게 돌아겠노라. (33절)
나를 믿는 자는 배에서 생수의 강이 흘러나오리라. (38절)

사람들은 예수님께서 물로 포도주를 만드시고 타락한 성전을 정화하시고 병든 자를 고쳐주시고 보리떡 5개와 생선 2마리로 만 명이 넘는 사람들을 먹여주셨다는 것을 보고 들으면서 예수님께서 민생문제를 해결해 주실 분으로 기대하고 있는데 예수님께서 하시는 말씀은 다릅니다.

너희들이 나에 대해서 안다고는 하지만 사실은 모르고 있다. 나는 너희들이 생각한 것처럼 내가 스스로 너희들 앞에 나서는 사람이 아니다. 나는 나를 보내주신 분이 보내서 이 세상에 왔다.

그리고 나는 그 분에게 돌아갈 것이다. 나를 보내신 그 분은 참되신 분이시다. 나를 보내신 분을 믿으라. 그리고 나를 믿으라. 그러면 배에서 생수의 강이 흘러나오리라. 사람들이 반드시 알고 행해야 할 아주 중요한 말씀을 하셨습니다.

이런 예수님의 말씀을 들은 당시 사람들의 반응은 어떠했을까요? 먼저 32절에 예수님에 대해 수군거리는 사람들이 있습니다. 어떤 말을 듣고 입장 정리가 될 때까지는 묻기도 하고 다른 사람의 생각을 들어보기도 하면서 수군거릴 수 있습니다. 같은 말을 들어도 생각이 다르기 때문입니다. 그래서 그 당시 사람들도 40절, 41절 말씀을 보면 그 '선지자이다, 그리스도이다. 그리스도는 갈릴리에서 나오지 않는다. 그리스도는 베들레헴에서 나올 것이다.' 여러 정보를 통해서 들은 새로운 말을 나름대로 정리하는 겁니다. 그랬으면 다음 단계에서는 어떻게 반응을 할 것인지를 결정해야 합니다. 그 당시 수군거리던 사람들이 각자 결정을 내립니다.

31절에 예수님을 믿는 사람들이 있습니다. "나는 하나님께서 나를 구원해 주시려고 독생자를 이 세상에 보내셨는데 그 분이 예수님이신 것을 믿을 거야."

32절에 예수님을 잡으려는 사람들이 있습니다. "나는 예수님의 말을 믿지 못하겠어. 믿지 않을 뿐 아니라 그런 사람은 붙잡아 관가에 넘겨야 돼. 사람들의 민심을 혼란스럽게 만드는 사람이거든."

그 결과는 어떻게 되었을까요? 예수님을 믿지 못한 사람들, 예수님을 잡으려는 사람들은 구원자이신 예수님을 믿지 않기 때문에 믿는 자에게 주시기로 하신 복을 받지 못합니다.

예수님을 믿는 사람에게 주시려고 준비하신 복이 무엇이 무엇일까요?

하나님이 세상을 이처럼 사랑하사 독생자를 주셨으니
이는 그를 믿는 자마다
멸망하지 않고 영생을 얻게 하려 하심이라.(요 3:16)

멸망 받지 않는 복, 영생을 얻는 복입니다. 예수님을 믿어야 받을 수 있는 복인데 예수님의 말씀을 듣고도 수군거리다가 믿지 않은 사람들은 멸망치 않는 복을 받지 못합니다. 그러면 멸망하는 거지요. 이 세상에서도 죽은 영혼으로 저주 아래 살다가 지옥에 가는 겁니다.

영생을 얻는 복을 받지 못합니다. 그러면 영생이 아닌 영벌을 받는 겁니다. 사람이 사는 세상은 이 세상만이 아닙니다. 저 세상이 있습니다. 이 세상에서의 삶은 짧습니다. 그러나 죽음 이후에 들어가서 살게 될 내세는 영원합니다. 짧은 이 세상에서도 저주 속에 살다가 죽어서 가서 살게 될 영원한 세상에서도 꺼지지도 않는 불 속에서 고통을 받게 된다는 것은 정말 비극입니다. 그런 사람이 되어서는 안 됩니다.

그러기 때문에 이 세상에 살아 있는 동안 사람이 해야 할 일 중에 가장 중요한 일이 예수님을 나의 주님으로 믿어야 하는 것입니다. 예수님을 주님으로 믿기만 하면 구원을 받습니다. 멸망을 받지 않고 영생을 얻는데 예수님을 믿지 못해서 이 세상에서도 저주 속에 살다가 이 세상을 떠나서 지옥에 가는 사람이 우리가 아는 사람 중에는 없어야 합니다.

그러기 위해서 우리가 아는 그 사람들 중에 아직도 예수님을 믿지 않는 사람들이 있다면 그들에게 기회를 만들어 전도를 해야 하는 것입니다.

성탄절 기간에는 불신자라도 예수님을 생각합니다. 교회에 출석하지 않는 사람들도 어릴 적 경험했던 성탄절의 추억들이 있습니다. 그러기 때문에 성탄절을 앞두고 전도하면 전도 효과가 나타날 것입니다.

특히 올 해 성탄절은 주일입니다. 다음 주일 성탄절에 주변 사람들을 권면해서 함께 이 땅에 오신 예수님을 만날 수 있기를 소원합니다.

예수님을 믿지 않는 사람들은 멸망한다면 예수님을 믿는 사람들은 어떻게 될까요?

하나님이 세상을 이처럼 사랑하사 독생자를 주셨으니
이는 그를 믿는 자마다
멸망하지 않고 영생을 얻게 하려 하심이라.(요 3:16)

멸망치 않는 복을 받습니다. 영생을 얻는 복을 받습니다. 저와 여러분이 예수님을 믿어서 하나님께 이런 복을 받은 줄 믿습니다.

다음으로 예수님을 믿는 사람들이 받는 복이 또 있습니다.

나를 믿는 자는 성경에 이름과 같이
그 배에서 생수의 강이 흘러나오리라 하시니.(38절)

예수님을 믿는 사람에게는 배에서 생수가 흘러나오게 됩니다. 배에서 생수가 흘러나온다는 말은 성령이 충만하게 된다는 말입니다. 예수님을 믿는 사람에게 성령이 임하게 되고 그 성령이 충만하게 되면 세상살이 하면서 답답하고 목마른 심령이 시원하게 되면서 영혼이 잘되고 범사가 잘되고 강건하게 되는 복이 임한다는 말입니다.

내가 예수님을 믿는 순간 내 속에 들어오신 예수님의 영을 우리는 성령이라고 합니다. 예수님을 믿는 여러분의 마음속에 성령이 임하셨음을 믿으시기를 소원합니다. 예수님을 믿는 내 마음 속에 예수님께서 영으로 거하시는 줄로 믿습니다. 성령께서 사람들의 마음속에 들어가시면 마음 속에서 일을 시작하십니다. 성령이 예수님을 주님으로 믿는 내 마음 속에 들어오셔서 어떤 일을 하실까요?

> 보혜사 곧 아버지께서 내 이름으로 보내실 성령
> 그가 너희에게 모든 것을 가르치고
> 내가 너희에게 말한 모든 것을 생각나게 하리라.(요 14:26)

진리를 가르치십니다. 진리에 대해서 읽고 들은 말씀을 생각나게 하십니다. 그러므로 성령님을 마음에 모시고 사는 우리는 우리 속에 선생님 한 분을 모시고 사는 것입니다. 선생님도 보통 선생님이 아니라 전지하신 예수님의 영을 선생님으로 모시고 사는 겁니다.

그러기 때문에 우리가 성령님의 가르쳐주시는 말씀대로 순종해 살기만 하면 사람들에게 지혜롭다는 말을 듣고 총명하다는 말을 듣게 됩니다.

우리 노회에서 제 별명이 솔로몬 동생입니다. 목사님들이 저를 그렇게 부르는 이유는 제가 노회에서 서기로 노회 장으로 노회 일을 감당하는 것을 보면서 미련하다고 느끼지 않고 남달리 지혜롭다고 느꼈기 때문일 것입니다. 그래서 저는 솔로몬 동생이라는 별명이 싫지 않습니다. 앞으로도 제가 그런 소리를 계속 들으며 살았으면 좋겠습니다.

그런데 사실은 제가 똑똑해서 그런 것은 아닙니다. 저의 IQ는 130도 넘지 못합니다. 그런데도 솔로몬 동생이라는 별명으로 불러지는 것은 제가 제 아이디어로 일하는 것이 아니라 제 속에 계시는 성령님께서 가르쳐 주시는 대로 순종해서 일들을 처리했기 때문입니다.

성령님의 가르침을 받으며 순종하면서 살면 누구든지 솔로몬 동생이라는 말을 들으며 살 수 있습니다. 특히 우리 자녀들이 그렇게 살도록 해야 합니다. 그러려면 우리 자녀들이 성령을 받도록 해야 하고 성령 충만해서 성령의 지배를 받아 살도록 해야 합니다. 우리 주일학교가 여러분의 자녀들을 성령 충만한 자녀로 자라도록 최선을 다하고 있습니다. 우리교회가 주일학교 교육을 제일 잘하는 교회인 줄로 믿습니다.

그러므로 여러분의 자녀들과 이웃의 자녀들을 우리교회에 보내주시기 바랍니다. 그러면 저와 우리 주일학교 교사들이 성령 충만한 인물로 자라도록 최선을 다하겠습니다.

평소에 읽고 들은 하나님의 말씀을 가르쳐주시고 생각나게 해주시는 성령님의 인도를 받으며 사는 사람은 분별력을 갖게 됩니다. 죄인지 아닌지를 분별할 수 있습니다. 이 길이 복 받는 길인지 망하는 길인지를 분별할 수 있습니다. 이 일이 유익한 일인지 무익한 일인지를 분별할 수 있습니다. 이 사람을 만나는 것이 유익한지 손해가 되는지를 분별할 수 있습니다. 부탁하는 이 일을 해야 할까 하지 말아야 할까를 분별할 수 있습니다.

이런 분별력을 성령께 받으면 정확합니다. 오해가 없고 오판이 없습니다. 그래서 성령님의 인도를 따라 사는 사람은 형통하고 인정받고 성공하고 보람된 생을 살게 됩니다.

요즈음 언론에 부끄러운 모습으로 오르내리는 사람들의 공통점은 분별력이 없이 행동한 것입니다. 우리가 보아도 그러면 안 될 일을 아무런 거리낌 없이 행동했습니다. 그러다가 누리던 것을 잃게 되고, 수치를 당하고, 인생 망치게 된 것입니다.

성공적인 인생살이, 행복한 삶을 위해 분별력을 가지고 사는 것이 대단히 중요합니다. 이런 분별력은 예수님을 믿을 뿐 아니라 성령 충만한 삶을 사는 사람에게 주시는 하나님의 선물입니다.

따라서 예수님을 믿는 우리는 성령은 이미 받았으니 받은 성령이 내 속에 충만하도록 해야 합니다. 성령이 나를 지배하도록 해야 합니다. 성령이 나를 움직이도록 해야 합니다. 평소에 읽고 들은 하나님의 말씀을 가르쳐주시고 생각나게 해주시는 성령님의 인도를 받으며 사는 사람은 하나님의 음성이 크게 들리기 시작합니다. '교회에서 저러면 안 되는데 나는 절대 저 사람처럼 살지 않을 거야.' 덕스럽지 못하게 교회생활을 하는 모습을 보면서 성령께서 하시는 음성을 들은 겁니다.

환난과 고통을 겪으면서 주님의 음성을 듣기 시작합니다. 병으로 고생했을 때에는 깨닫지 못했던 많은 것을 저는 투병생활을 하면서 깨달았습니다. 성령께서 하시는 음성을 들은 겁니다. 내가 그 당시 그런 실패를 하지 않았다면 저는 지금 하나님 앞에 살지 않았을 것이고 어쩌면 저는 이 세상 사람이 아니었을 것입니다. 저는 그 실패를 통해 잃었던 신앙을 되찾았습니다. 성령께서 하시는 음성을 들은 겁니다. 평소에 읽고 들은 하나님의 말씀을 가르쳐주시고 생각나게 해주시는 성령님의 인도를 받으며 사는 사람은 아무리 급하게 여겨져도 하나님의 명령보다 앞서지 않고 하나님의 응답과 하나님의 명령을 기다리게 됩니다.

교회를 다녀도 하나님보다 항상 앞서 가는 사람들이 많습니다. 결정은 자기가 다 해버리고 하나님은 자기가 결정한 것을 응원해주시고 도와달라고 기도하는 사람들 말입니다.

하나님을 조력자, 응원자, 후원자 정도로 믿으면 안 됩니다. 결정하기 전에 하나님께 물어보아야 합니다. 시작하기 전에 하나님의 명령을 기다려야 합니다. 내가 가면서 "하나님 저를 따라오세요."하지 말고 "저는 하나님께서 인도하시는 대로 따라 가겠습니다."라고 해야 합니다.

그런 사람이 '여호와는 나의 목자시니'라고 고백하는 사람입니다. 그런 사람에게 '내게 부족함이 없으리로다.'라는 고백이 나오게 될 것입니다.

성령 충만하심으로 하나님보다 앞서서 가다가 실패하지 말고 하나님의 인도를 따라 살다가 '여호와는 나의 목자시니 내게 부족함이 없으리로다.' 라고 고백하며 사는 행복 자들이 되시기를 소원합니다.

평소에 읽고 들은 하나님의 말씀을 가르쳐주시고 생각나게 해주시는 성령님의 인도를 받으며 사는 사람은 기쁨으로 섬기며 봉사하는 사람이 됩니다.

사람의 본성은 섬기며 살기 보다는 섬김을 받으며 살기를 원합니다. 내 것을 내어주기 보다는 받는 것을 좋아합니다. 내 몸으로 남을 편하게 배려하며 살기보다는 다른 사람이 나를 편하게 해주기를 원합니다.

그런데 성령을 충만히 받은 사람은 섬김을 받기보다는 섬기기를 더 좋아합니다. 받기보다는 주는 것을 더 좋아합니다. 몸 편안하게 신앙생활 하기보다는 피곤해도 봉사하기를 더 좋아합니다.

내가 지금 성령 충만한 상태인가 아닌가는 내게 이런 모습이 있는가를 살펴보면 정확하게 알 수 있습니다. 내년에 내가 봉사할 곳이 어디지? 내년에 내가 어디서 봉사하지? 그러면서 봉사할 곳을 묻고 찾는 사람은 성령이 충만한 사람입니다.

만일 내가 그렇지 않는다면 '아 내 영적인 상태가 성령 충만한 상태가 아니구나.'라고 생각하면 틀림없습니다.

아무리 사정이 있어도 섬기고 봉사는 해야 합니다. 그래야 여러분의 신앙이 정상적으로 성장하게 됩니다. 내 생각으로 충만하지 마시고 성령으로 충만하게 되어 섬김을 받기보다는 섬기기를 더 좋아하고 받기보다는 주는 것을 더 좋아하며 몸 편안하게 신앙생활 하기보다는 내 몸 피곤해도 봉사하기를 더 좋아하는 여러분이 되시기를 소원합니다.

평소에 읽고 들은 하나님의 말씀을 가르쳐주시고 생각나게 해주시는 성령님의 인도를 받으며 사는 사람은 어려운 일이 생겨도 불평 대신 감사하게 되고 다른 사람을 볼 때 단점과 허물이 보이며 비난하던 사람이 장점과 좋은 점을 보면서 칭찬하는 사람이 됩니다.

그러면 주변 사람들과 관계가 좋아지게 되고 주변 사람들과 관계가 좋아지면서 하는 일도 잘되게 되는 것입니다. 그러기 때문에 우리는 어떻게 해서든지 성령 충만한 상태로 살려고 해야 합니다.

그러면 성령 충만하려면 어떻게 해야 할까요? 핸드폰 배터리가 충만한 상태가 되려면 규칙적으로 전원에 연결해야 하는 것처럼 우리의 영적인 상태도 성령으로 충만한 상태가 되려면 우리의 영적인 전원이신 예수님과 연결을 해야 합니다.

우리가 예수님과 연결하는 시간이 예배드리는 시간입니다. 우리가 하나님께 기도하는 것이 예수님과 연결하는 것입니다. 우리가 하나님의 말씀을 읽고 듣는 것이 영적인 전원인 예수님과 연결하는 것입니다.

그럴 때 성령의 기운이 우리 속에 채워지면서 내 생각이 아니라 성령의 생각에 영향을 받는 성령 충만의 상태가 되는 것입니다.

그러면 우리에게 영적인 기능들이 작동하기 시작합니다. 의와 죄가 구분이 되고 선과 악이 구분이 되면서 하나님의 말씀이 내 생각은 누르게 되고 하나님의 뜻이 내 뜻을 누르면서 나에게 하나님께서 기뻐하시는 생각이 나기 시작하고 하나님께서 기뻐하시는 말을 하기 시작하고 하나님께서 기뻐하시는 행동을 하기 시작하는 것입니다.

이런 사람이 참 그리스도인입니다. 이런 사람이 하나님께서 찾으시는 사람입니다. 우리 모두 이런 성령 충만한 사람들이 되시기를 주님의 이름으로 축원합니다.

| 제 28 장

죄 없는 자가 먼저 돌로 치라

_ 요한복음 8장 1~11절

예수님께서 성전에서 백성들에게 말씀을 가르치고 계셨는데 그 곳에 서기관들과 바리새인들이 한 여인을 끌고 옵니다. 그리고 예수님께 질문을 합니다.

이 여인은 간음을 하다가 현장에서 붙잡힌 여인이요
율법에 보면 이런 여자는 돌로 치라 하였는데
예수 선생 당신은 이런 경우에 어떻게 하는 것이 좋겠소?

돌을 집어 들고 뒤를 따라온 사람들은 그 여인을 둘러서서 욕을 퍼부으며 조롱하며 예수님의 말씀만 떨어지면 돌을 던져 죽일 기세입니다. 그러자 음행을 하다가 현장에서 붙잡혀 온 여인은 수치심과 공포에 땅 바닥에 주저앉아 부들부들 떨고 있습니다.

음행을 하다가 붙잡힐 경우 당시 율법에 의하면 누구든 돌을 던져 죽이게 되어 있었습니다. 그런데 바리새인들과 서기관들은 사람들을 모아 놓고 그 여인을 돌로 치지 않고 예수님께 끌고 와서 "예수님 이 여인을 돌로 칠까요? 놔줄까요?" 라고 물은 겁니다.

서기관과 바리새인들이 예수님께 왜 그런 질문을 하였을까요?

그들이 이렇게 말함은
고발할 조건을 얻고자 하여 예수를 시험함이러라. (6절)

서기관과 바리새인들이 이런 경우에 어떻게 처리하는 것을 몰라서 예수님께 질문하는 것이 아니었습니다. 예수님께서 어떻게 대답하는 것을 보면서 말에 꼬투리를 잡아 예수님을 고발하려고 대답하기 어려운 상황을 만들어 난감한 질문을 한 것입니다.

왜냐하면 예수님께서 평소 가르치시는 대로 아무리 음행을 하다가 현장에서 붙잡혔다고 해도 법보다는 사람이 먼저이니 용서해 주라고 대답하면 당장 예수님은 율법을 어기고 율법을 무시하는 사람이다는 비난을 받으면서 고발을 당할 것이고, 그 여인은 음행을 하다가 현장에서 붙잡혔으니 율법의 규정을 따라 돌로 쳐 죽이라고 대답하면 사람들에게는 원수라도 사랑하라고 가르치면서 자기가 난처해지는 상황이 되자 힘없고 위험에 처한 여인은 법대로 죽이라고 말하는 인정머리 없고 이중적인 사람이다라고 비난할 것이기 때문입니다.

그리고 또 한 가지 예수님께서 율법에 따라 그 여인을 죽이라고 대답을 한다면 황제의 대리인인 총독 외에는 사람을 죽일 권세가 없는 당시 법을 위반한 죄에 의해 정치범으로 고발될 것이기 때문입니다.

이것을 알고 있는 서기관과 바리새인들이 예수님을 고발하려고 이러지도 저러지도 못할 상황을 만들어 교활한 질문을 한 것입니다.

예수님께서 참 난감한 상황에 직면하셨습니다. 이 때 예수님께서는 아무 말씀도 하지 않으시고 갑자기 땅에 쭈그리고 앉으십니다. 그리고 손가락으로 땅 바닥에 글씨를 쓰십니다.

그러자 서기관과 바리새인들과 그들을 따라 온 사람들이 의아해 하는 눈으로 바라봅니다.

너희 중에 죄 없는 자가 먼저 돌로 치라!

혈기 등등하여 씩씩거리던 소리가 잦아지더니 툭! 툭! 들고 있던 돌이 땅 바닥에 떨어지는 소리가 들립니다. 그러더니 여인을 둘러싸고 있던 사람들이 한 사람씩 한 사람씩 자리를 떠나는 겁니다. "너희 중에 죄 없는 자가 먼저 돌로 치라."는 예수님의 글씨를 보는 순간, '나도 죄인인데…나도 허물 많은 사람인데…그런 내가 누구에게 돌을 던진다는 말인가?'

양심에 가책을 느끼며 던지려고 들고 왔던 돌들을 내려놓고 그 장소를 떠난 겁니다. 서기관과 바리새인들을 따라 온 사람들도 떠나고 그 여인을 끌고 왔던 서기관과 바리새인들도 떠났습니다.

이제 그 현장에 예수님과 그 여인만 남게 되었습니다. 얼굴을 감싸고 벌벌 떨고 있던 여인에게 예수님께서 말씀하십니다.

나도 너를 정죄하지 아니하노니
가서 다시는 죄를 범하지 말라.(11절)

공포감에 질려 부들부들 떨던 그 여인이 일어납니다. 그리고 서서 지켜보시는 예수님을 몇 번이고 뒤돌아보며 또 뒤돌아보며 집으로 돌아갑니다.

여기까지가 오늘 본문의 내용입니다. 이 사건이 우리에게 주는 오늘의 메시지가 무엇일까요?

첫째, 질문이 참 중요하다는 것입니다. 질문이란 상대방에게 묻는 것입니다. 아이들이 부모에게 질문합니다. 부모가 아이에게 질문합니다. 학생이 선생님에게 질문합니다. 선생님이 학생에게 질문합니다. 모르는 사람이 알고 있는 사람에게 묻는 것이 질문입니다.

그래서 자녀를 키우는 우리나라 부모가 학교에 다니는 자녀에게 늘 당부하는 말이 "학교에 가서 선생님 말씀 잘 들어야 해. 오늘 학교에서 떠들지 않고 선생님 말씀 잘 들었니?"입니다. 왜냐하면 선생님 말씀을 잘 들어야 시험을 볼 때 높은 점수를 받을 수 있기 때문입니다.

반면에 이스라엘 부모들은 자녀들에게 이렇게 당부한다고 합니다. "학교에 가서 선생님에게 질문 많이 해야 해. 오늘 학교에서 선생님에게 몇 번 질문을 했니?" 왜냐하면 질문을 통해 자기가 궁금해 하던 것들이 정리가 되고 새로운 것들을 얻을 수 있으며 질문을 통해 얻은 새로운 지식은 잊어버리지 않기 때문입니다.

그래서 남의 말을 잘 듣는 것도 중요하지만 질문을 잘하는 것은 더 중요합니다. 그런데 우리가 해서는 안 될 질문이 있습니다. 마음을 떠보려는 질문, 책잡으려는 질문, 난처하게 만들려는 질문입니다. 예수님께서 가장 책망을 많이 한 사람들이 있습니다. 그 사람들이 바로 바리새인들과 서기관들입니다.

이상하지요? 이들은 하나님을 믿는 사람들, 율법을 연구하는 성직자들입니다. 그런데 왜 예수님께서 이들을 가장 많이 책망하셨을까요?

그것은 이들이 예수님 주변에 어른거리며 약점을 잡으려고 살피고 책잡으려고 대답하기 곤란한 질문들을 했기 때문입니다.

이런 사례들을 보면서 우리는 어떻게 해야 할 것인지를 깨달아야 합니다. 모르는 것이 있으면 물어야 합니다. 정말 알고 싶어서 자주 묻는 사람은 지혜로운 사람이고 장래가 밝은 사람입니다.

그러나 질문을 해도 마음을 떠보려고 질문을 하거나 책잡으려는 질문을 하거나 여러 사람 앞에 난처하게 만들고 골탕 먹이려고 대답하기 어려운 질문을 하는 사람은 복 받지 못할 사람입니다.

바울은 질문을 잘해서 복을 받은 사람입니다. 그 질문이 바로 "주여 무엇을 하리이까?"였습니다. 그 질문에 대해서 예수님께서 "나는 네가 이 방에게 복음을 전하는 일꾼이 되었으면 좋겠다."고 하시자 바울은 일평생 주님께서 말씀하신 그 대답을 이루려고 살았던 사람입니다. 그래서 오늘 날 바울을 가리켜 예수님 이후 가장 훌륭한 사람이라고 평하는 것입니다.

그런가하면 바리새인들과 서기관들은 질문을 잘못하다가 책망 받은 사람들입니다.

우리는 어떤 사람이 되어야 할까요? "주님! 바울처럼! 내 뜻대로가 아니라 정말 주님의 뜻대로 살고 싶습니다. 주님! 제가 무엇을 하기를 원하십니까?"라고 묻는 사람이 되어야 합니다.

정말 진리를 바르게 알고 싶어 궁금한 질문을 가지고 말씀을 읽고 그런 궁금한 마음으로 설교를 듣는 그런 사람이 되어야 합니다. 그래서 책망 받고 저주 받은 바리새인들, 서기관들처럼 되지 말고 주님께 묻고 주님께서 알려주신 대로 순종했던 바울과 같은 여러분이 되시기를 주님의 이름으로 축원합니다.

두 번째, 실수한 사람을 보았을 때 죽이려는 사람이 될 것인가, 살리려는 사람이 될 것인가를 잘 선택해야 한다는 것입니다.

그럼, 바리새인들과 서기관들은 어떤 사람들이었을까요? 그들은 진리에 대해서 알고 싶어서 진리에 대해서 가르치시는 예수님께 와서 질문하던 사람들이 아니었습니다. 질문을 해도 예수님의 대답을 듣고 책잡아 그것을 고발해서 예수님을 죽이려는 사람들이었습니다. 그러던 사람들이 현장에서 간음하다 붙잡힌 여인을 예수님께 끌고 간 겁니다.

성도 여러분! 우리는 어떤 사람이 되어야 할까요? 죽이려는 사람이 되어야 할까요? 살리려는 사람이 되어야 할까요? 여러분은 어떤 사람이 되기를 원하십니까? 예수님을 믿는 하나님의 사람들은 절대로 돌을 집어

들고 살아서는 안 됩니다. 돌을 집어 들고 던질 사람을 찾으며 살면 안 됩니다. 길지도 않은 짧은 인생을 그렇게 살면 안 됩니다.

약점 있는 사람을 끌고 가는 바리새인들과 서기관들이 되어서도 안 되고 사실도 확인해 보지도 않은 채 소문만 듣고 돌을 들고 따라가는 사람이 되어서도 안 됩니다.

죽어야 할 사람을 보아도, 돌에 맞아야 할 사람을 만나도 "나도 너를 정죄하지 않노니"하시며 용서해 주셨던 예수님처럼 주변 사람을 살리는 사람으로 살아가시기를 주님의 이름으로 축원합니다.

세 번째, 하나님의 말씀을 통해 자신을 바라보며 살아야 한다는 것입니다. 간음하다 현장에서 붙잡혀 끌려온 여인에게도 예수님께서는 아무 말씀도 하지 않으셨습니다. 그 여인을 끌고 온 바리새인들과 서기관들에게도 예수님은 아무 말씀도 하지 않으셨습니다. 그 대신 땅 바닥에 한 문장의 글을 쓰셨습니다.

너희 중에 죄 없는 자가 먼저 돌로 치라.

사람들이 바로 이 말씀을 통해 자신을 바라보다가 들고 있던 돌을 내려놓고 그 자리를 떠났습니다. 그런데 오늘날은 어떻습니까? 여전히 돌을 들고 사는 사람들이 있습니다. 자기주장을 굽히지 않고 자기 의를 주장하면서 돌을 던져대는 사람도 있습니다. 그런 사람들은 정말 죄가 없어서일까요?

내 마음에 안 드는 일이 있을지라도 자기 생각과는 다른 어떤 사람의 모습이 보일지라도 돌을 들기 전에 "너희 중에 죄 없는 자가 먼저 돌로 치라."는 예수님의 말씀을 먼저 기억하시기 바랍니다. 그래서 예수님처럼 정말 죽임당할 죄를 지은 사람이라도 어떻게 해서든지 살려주려는 사람으로 인생을 살아가시기를 주님의 이름으로 축원합니다.

　네 번째, 다시는 죄를 범하지 말라는 것입니다. 사람은 누구나 잘못할 수 있습니다. 실수도 할 수 있습니다. 바리새인들과 서기관들처럼 주변 사람을 미워할 수도 있고 고발거리 찾으려고 올무를 놓을 수도 있습니다.

　간음하다 잡힌 여인처럼 성적으로 넘어서는 안 될 선을 넘어 성적인 죄를 지을 수 있습니다. 우리 예수님은 사람이 그렇게 약하다는 것을 아십니다. 그러기 때문에 예수님께서는 혈기 등등하여 돌을 들고 약한 여인을 죽이려는 사람들에게 아무 말씀도 하지 않으셨습니다.

　"너희 중에 죄 없는 자가 먼저 돌로 치라."는 글을 읽고 양심에 가책을 받아 돌아서는 것으로 만족하셨습니다. 그리고 간음하다 붙잡힌 여인에게 "나도 너를 정죄하지 않노라."고 하셨습니다.

　이처럼 예수님께서도 사람들을 함부로 정죄하지 않으셨습니다. 그런데도 우리는 얼마나 자주 주변사람들을 조심 없이 평하면서 잘했니 못했니, 용서하니 못하니 그럽니까?

　그런 생각이 들 때마다 우리가 또 새겨야 할 말씀이 있습니다.

나도 너를 정죄하지 않노라.

　예수님도 사람을 함부로 정죄하지 않았는데 우리가 자기 기준만으로 주변 사람들을 쉽게 평가하고 쉽게 비난하고 함부로 정죄하면 안 됩니다.

　정말 비난 받을 일이 있고 정말 정죄 받을 일이 있다면 그것은 내가 나서지 않아도 하나님께서 알아서 판단하실 것이기 때문입니다. 비난과 정죄는 하나님이 하실 몫이고 내가 해야 할 몫은 용서와 사랑입니다. 그래서 하나님께서 이렇게 말씀하십니다.

원수를 갚지 말며 동포를 원망하지 말며
네 이웃 사랑하기를 네 자신과 같이 사랑하라 나는 여호와이니라.
(레19:18)

나는 너희에게 이르노니
너희 원수를 사랑하며 너희를 박해하는 자를 위하여
기도하라.(마 5:44)

그러면 허물 많고 실수 많은 사람들에게 예수님이 원하시는 뜻이 무엇일까요?

예수께서 이르시되 나도 너를 정죄하지 아니하노니
가서 다시는 죄를 범하지 말라 하시니라.(11절)

여인이 간음을 한다는 것은 율법으로 보면 돌로 쳐 죽이라고 할 정도로 큰 죄입니다. 윤리 도덕적으로도 해서는 안 될 못쓸 죄입니다. 그럼에도 불구하고 예수님께서는 그 여인을 정죄하지 않고 보내셨습니다. 그 대신에 당부하시기를

나도 너를 정죄하지 아니하노니 가서 다시는 죄를 범하지 말라.

고 하셨습니다. 사람은 누구나 실수할 수 있다는 것을 인정하신 겁니다. 사람은 누구나 허물이 많다는 것을 예수님도 인정하신 겁니다. 그러나 한 번 실수한 것을 또 반복하지는 말라는 것입니다. 연약해서 지은 죄또 짓지는 말라는 것입니다.
예수님께서 우리에게 원하시는 것은 우리가 하루아침에 천사처럼 변

하는 것이 아닙니다. 사람은 그렇게 될 수 없습니다. 태어난 어린아이가 하루하루 자라면서 못하던 행동을 하나씩 더해가면서 자라듯이 우리들의 성품도 조금씩 예수님의 성품이 닮아지기를 원하십니다.

기도를 하지 않던 사람이 기도하기 시작합니다. 성경을 읽지 않던 사람이 성경을 읽기 시작합니다. 전도하는 것을 부끄러워하던 사람이 전도하기 시작합니다. 십일조 생활을 하지 않던 사람이 십일조 생활을 하기 시작합니다. 봉사를 하지 않던 사람이 봉사하기 시작합니다.

우리 하나님께서 기뻐하실 것입니다. 이렇게 변해 가는 모습을 성화되어 간다고 하는 것입니다. 그런데 예수님을 믿은 지 20년, 30년이 지나도 예수님을 믿기 전의 성품이 그대로인 사람은 태어난 아이가 어느 정도 자라다가 성장을 멈춘 아이와 같습니다.

그런 아이를 보는 부모가 있다면 얼마나 마음이 안타깝고 아프겠습니까? 그러기 때문에 우리는 가끔 나의 신앙은 자라고 있는가를 점검해 보아야 합니다. 우리가 1년에 한 번씩 병원에 가서 건강검진을 받는 것처럼 내 신앙이 지금 정상인가 아닌가? 내 신앙이 나도 모르는 사이에 병들지는 않았는가를 점거해 보아야 합니다.

그래서 신앙성장을 방해하는 쓴 뿌리가 있다면 뽑아내버리시기를 소원합니다. 나에게 바리새인과 서기관과 같은 부정적인 잘못된 습관이 있다면 도려내는 기회가 되시기를 소원합니다.

그래서 주변 사람을 죽이려는 인생이 아니라 주변 사람을 살리려는 인생을 살아가는 행복 자들이 되시기를 주님의 이름으로 축원합니다.

| 제 29 장

예수님은 누구신가?

_ 요한복음 8장 12~20절

　사람이 사람답게 살려면 사람으로서 알아야 할 것들을 알아야 합니다. 만일 그렇지 못하면 사회에서 무식하고 무능하다는 평을 받기 때문입니다. 그래서 자녀를 키우는 부모는 어떤 고생을 하더라도 자식만큼은 잘 가르치려고 합니다. 그리고 배워야 할 때에 배우지 못했다고 생각하는 사람들은 중년이 지나면서도 배워보려고 다시 책을 붙잡습니다.

　우리 교회의 집사님들, 권사님들 중에도 만학을 하시는 분들이 여럿입니다. 늦게라도 배우려는 자세는 대단히 좋은 일입니다. 그래야 미래가 밝기 때문입니다.

　그런데 우리 주변을 보면 지식적으로는 많은 것을 배우기 원하면서도 사람으로서 배우고 알아야 할 가장 기본적인 것에는 관심이 없는 사람들이 의외로 많습니다.

　사람이 알아야 할 가장 기본적인 것이 무엇일까요? 그것은 내가 어떻게 존재하게 되었으며 내가 무엇을 위해 살다가 내가 어디로 가야 하는 인생인가를 아는 것입니다. 다른 말로 하면 내가 누구인가를 먼저 알아야 한다는 말입니다. 내가 누구인지도 모르면서 다른 것을 배우고 안다는 것은 의미 없는 일이기 때문입니다.

그렇다면 내가 누구인가를 어떻게 알 수 있을까요? 그것은 사람을 지으신 분만 알 수 있습니다. 나를 이 땅에 보내신 분만 알 수 있으며 나의 생사화복을 주관하고 계시는 그 분만 알 수 있습니다.

그 분이 누구인가를 알아야 내가 누구인지도 알게 되고 다른 사람이 누구인가도 알게 되고 내가 어떻게 살아야 하는가도 알게 되는 것입니다.

그렇다면 그 분이 과연 누구일까요?

여호와를 경외하는 것이 지식의 근본이거늘.(잠 1:7)

잠언에서는 그 분이 여호와 하나님이시며 그 하나님을 알고 믿는 것이 사람이 알아야 할 모든 지식의 근본이라고 밝히고 있습니다. 그러기 때문에 사람이라면 하나님이 어떤 분이시며 하나님이 나에게 무엇을 원하시는가를 알고 그 위에 공부도 하고 기술도 배우고 가정도 이루고 사업도 해야 그 수고가 헛되지 않는 것입니다.

그러면 사람이 하나님을 어떻게 알 수 있을까요? 피조물인 사람이 조물주이신 하나님에 대해서 알 수 없습니다. 하나님께서 사람에게 알려주실 때만 사람이 하나님에 대해서 알 수 있습니다.

이렇게 하나님께서 사람에게 하나님에 대해서 알려주시는 것을 계시라고 합니다. 그러므로 사람은 하나님의 계시를 통해서만 하나님에 대해서 알 수 있는 것입니다.

하나님께서 사람에게 하나님에 대해서 알려주시는 대표적인 계시 두 가지가 있습니다. 말씀으로 계시하시는 것과 하나님이신 예수님이 이 세상에 오셔서 직접 계시하시는 것입니다.

이 두 가지 계시를 다 모아놓은 것이 신구약 성경입니다. 그러기 때문에 사람이 하나님에 대해서 알고 사람에 대해서 알려면 신구약 성경 말씀을 읽어야 하고 들어야 하는 것입니다.

오늘 본문 말씀은 이 땅에 직접 찾아오신 하나님이신 예수님께서 자신이 누구신가에 대해서 계시하신 말씀입니다. 이 말씀을 통해 우리가 믿는 예수님은 어떤 분이신가를 알고 나는 과연 인생을 어떻게 살아야 할 것인가를 깨닫는 시간이 되시기를 주님의 아름으로 축원합니다.

예수님은 어떤 분이실까요?

예수께서 또 말씀하여 이르시되
나는 세상의 빛이니
나를 따르는 자는 어둠에 다니지 아니하고
생명의 빛을 얻으리라.(12절)

예수님께서 말씀하시기를 "나는 세상의 빛"이라고 하셨습니다. 어둡던 곳에 빛이 비치면 어둠이 물러가고 보이지 않던 것들이 드러나 보이는 것처럼 예수님은 어둠을 물리치시고 볼 것을 보게 하시는 분이라는 것입니다. 그러기 때문에 예수님을 모시는 곳마다 어둠이 물러가고 밝게 변하는 역사가 일어나게 됩니다.

예수님을 마음에 모시면 그 사람에게 불신의 어둠이 물러갑니다. 그래서 불안함이 평안으로 바뀌고 근심과 염려가 기쁨으로 바뀌게 됩니다. 그러기 때문에 예수님을 모르고 살던 사람이라도 예수님을 마음에 모시고 믿기 시작한 사람들은 얼굴빛이 달라지고 말도 달라지고 행동이 바뀌면서 세상 살아가는 모습이 눈에 띄게 달라지는 것입니다.

예수님을 가정에 모시면 그 가정에 임했던 어두움이 사라집니다. 가정에 불신과 어두움이 사라지면 불신과 어두움과 함께 머물던 사단 마귀 귀신도 떠나가게 됩니다. 사단 마귀 귀신이 떠나면 그 자리에 성령님이 찾아오게 되고 그러면서 질병도 떠나고 저주도 떠나게 되는 줄 믿습니다.

"나는 세상의 빛이니 나를 따르는 자는 어둠에 다니지 아니하고 생명의 빛을 얻으리라."(12절)는 말씀처럼 더 이상 어둠에 속해 살지 않고 빛되신 예수님을 따라 살기 시작합니다. 과거 이스라엘 백성들이 출애굽한 이후 불기둥을 따라 움직이기도 하고 멈추기도 했던 것처럼, 예수님의 빛을 따라 살아가게 됩니다.

그러기 때문에 예수님을 제대로 믿는 사람은 인생길을 절대 헤매지 않습니다. 어두움의 영에 눌려 살지 않습니다. 저주의 영에서 벗어나 자유를 누립니다. 어두운 세상에 빛을 비추며 사는 것입니다. 이 자리에 계시는 저와 여러분이 이런 복을 받은 줄 믿으시기를 주님의 이름으로 축원합니다.

예수님께서 빛이시라고 하신 이 말씀을 보면서 떠오르는 말씀이 있으시지요?

"너희는 세상의 빛이라."(마 5:14)는 말씀 말입니다. 예수님께서 세상의 빛이라고 하셨는데 예수님을 믿는 우리에게도 "너희는 세상의 빛이라."고 하셨습니다.

그렇다고 예수님이나 우리나 같다는 의미는 아닙니다. 예수님은 빛 자체이시고 우리는 예수님의 빛을 받아 받은 그 빛을 주변 사람들에게 되비쳐주는 반사체로서의 빛입니다. 예수님께서 우리들에게 너희는 세상의 빛이라고 하신 의도는 우리가 늘 예수님의 빛을 받아서 어두운 세상에 비추며 살아야 한다는 것입니다. 우리가 사는 세상은 스스로의 힘으로는 바르게 살아갈 수 없을 만큼 어두워져 있기 때문입니다.

제가 시골 벽지 초등학교에서 6년을 다닐 때 중학교도 시험을 보고 들어가야 했기 때문에 저는 외지 중학교로 유학을 갈 특수반에 들어가 공부를 했습니다.

특수반에 들어가 도시락을 두 개씩 싸가지고 학교에 가서 밤늦게까지 과외를 하고 집에 올 때는 칠흑 같은 밤길을 거의 더듬으면서 걸어야 했습니다. 그러면서 넘어지기도 하고 특히 비가 내리는 밤에는 패인 구덩이에 여러 번 빠지기도 했습니다.

그러다가 플래시를 들고 가는 사람을 만나는 밤에는 그 사람의 뒤를 따라 가는 것이 얼마나 좋은지요. 그 밤에는 넘어질 일도 없었고 웅덩이에 빠질 일도 없었습니다. 그래서 그 당시 제가 가장 부러웠던 사람이 밤에 플래시를 들고 다니는 사람이었습니다.

제가 오늘의 말씀을 묵상하면서 어릴 적 일이 생각나면서 하나 깨달은 것이 있습니다. 칠흑같이 어두운 이 시대에 예수님을 믿는 우리가 지금 플래시를 들고 살아가는 인생이구나 하는 것입니다. 할렐루야!

그렇다면 우리가 플래시를 들고 살아도 약이 거의 다 떨어진 희미한 플래시를 들고 살면 안 됩니다. 배터리가 다 되어 밤길에 켜졌다 꺼졌다 해서 있으나마나한 플래시를 들고 살면 안 됩니다. 새로운 건전지를 넣은 플래시처럼 어두운 밤에 빛을 제대로 내는 우리가 되어야 합니다.

우리가 그렇게 하려면 어떻게 해야 할까요? 우리는 스스로 빛을 낼 수 없습니다. 그러나 빛을 비추며 살아야 하기 때문에 우리는 빛 되신 예수님을 늘 바라보며 살아야 합니다. 마치 해바라기가 해를 따라 가며 바라보듯이 우리가 주 바라기들이 되어 예수님을 바라보는 심정으로 성경말씀을 읽고 설교 말씀을 들으며 살아야 합니다.

그렇게 하면 우리의 얼굴에서 예수님의 빛이 납니다. 말 속에 예수님의 빛이 묻어나기 시작하고 인품 속에 예수님의 빛이 나오게 됩니다.

그러면 우리를 처음 만난 사람들에게 "저 사람 참 진실하네. 저 사람 참 겸손하네. 저 사람 참 가슴이 따뜻한 사람이네. 저 사람 혹시 예수님을 믿는 사람 아니야?"라는 느낌을 받게 합니다.

우리가 이 어두운 세상에서 그렇게 살아야 합니다. 그렇게 사는 것이 세상에 빛을 비추는 삶입니다. 그래서 하나님께서 이사야 60장 1절에서 말씀하시기를 "일어나라 빛을 발하라." 고 하셨습니다.

사랑하는 성도 여러분! 해바라기가 해만 바라보듯이 우리 모두 주님만 바라보고 사는 주 바라기들이 되시기를 소원합니다.

그래서 성경 말씀과 설교 말씀을 통해 빛 되신 예수님의 빛을 받아 받은 빛을 주변 사람들에게 비추며 살아가는 여러분이 되시기를 주님의 이름으로 축원합니다. 그러면 여러분도 어두운 세상을 밝게 살게 될 것이고 어두운 세상이 여러분 때문에 밝아지게 될 것입니다. 할렐루야!

뿐만 아니라 어두운 세상에서 악에 넘어지고 죄에 빠진 사람들이 여러분의 빛을 보고 따라오게 될 것이고 우리를 따라오던 그들도 결국에는 우리의 빛이신 예수님의 빛을 받아서 어둠의 길에 다니지 않고 진리의 밝은 인생길을 걷게 될 것입니다. 이렇게 사는 것이 어두운 세상에서 빛 되게 살아가는 전도자의 삶입니다.

> 바리새인들이 이르되
> 네가 너를 위하여 증언하니 네 증언은 참되지 아니하도다.(13절)

예수님께서 "나는 세상의 빛이다"라고 하시자 그 말을 듣던 바리새인들이 말하기를 "당신이 당신에 대해서 그렇게 말한다고 누가 믿겠느냐"는 겁니다. 얼핏 들어보면 맞는 말같이 들립니다.

누가 자기에 대한 말을 하면 제삼자가 증언해주기 전에는 그 말이 진실한 말인지 아닌지 믿을 수 없기 때문입니다. 이런 논리 때문에 바리새인들은 하나님이신 예수님이 스스로 "내가 세상의 빛이라"고 계시해 주어도 그 말씀을 믿지 않았습니다.

그러나 그동안 예수님께서 하신 일들을 보면 사람으로서는 할 수 없는 일들을 하셨습니다. 혼인집에서 물로 포도주를 만드신 일, 38년 된 병자를 고치신 일, 보리떡 5개와 물고기 2마리로 장년 오천 명을 먹이신 일입니다.

이런 일들만 보아도 예수님은 보통 분이 아니라 신의 능력을 가지신 분이라는 증거가 되기에 충분합니다. 그래도 그들은 예수님을 믿지 않았습니다. 왜 그랬을까요? 그들의 마음이 교만으로 가득 차 있었기 때문입니다. 교만으로 가득 차 있는 사람은 어떤 증거를 들이대도 믿지 않습니다.

믿음의 문제는 증거에 있는 것이 아닙니다. 교만을 비우면 믿게 되어 있습니다. 교만 앞에서는 어떤 증거를 보여주어도 소용이 없습니다. 겸손해야 믿을 수 있고 믿어야 하나님의 말씀을 알게 되고 하나님의 말씀을 알 때 나도 알고 인생도 알게 되며 인생이 무엇인가도 알고 세상을 알게 되는 것입니다.

세상에 속한 일은 세상의 논리로 알 수 있습니다. 그러나 하나님에 관한 일, 예수님에 관한 일, 그리고 하나님께서 하신 일에 대해서는 세상의 어떤 논리나 세상 어느 누구의 증인으로도 알 수 없습니다.

세상을 창조하신 일이나 사람을 지으신 일은 세상에 사람이 있기 전에 하나님께서 하신 일들이기 때문입니다. 그러기 때문에 이런 일들은 앞서 말씀 드린 바와 같이 하나님께서 사람에게 알려주시는 계시를 통해서만 알 수 있는 것입니다. 초월적인 사실들은 하나님의 계시를 믿음으로 아는 것입니다.

우리는 하나님의 계시를 통해 진리를 믿는 사람들입니다. 그래서 그 진리를 믿는 믿음으로 우리가 하나님을 알게 되었고 하나님께서 하신 일들도 알게 되었고 하나님께서 사람을 지으신 사실도 알게 되었습니다.

그것을 알게 됨으로 말미암아 예수님을 주님으로 믿게 되었고 예수님을 믿음으로 말미암아 죄 용서를 받고 영생을 얻었으며 이제는 창조주 하나님을 아버지라고 부르며 성령의 인도를 받으며 영원히 살게 될 천국을 향해 믿음의 인생을 살아가고 있는 것입니다. 그래서 우리는 사람으로서 이 땅에서 누릴 수 있는 최고의 복을 받아 누리며 살고 있는 것입니다. 할렐루야!

예수님은 어떤 분이실까요? 하나님께서 세상을 지으시고 사람을 지으실 때 예수님도 함께하셨던 하나님이십니다. 하나님과 예수님과의 관계는 요한복음3장 16절에서 보는 바와 같습니다.

하나님이 세상을 이처럼 사랑하사 독생자를 주셨으니.

하나님은 예수님의 아버지가 되시고 예수님은 하나님의 독생자이셨습니다. 그런데 그 예수님을 하나님께서 세상에 보내셨습니다. 왜냐하면 우리를 사랑하셔서 우리가 멸망을 당하지 않고 영생을 얻게 하시려고 하나 뿐인 아들 예수님을 세상에 보내 우리를 대신해서 십자가에 죽게 하셨습니다. 뿐만 아니라 하나님께서는 예수님이 세상에 계실 때 예수님과 언제나 함께 하셨습니다.

만일 내가 판단하여도 내 판단이 참되니
이는 내가 혼자 있는 것이 아니요
나를 보내신 이가 나와 함께 계심이라.(16절)

그러기 때문에 예수님께서 이 세상에 계실 때에 사람들은 하나님이신 예수님을 직접 볼 수 있었고 하나님이신 예수님의 말씀을 직접 들을 수 있었습니다.

그 당시 사람들만이 누릴 수 있는 최고의 복이었습니다. 그런데도 당시 대부분의 사람들은 하나님이신 예수님을 알아보지 못했습니다. 특히 바리새인들은 하나님이신 예수님을 직접 만나고 직접 진리의 말씀을 들으면서도 예수님을 믿지 않을 뿐 아니라 예수님을 고발하려고 난처한 상황을 만들어 대답하기 곤란한 질문을 하고 시비 걸고 죽이려 하였습니다.

사람이 멸망을 당하는 것은 의롭게 살지 못해서 멸망하는 것이 아니고 죄를 많이 지어서 멸망하는 것이 아니라 이렇게 예수님의 말씀을 믿지 못해 멸망하는 것입니다.

사람이 복을 받지 못하는 것도 의롭게 살지 못해서 멸망하는 것이 아니고 죄를 많이 지어서 멸망하는 것이 아니라 예수님의 말씀을 믿지 못해 복을 받지 못하는 것입니다. 불신자는 복음을 듣고 예수님을 믿어야 구원을 받지만 예수님을 믿는 자들은 성경말씀을 읽고 들을 때 의심하지 말고 따지지 말고 아멘하고 믿어야 합니다. 할렐루야!

그럴 때 구원도 받고 복도 받고 구원 받은 사람답게 주변 사람에게 덕을 세우며 살고 교회를 부흥시키는데 함께하고 하나님께 영광을 돌리며 사는 것입니다. 그런 성도들이 되시기를 주님의 이름으로 축원합니다.

예수님은 어떤 분이실까요?

이에 그들이 묻되 네 아버지가 어디 있느냐 예수께서 대답하시되
너희는 나를 알지 못하고 내 아버지도 알지 못하는도다
나를 알았더라면 내 아버지도 알았으리라. (19절)

바리새인들은 하나님을 믿는 사람들이었습니다. 그러면서도 그들은 예수님을 믿지 않았습니다. 하나님을 믿으면 예수님도 믿어야 하는데 그들은 그러지 않았습니다. 그러다가 그들이 하나님이신 예수님을 죽이는 죄를 짓고 맙니다.

이런 것을 보면서 우리가 깨달아야 할 것은 믿어도 성경대로 바르게 믿어야 한다는 것입니다.

네 입을 넓게 열라 내가 채우리라.(시 81:10)

는 말씀처럼 하나님께서는 입을 연 만큼 채워주실 것이며 사모하는 만큼 복을 부어주실 것입니다. 입을 넓게 열고 기도하시다가 차고 넘치게 채우시는 복을 받아 멋지게 하나님을 섬기는 헌신 자들이 다 되시기를 주님의 이름으로 축원합니다.

| 제 30 장

위에서 난 사람과 아래에서 난 사람

_ 요한복음 8장 21~30절

오늘 본문은 예수님과 바리새인들과의 대화입니다. 바리새인들은 유대 족속, 유대교의 정통파, 철저한 율법 교육, 경건한 삶을 사는 사람들이었습니다. 하나님을 믿어도 잘 믿는다는 사람들, 이 땅에 오신 하나님이신 예수님을 직접 만났던 사람들, 예수님께서 하시는 일도 직접 목격한 사람들, 하나님이신 예수님의 말씀을 직접 들은 사람들이었습니다.

이렇게 볼 때 바리새인들은 아무나 누릴 수 없는 대단한 특권을 누리던 사람들이었습니다.

그런데도 그들은 하나님이신 예수님을 믿지 않았습니다. 하나님을 가장 잘 안다고 자부하던 사람들이 정작 하나님이신 예수님이 누구인지에 대해서는 알지 못했습니다.

그래서 그들의 신앙은 무지한 신앙이었고 착각에 빠진 신앙이었으며 헛되고 거짓된 신앙이었습니다. 우리가 하나님을 믿어도 이렇게 믿으면 안 됩니다. 그러면 바리새인들은 어쩌다 그런 잘못된 신앙을 갖게 되었을까요?

예수께서 이르시되

너희는 아래에서 났고 나는 위에서 났으며
너희는 이 세상에 속하였고
나는 이 세상에 속하지 아니하였느니라.(23절)

그들은 아래에서 났고 이 세상에 속하였기 때문입니다. 그들만 그런가요? 이 세상에서 사람의 자녀로 태어난 사람은 누구나 마찬가지입니다. 세상 모든 사람들은 누구나 다 아래에서 난 사람들이고 이 세상에 속한 사람들입니다.

그래서 로마서 3장 10절에서 말씀하시기를 "의인은 없나니 하나도 없다."고 하십니다. 이런 사람들은 구원을 받을 수 없고 천국에 들어갈 수도 없습니다. 진리에 대해서도 알지 못합니다. 믿는다고 해도 바리새인들처럼 무지하고 착각한, 헛되고 거짓된 신앙을 갖습니다. 오늘날 이단에 속한 사람들이 다 그런 사람들입니다. 이런 사람들은 이 세상에 살 때에도 죄 가운데 살다가 죽게 됩니다.

그러므로 내가 너희에게 말하기를
너희가 너희 죄 가운데서 죽으리라 하였노라
너희가 만일 내가 그인 줄 믿지 아니하면
너희 죄 가운데서 죽으리라.(24절)

다시 이르시되 내가 가리니
너희가 나를 찾다가 너희 죄 가운데서 죽겠고
내가 가는 곳에는 너희가 오지 못하리라.(21절)

이런 사람들은 죽으면 예수님이 가시는 곳에 가지 못합니다. 사람이 죽으면 가는 것이 두 곳뿐입니다. 예수님께서 가시는 곳인 하늘나라, 천국, 영생하는 곳입니다. 예수님께서 가시지 않는 곳은 지옥, 영벌 받는 곳입니다.

이 세상에 태어난 모든 사람들의 운명이 다 이렇습니다. 우리가 비록 지옥에 가서 영벌 받을 죄인의 운명으로 이 세상에 태어났을지라도 우리는 지옥에 가면 절대 안 됩니다. 우리가 비록 아래에서 났고 죄악 된 세상에 살고 있어도 죄에서 벗어날 수 있는 길이 있고 지옥에 가지 않고 천국에 갈 수 있는 길이 있기 때문입니다.

그 길이 무엇일까요?

예수께서 이르시되
너희는 아래에서 났고 나는 위에서 났으며
너희는 이 세상에 속하였고
나는 이 세상에 속하지 아니하였느니라. (23절)

사람들은 다 아래에서 났지만 예수님은 위에서 나신 것을 믿어야 합니다. 사람들은 다 이 세상에 속하였지만 예수님은 이 세상에 속하지 않으시고 하늘에 속하신 분이라는 것을 믿어야 합니다.

그러면 아래서 났고 이 세상에 속한 사람이라도 예수님을 통해서 위에서 난 사람이 되는 것입니다. 새로운 피조물이 되는 것입니다. 죄 용서를 받고 거듭난 하나님의 자녀가 됩니다. 할렐루야!

하나님 아버지께 담대하게 나아가 예배하는 복을 받습니다. 예수님의 이름의 권세로 하나님께 기도하는 복을 받고 천사를 통해 보호받고 인도받는 복을 받습니다. 예수님을 믿는 저와 여러분이 지금 이런 복을 누리고 사는 줄 믿습니다.

이렇게 예수님을 믿는 사람이 받는 또 하나의 복이 있습니다.

다시 이르시되 내가 가리니
너희가 나를 찾다가 너희 죄 가운데서 죽겠고
내가 가는 곳에는 너희가 오지 못하리라.(21절)

바리새인들처럼 하나님을 믿는다고 하면서도 예수님을 믿지 않는 사람들은 천국에 가지 못합니다.

사람이 나를 섬기려면 나를 따르라
나 있는 곳에 나를 섬기는 자도 거기 있으리니
사람이 나를 섬기면 내 아버지께서 그를 귀히 여기시리라.(요 12:26)

그러나 예수님을 믿고 예수님을 섬기며 사는 사람은 이 세상 수한을 마치는 날 예수님이 계시는 곳에 들어가게 됩니다. 그곳에서 영생복락을 누리게 될 것입니다. 예수님이 계시는 곳에 들어가 영생복락을 누리는 사람이 인생살이 성공한 사람이고 행복한 사람입니다. 여러분들이 그런 사람인 줄 믿습니다. 할렐루야! 그러므로 우리는 우리의 수한이 다 되어 천국으로 이사 가는 그 순간까지 예수님만 바라보고 살아야 할 줄 믿습니다.

우리는 하나님의 자녀들이 되었으니 주 바라기들이 되어 빛 되신 주님만 바라보고 살아야 합니다. 예수님의 빛을 받아야 내 심령에 어두움이 사라지기 때문입니다. 예수님의 빛을 받아야 빛을 비추며 살 수 있기 때문입니다.

하나님의 자녀들인 우리가 주 바라기들이 되어 빛 되신 주님만 바라보고 산다는 것은 성경말씀을 읽으며 사는 것을 말합니다. 설교말씀을 들으며 사는 것을 말합니다. 읽고 들은 말씀을 지켜 살려고 애쓰는 것을 말합니다. 그렇게 살려고 해도 힘들고 어려울 때 힘 달라고 주님을 바라보고 기도하며 사는 것을 말합니다.

요즈음 우리 사회가 너무나도 혼란스럽습니다. 세상에서 일어나는 소식을 알려주는 뉴스마저 가짜가 판을 치고 있습니다. 무엇이 진실이고 무엇이 거짓인지 분간하기 어려울 정도로 어둡고 그래서 더 불안합니다. 우리는 그럴수록 빛 되신 주님만 바라보아야 할 줄 믿습니다. 내 생각대로가 아니라 주님의 말씀대로 순종해야 할 줄 믿습니다.

그런데 유대 지도자들은 어떻게 하였습니까?

저 예수라는 자가 죽으려고 하나? (22절)

바리새인들은 하나님이신 예수님을 대면해서 보고 있고 그 분의 말씀을 직접 들으면서도 예수님께서 무슨 말씀을 하시는지 제대로 알아듣지 못합니다. 이런 모습을 우리가 보면서 깨닫는 것이 있습니다. 그것은 교만과 불신을 가지고 있는 사람은 하나님이 눈앞에 나타나 말씀하셔도 믿지 않더라는 겁니다.

이런 내용이 누가복음 16장에도 나옵니다. 이 세상에 살아 있을 때 돈 많이 가지고 호의호식하며 사는 것이 행복인줄 알았던 부자가 죽어서 지옥에 들어가 보니 너무너무 고통스러운 겁니다.

그래서 후회합니다. 내가 살아 있을 때 예수님을 믿을 걸, 내가 죽기 전에 교회에 출석하며 신앙생활을 할 걸 후회하다가 세상에 아직 죽지 않고 살아있는 다섯 형제가 생각납니다. 나는 어차피 죽어 이 고통 받는 곳에 와서 괴로움을 당하지만 내 형제들이라도 이런 곳에 절대 와서는 안되겠다. 그래서 아브라함에게 부탁합니다. 저 나사로를 내 형제들에게 보내어 살아 있을 때 예수님을 믿고 절대로 이 지옥에는 오지 않게 전도하고 오게 하소서. 죽은 나사로가 살아 돌아가 그들에게 전도하면 아마 그들은 틀림없이 믿게 될 것입니다. 형제들의 영생문제를 염려하는 좋은 생각이지요? 그러나 아브라함은 그 부자의 요청을 거절합니다. 그러면서 이런 말을 합니다.

> 이르되 모세와 선지자들에게 듣지 아니하면
> 비록 죽은 자 가운데서 살아나는 자가 있을지라도
> 권함을 받지 아니하리라 하였다 하시니라.(눅 16:31)

무슨 말입니까? 교만과 불신, 부정적인 생각으로 가득 차 있는 사람은 예수님을 보아도 예수님이 하나님이신 줄 모르고 예수님의 진리의 말씀을 들어도 깨닫지 못하며 죽은 사람이 살아나서 하는 말도 믿지 못한다는 말입니다.

그러기 때문에 우리가 복을 받으려면 내 속에 있는 교만을 버려야 합니다. 의심을 버려야 합니다. 부정적인 생각을 버려야 합니다. 내 생각이 언제나 맞고 나는 옳다는 내 의를 버려야 합니다. 그런 사람은 집에서 성경을 읽어도 그 말씀을 통해 은혜를 받고 교회에 나와 설교를 들어도 그 설교말씀을 통해서 하나님의 음성을 듣는 것입니다. 그럴 때 사람이 변화되고 성숙해집니다. 성품이 예수님을 닮아가고 덕스런 사람이 되고 하나님의 영광이 되는 사람이 되고 교회에 유익한 복 있는 사람이 되는 것입니다. 여러분이 바로 그런 복된 사람들이 되시기를 축원합니다.

그러나 바리새인들은 그러지 않았습니다. 그들은 혈통적으로 유대인이라고 하는 선민의식에 사로잡혀 있었습니다. 누구보다 율법을 잘 안다는 우월의식에 사로잡혀 있었습니다.

오늘날 우리의 말로 하자면 그들은 오래 믿고 있다는 신앙 연조를 자랑하고 웬만한 성경 말씀은 다 들어 안다는 성경 지식을 자랑하고 나는 언제나 옳은 말만 한다고 자기 의를 가지고 남을 비판하고 있었습니다.

예수님께서 그들을 향해 23,24절에서 자신이 누구인지를 말씀하십니다.

유대인들이 이르되 그가 말하기를
내가 가는 곳에는 너희가 오지 못하리라 하니
그가 자결하려는가
예수께서 이르시되
너희는 아래에서 났고 나는 위에서 났으며
너희는 이 세상에 속하였고
나는 이 세상에 속하지 아니하였느니라.

너희는 아래에서 났고 나는 위에서 났다. 너희는 세상에 속하였고 나는 이 세상에 속하지 않았다. 예수님께서 사람이 어떤 존재인지를 알려 주심과 동시에 예수님은 사람과는 본질적으로 다른 분이라는 것을 말씀하셨습니다. 예수님은 위에서 나신 분이시며, 사람은 세상에서 난 자들입니다. 그렇기 때문에 이 세상에서 난 사람이 위에서 난 예수님에 대해서 알 수 없습니다. 사람이 예수님에 대하여 공부를 해서 알 수 없습니다. 우리의 노력으로 주님을 알 수 없습니다. 세상의 방법으로 예수님을 찾을 수 없습니다.

오직 한 가지 예수님께서 자신을 나타내실 때 우리는 그것을 믿음으로 예수님을 이해할 수 있고 구원을 얻는 것입니다. 믿음이 아니고는 예수 그리스도를 바로 이해할 수도 없고 구원을 받을 수도 없습니다.

이렇게 보면 구원 받기가 참 쉽습니다. 예수님을 믿기만 하면 되기 때문입니다. 주님이 나를 사랑하사, 내 죄를 사해 주시기 위해 이 땅에 오사 십자가에서 내 죄를 대신해 죽으셨다는 사실을 믿기만 하면 됩니다.

어느 종교와 같이 사람이 적어도 15년간은 면벽참선을 해야 그 공으로 구원을 받는 것이 아닙니다. 천일기도를 하고, 일천 배례를 해야 득도하여 구원을 받는 것이 아닙니다.

주 예수를 믿으라 그리하면 너와 네 집이
구원을 받으리라.(행 16:31)

는 말씀과 같이 그냥 예수님을 믿기만 하면 됩니다.
그런데 하나님이신 예수님의 말씀을 듣던 바리새인들을 보세요.

그들이 말하되 네가 누구냐
예수께서 이르시되 나는 처음부터 너희에게 말하여 온 자니라.(25절)

나는 위로부터 났다고 말씀하시는 예수님께 '네가 누구냐?'라고 질문합니다. 이 말은 궁금해서 묻는 단순한 질문이 아닙니다. '네 까짓 게 뭔데 그딴 소리를 하느냐?' 는 말입니다. 빈정대고, 따지고, 하나님의 말씀을 농담으로 여깁니다. 그러니까 책망이나 받고 망하는 겁니다. 안타까운 일이지요. 오늘날도 이런 사람들이 많습니다. 하나님의 말씀을 사람의 농담조로 듣는 사람들 말입니다. 설교를 들어도 그렇게 들으면 안 됩니다. 하나님의 말씀을 들으면서도 내 기준으로 판단하면 안 됩니다.

내가 너희에게 대하여 말하고 판단할 것이 많으나
나를 보내신 이가 참되시매
내가 그에게 들은 그것을 세상에 말하노라.(26절)

왜냐하면 예수님은 하나님 아버지로부터 들은 것을 말씀하시기 때문입니다. 성경 말씀은 하나님의 말씀이기 때문입니다. 성경을 선포하는 설교는 하나님의 말씀을 선포하는 것이기 때문입니다.

하나님의 약속은 얼마든지 그리스도 안에서 예가 되니
그런즉 그로 말미암아 우리가 아멘 하여
하나님께 영광을 돌리게 되느니라.

그러므로 하나님의 말씀 앞에 우리는 고린도후서 1장 20절과 같이 "글쎄요." 하면 안 됩니다. "아니요"해도 안 됩니다. 하나님의 말씀에는 언제나 "예"만 해야 할 줄 믿습니다. "아멘"만 해야 할 줄 믿습니다. 그럴 때 말씀은 그 사람에게 이루어질 것이고 하나님께 영광이 될 줄 믿습니다.

다음으로 28절 말씀을 보시기 바랍니다.

이에 예수께서 이르시되
너희가 인자를 든 후에 내가 그인 줄을 알고
또 내가 스스로 아무것도 하지 아니하고
오직 아버지께서 가르치신 대로 이런 것을 말하는 줄도 알리라.

예수님께서 얼마 후 십자가에 달려 죽임을 당하실 것과 다시 부활하셨다가 승천하실 것에 대해서 미리 말씀하셨습니다. 하지만 그 말씀을 듣던 사람들 대부분은 예수님의 말씀이 어떤 의미인지를 알지 못했습니다.
그래서 믿지도 않았습니다. 그러나 사람들이 믿든 믿지 않든 예수님의 말씀은 말씀 그대로 이루어진다는 것입니다.
그러나 30절 말씀을 보면 "이 말씀을 하시매 많은 사람이 믿더라."고 했습니다. 그 중에도 예수님의 말씀을 믿는 사람들이 있었습니다.

예수님의 말씀을 온전히 알지 못했지만, 어렴풋이나마 예수님을 알고 신뢰하고 믿었다는 말입니다. 그러다가 오순절 마가의 다락방에 성령이 임할 때 사람들은 그때서야 예수님께서 하신 말씀들이 어떤 말씀이었는지를 알게 되었습니다. 그렇습니다. 예수님의 말씀, 성경말씀은 과학이 아닙니다. 사람이 다 경험해보고 확인할 수 있는 일에 대한 말이 아닙니다. 초월적인 사실을 알려주는 신령한 말씀이자 장차 되어질 일에 대한 하나님의 예언의 말씀입니다.

그러기 때문에 하나님의 말씀은 아멘하고 믿는 자에게 진리의 말씀이 되고, 능력의 말씀이 되며, 때가 되면 성취됨을 경험할 수 있는 살아 있는 말씀이 되는 것입니다.

> 우리가 지금은 거울로 보는 것같이 희미하나
> 그 때에는 얼굴과 얼굴을 대하여 볼 것이요
> 지금은 내가 부분적으로 아나
> 그 때에는 주께서 나를 아신 것같이 내가 온전히 알리라.(고전 13:12)

고린도전서 13장 12절의 말씀처럼 지금은 그저 희미하게, 부분적으로 보일지라도 때가 되면 모든 말씀이 온전히 이루어지는 것을 경험하게 될 것입니다. 우리는 아래에서 난 사람이었지만 예수님 때문에 위에 속한 사람이 된 사람들입니다. 그러므로 지금은 내 눈에 아무 증거 보이지 않을지라도 믿음만을 굳게 잡고 순종하며 살아야 합니다. 그래서 바리새인들처럼 되지 말고 "다만 말씀만 하옵소서 그러면 내 하인이 낫겠습니다." 라고 했던 백부장처럼 믿음으로 예수님을 기쁘시게 해드리는 위에 속한 자들이 되시기를 주님의 이름으로 축원합니다.

| 제 31 장

진리가 너희를 자유롭게 하리라

_ 요한복음 8장 31~42절

초막절에 예루살렘에 가신 예수님은 자기를 믿지 않는 유대인들에게 자신을 증언하셨습니다. 십자가를 예언하시며, 언젠가 자신에 대해 알게 될 것을 말씀하십니다. 그런데 이 말씀을 통해서 유대인들의 믿는 무리가 생기게 되었습니다.

오늘 본문은 이 유대인들을 향한 위대한 선포로 시작되고 있습니다.

그러므로 예수께서 자기를 믿은 유대인들에게 이르시되
너희가 내 말에 거하면 참으로 내 제자가 되고
진리를 알지니 진리가 너희를 자유롭게 하리라.(31,32절)

예수님은 자신의 말에 동조한 유대인들에게 참된 제자가 되는 길을 가르쳐 주십니다. 예수님은 자신의 말에 동의하는데서 그치는 것이 아니라, 한 걸음 더 나아가서 그들이 주님을 좇는 참 제자가 되기를 원했습니다.

예수님의 말씀을 듣고 동조하는 사람은 많습니다. 그러나 "예수님의 말씀 안에 거하는 제자들"은 많지 않습니다.

예수님은 이러한 사람들에게 "계속해서 내 안에 거하라."라고 권고하십니다. 여기서 "내 말에 거한다."라는 것은 예수님의 말씀을 따라 그대로 사는 것을 말합니다. 진정한 제자는 그 가르침을 온전히 실천하는 사람들입니다.

예수님은 자기 말을 듣고 동조한 유대인들에게 계속해서 말씀하셨습니다.

진리를 알지니 진리가 너희를 자유롭게 하리라!

예수님의 말씀을 듣고 그 안에서 살아가는 사람들은 예수님의 진정한 제자가 될 것입니다. 그리고 이러한 사람들은 예수님을 통해서 "진리"를 알게 될 것입니다. 여기서 진리란 구원에 이르는 진리를 말합니다. 구원에 이르는 진리는 오직 예수님을 통해서만 알 수 있습니다.

예수 그리스도를 믿고 그 안에서 사는 사람들은 영생에 이르는 진리를 발견할 수 있습니다. 그리고 이 구원에 이르는 진리를 발견한 사람들은 다른 그 무엇에 얽매이지 않습니다. 왜냐하면 이 진리로 발견한 이 구원이 가장 소중하다는 것을 알기 때문입니다.

사람들은 끊임없이 무엇인가를 갈구하며 추구했습니다. 그리고 그것을 통해 복과 구원을 얻을 수 있다고 믿었습니다. 대표적인 것이 돈, 명예, 권력, 그리고 한 가지를 더 추가한다면 바로 종교입니다.

이러한 것들을 추구함으로써 인생의 행복과 구원을 찾았습니다. 그러나 이 모든 것들은 추구하면 할수록 우리를 더욱 옭아매고, 속박합니다.

그러나 이제 구원의 참 진리를 발견한 사람은 더 이상 다른 그 무엇에 속박당하지 않습니다. 참 자유를 누리게 됩니다. 그러므로 예수님을 믿는 이 믿음만이 우리에게 진리를 알려주고, 참 자유를 얻게 합니다.

그런데 유대인들은 이러한 예수님의 말을 인정하지 않았습니다. 그들은 자신들이 종이 되지 않았기 때문에 더 이상 자유롭게 될 필요가 없다고 했습니다.

그들이 대답하되
우리가 아브라함의 자손이라 남의 종이 된 적이 없거늘
어찌하여 우리가 자유롭게 되리라 하느냐.(33절)

사실상 그들은 로마의 권력 아래에 있었습니다. 로마의 지배를 받았던 겁니다. 그러나 유대인들은 정치적 의미에서의 자유를 말하는 것이 아니라, 그들의 종교적, 정신적 자유를 말하는 것입니다. 그들의 주장은 일리가 있으나, 영적인 참 자유를 알지는 못 했습니다.

왜냐하면 그들은 모든 사람들과 같이 죄의 지배를 받았습니다. 하나님을 믿는 유대인들이었으나, 그들 역시 죄에 매여 있었습니다. 그러므로 예수님은 34절에 보면 그들을 향해, "죄를 범하는 자마다 죄의 종이라!"라고 선언하십니다.

이 말씀을 하시면서, "진실로 진실로"를 반복합니다. 진실로는 바로 '아멘'이라는 말입니다. 예수님은 중요한 말을 할 때, '아멘 아멘, 진실로 진실로'라는 표현을 사용했습니다.

예수님은 유대인들이 죄의 노예 상태에 있다는 사실을 힘주어 말씀하신 것입니다. 그들이 자신들의 상태를 깨닫기를 바라셨기 때문입니다. 그래서 예수님은 그들이 죄의 종이라고 강조해서 말씀하십니다.

그리고는 35절에서 이렇게 말씀합니다.

종은 영원히 집에 거하지 못하되 아들은 영원히 거하나니.

유대인들은 "우리는 하나님의 자녀"라고 자랑했습니다. 그들은 죄로 인해 자신들이 아들의 권리를 잃어버렸다는 것을 알지 못했습니다. 그들은 죄의 노예가 된 후에도 여전히 하나님의 자녀라고 착각하고 있었습니다. 그러나 예수님은 그들은 하나님의 자녀가 아니며 죄의 노예에 불과하다고 선언하셨습니다. 종은 영원히 집에 거하지 못합니다. 종은 주인의 재산이며 언제 팔릴지 모르는 상태에 있습니다. 그들은 언제라도 주인이 원하면 그 집을 떠나 다른 곳으로 팔려가야 했습니다.

그러나 아들은 영원히 아버지의 집에 거했습니다. 어떤 아버지도 아들을 집에서 내쫓거나 팔아버리지는 않습니다. 아들은 아버지 집에 거하면서 아버지의 재산을 상속합니다. 이와 같이 예수님은 하나님의 아들로서 영원히 천국에 거할 수 있었습니다.

또한 예수님은 아들로서 죄의 노예로 사는 사람들을 자유롭게 할 권한이 있었습니다. 예수님은 죄인을 위해 죽으시고, 자기를 믿는 사람들을 자유롭게 하기를 원하셨습니다.

그러므로 36절에서 이렇게 선언하십니다.

그러므로 아들이 너희를 자유롭게 하면
너희가 참으로 자유로우리라.

이와 같이 하나님은 예수님을 통해 죄의 노예가 된 사람들을 해방시켜 자기 아들을 삼기 원하셨습니다. 그리고 그 권한을 예수님께 주셨습니다. 우리는 예수님을 믿는 순간에 죄의 노예에서 벗어나서 자유인이 될 수 있습니다.

이처럼 진정한 자유는 곧 죄와 사단의 권세로부터 해방되는 것으로, 우리가 스스로 쟁취할 수 있는 것이 아닙니다. 종교적인 연습이나 훈련을 통해서도 되지 않습니다. 오직 예수 그리스도의 십자가 사역을 통해서만이 얻을 수 있습니다.

죄와 사단으로부터의 해방 곧 진정한 자유는 하나님께서 예수 그리스도의 십자가 사역을 통해 자기 백성들에게 주시는 신령한 선물입니다.

> 나도 너희가 아브라함의 자손인 줄 아노라
> 그러나 내 말이 너희 안에 있을 곳이 없으므로
> 나를 죽이려 하는도다.(37절)

유대인들은 아브라함의 자손이라는 선민의식에 사로잡혀 예수님을 거부했습니다. 예수님을 죽이고자 하였습니다. 예수님은 이런 그들에게 무엇이라고 말씀하십니까?

> 나는 내 아버지에게서 본 것을 말하고
> 너희는 너희 아비에게서 들은 것을 행하느니라.(38절)

예수님은 이 말씀을 통해 그들이 자신의 말씀을 받아들이지 않는 이유를 분명히 밝히신 것입니다. 그들이 예수님의 말씀을 받아들이지 않는 것은 그들의 아비 사단 마귀의 말을 듣기 때문입니다.

> 대답하여 이르되 우리 아버지는 아브라함이라 하니
> 예수께서 이르시되 너희가 아브라함의 자손이면
> 아브라함이 행한 일들을 할 것이거늘
> 지금 하나님께 들은 진리를 너희에게 말한
> 사람인 나를 죽이려 하는도다
> 아브라함은 이렇게 하지 아니하였느니라.(39-41절)

유대인들이 "우리의 아버지는 아브라함이라"고 대답하자, 예수님은 이런 그들에게 "너희가 아브라함의 자손이면 아브라함의 행한 일들을 해야 하는데 그렇지 않다"라고 말씀합니다.

아브라함은 하나님의 진리의 말씀을 듣고 예수님을 죽이고자 하는 것과 같이 하지 아니하였다고 하셨습니다. 그러면서 유대인들은 아비 사단 마귀의 행동을 한다고 책망하셨습니다. 그러자 그들은 자신들은 음란한 데서 태어나지 않았고, 아버지는 하나님 한 분뿐이라고 했습니다.

유대인들은 이처럼 자신들이 아브라함의 자손이라는 사실만 내세웠습니다. 그로 인해 그들은 자신들의 실상을 볼 수 없었습니다. 그들은 사실은 죄의 노예요, 마귀의 자식이었습니다. 이러한 그들을 향해 예수님은 자기 실상을 알고, 죄의 종이라는 사실을 깨닫기를 바랐습니다. 그래야 주님을 의지하고, 주님을 바라보기 때문입니다.

우리도 마찬가지입니다. 우리가 구원받아 하나님의 자녀가 되었고, 이제 의의 종이 되었지만, 한시도 방심해서는 안 됩니다. 우리 육체의 본성은 본질상 진노의 자녀라는 사실을 잊어서는 안 되는 것입니다.

그러면 날마다 십자가를 바라볼 때마다 그 은혜에 대한 감사와 감격이 넘쳐나고, 구원받은 자녀로서의 참 자유자의 삶을 살아가게 됩니다.

그러므로 우리가 본래 죄의 종이라는 사실을 잊지 않고, 이 악한 죄인들을 사랑하사 참 진리이신 예수 그리스도를 알게 하신 하나님의 사랑과 은혜 속에서, 이제 더 이상 세상 것에 얽매이지 않는 참된 자유자의 삶을 살아가시는 저와 여러분들이 되시기를 바랍니다.

| 제 32 장

나를 보게 하신 예수님

_ 요한복음 9장 1~12절

예수님께서 길을 가시다가 한 사람을 만났습니다. 날 때부터 앞을 보지 못하는 시각 장애인입니다. 함께 길을 가던 제자들이 예수님께 묻습니다. "예수님! 이 사람이 시각장애인으로 태어난 것이 누구의 죄 때문일까요? 저 사람 본인의 죄 때문일까요? 저 사람의 부모의 죄 때문일까요?"

예수님께서 대답하십니다. "무슨 소리를 그렇게 하느냐? 이 사람이 시각장애인으로 태어난 것이 이 사람의 죄 때문도 아니고 이 사람의 부모가 죄를 지어서 그런 것이 아니라 하나님께서 하시는 일을 나타내고자 하심이라."

예수님께서 또 말씀을 계속하십니다.

때가 아직 낮이매
나를 보내신 이의 일을 우리가 하여야 하리라
밤이 오리니 그 때는 아무도 일할 수 없느니라.(4절)

내가 세상에 있는 동안에는 세상의 빛이로라.(5절)

그런 후에 예수님께서 땅에 침을 뱉어 흙으로 이기시더니 그 소경의 눈에 바르시면서 실로암 못에 가서 씻으라고 하십니다.

이 말씀을 하시고
땅에 침을 뱉어 진흙을 이겨 그의 눈에 바르시고 이르시되
실로암 못에 가서 씻으라 하시니…(6,7절)

이르시되 실로암 못에 가서 씻으라 하시니
(실로암은 번역하면 보냄을 받았다는 뜻이라)
이에 가서 씻고 밝은 눈으로 왔더라.(7절)

그러자 7절에서 보는 바와 같이 이 맹인은 두 말하지 않고 예수님의 말씀대로 실로암 못에 가서 눈을 씻습니다. 그랬더니 나면서부터 보지 못하던 이 사람의 눈에 시력이 생기면서 갈 때는 맹인이던 사람이 올 때는 밝은 눈으로 오게 되었습니다. 할렐루야!

이상이 본문에 소개된 중심 내용입니다. 여러분들도 잘 아시는 내용이지요? 그런데도 우리가 자주 들었고 또 읽었던 이 말씀을 하나님께서 오늘 우리에게 본문으로 주셔서 또 나누게 하십니다.

하나님께서 그렇게 하시는 이유가 있습니다. 그것은 하나님께서 이 사건을 통해서 우리에게 주시고자 하시는 은혜의 메시지가 있기 때문입니다. 오늘도 설교를 통해 그 은혜의 메시지를 듣고 맹인이 보게 된 것처럼 여러분에게도 복된 변화가 일어나기를 주님의 이름으로 축원합니다.

오늘 본문을 통해서 하나님께서 우리에게 주시는 첫 번째 음성은 약점을 안고 있다고 기죽지 말고 살라는 것입니다. 본문에 등장하는 사람이 어떤 사람이었습니까? 1절에 날 때부터 보지 못하는 맹인, 8절에 길거리

에 앉아 구걸하던 사람이었습니다.

가난한 집에 태어났으면 몸이라도 건강하게 태어나든지, 몸에 장애를 안고 태어났으면 집안이라도 넉넉하든지 했어야 하는데 이 사람은 부모 복도 없었고 자기 복도 없어 보이는 사람이었습니다. 그래서 이 사람은 앞을 보지 못하는 장애 때문에 길거리에 나가 구걸하며 살고 있었습니다.

그러니 이 사람은 소망이 없어 보이는 사람이며 눈만 캄캄한 것이 아니라 장래도 캄캄해 보입니다.

그런데 이런 사람의 어둡던 눈이 밝아졌습니다(8절). 새로운 인생을 살게 되었습니다. 더 이상 길거리에 나가 구걸하지 않아도 되었습니다. 타고난 장애를 극복한 새 사람이 되었습니다.

어떻게 그런 일이 일어났을까요?

내가 세상에 있는 동안에는 세상의 빛이로라.(5절)

눈은 어두워 보지 못했지만 빛 되신 예수님께서 하라고 하시는 말씀에 순종했더니 주님의 빛을 받아 어둠은 사라지고 밝게 보게 된 것입니다.

예수님은 빛이십니다. 예수님은 세상의 어두움도 물러가게 하시고 가정의 어두움도 물러가게 하시고 개인의 어두움도 물러가게 하십니다. 이런 역사는 지금 우리 시대에도 계속 일어나고 있습니다.

오늘 본문을 통해 맹인 이야기를 나누다 보니 작년 말에 전해드렸던 강영우 박사가 생각이 납니다. 여러분도 기억하실 것입니다. 다시 말씀드리면 강영우라는 이 사람은 태어날 때는 양평에서 정상인으로 태어났습니다. 초등학교 6학년이던 13세 때 아버지를 잃었습니다. 그 후 1년 뒤 중학교 1학년 때 축구를 하다 눈에 공을 맞아 실명했습니다. 그 해에 어머니도 세상을 떠납니다.

이런 경우를 두고 엎친 데 덮친다고 합니까? 이 사람이 그런 일을 당한 사람입니다. 그러니 얼마나 불쌍합니까? 아마 그 당시 가장 불쌍한 사람이었을 것입니다. 스스로 어떻게 할 수 없는 인생의 절벽에 직면한 사람, 바닥 인생! 소망이 보이지 않는 인생, 인생살이를 포기할 만한 상황이었습니다.

그런 그가 미국에서 박사가 되고 교수가 됩니다. 일리노이아주 교육국장, 미국 행정부 장애인위원회 차관이 됩니다. 미국 이민 100년 역사상 가장 한국을 빛낸 인물이고 하나님의 영광을 드러낸 사람이 되었습니다. 정상인이었더라면 이루지 못할 업적을 그가 장애인이었기 때문에 이룰 수 있었습니다.

그가 이런 업적을 이룰 수 있었던 힘이 어디에서 비롯되었을까요? 그것은 부모덕도 아니고 돈이 있고 배경이 있어서가 아니라 「빛은 내 가슴에」라는 그의 자서전의 제목처럼 그가 가슴에 빛을 받았기 때문입니다.

빛 되신 예수님을 믿고 빛 되신 예수님을 따라 살다보니까 맹인이던 그가 정상적인 눈을 가진 사람보다 훨씬 더 멋진 인생을 살게 된 것입니다.

이런 사례들을 통해서 보면 어떤 약점을 안고 있는 사람이라도 그 약점 때문에 또는 어려운 환경 때문에 실망할 필요가 없다는 것을 깨닫습니다.

부모님 복을 타고나지 못한 사람이라도 실망하지 마세요. 몸에 장애가 있다고 낙심하지 마세요. 외모가 어떻다고 불평하면 안 됩니다. 능력이 부족하고 스펙이 어떻다고 탓하면 안 됩니다. 안고 있는 약점이 많고 부족한 점들이 많아 장래가 캄캄해 보인다고 자존감을 잃고 주저앉는 사람은 점점 더 불행해집니다.

타고난 복이 없고 누리는 복이 없어 장애와 약점이 많다고 느낄수록 빛을 가까이 해야 합니다. 세상의 빛 되신 예수님의 말씀을 따라 살기만 하면 누구든 본문에 나오는 맹인처럼, 정상인으로 살다가 실명한 고아 강영우 박사처럼, 멋진 인생 성공적인 인생을 살 수 있기 때문입니다. 할렐루야!

빛 되신 예수님의 말씀에 순종해 살기만 하면 저와 여러분에게도 안고 있는 장애와 약점이 강점이 될 줄 믿습니다. 그래서 약한 중에도 어려운 중에도 하나님을 기쁘시게 해드리고 주변 사람들을 깜짝 놀라게 하는 복된 일들을 이루게 될 줄 믿습니다. 주님의 말씀에 순종하다가 그런 주인공들이 되시기를 주님의 이름으로 축원합니다.

오늘 본문을 통해서 하나님께서 우리에게 주시는 두 번째 음성은 약하게 보이는 사람들을 볼 때 부정적인 말을 하지 말고 긍정적인 말을 하라는 것입니다. 여러분이 길을 가다가 구걸하는 맹인을 보았다면 어떻게 했을 것 같습니까?

주머니에 손이 들어가겠지요? 그래서 지폐 사이에 주머니 밑바닥에 있는 동전이라도 집어 구걸하는 그 사람에게 던져주고 가겠습니까?

아니면 돕기는커녕 '저 사람 틀림없이 전생에 못된 짓을 많이 했을 거야. 어렸을 적에 하라는 공부는 안 하고 놀기만 했을 거야. 그러니까 지금 저러고 살지.'라고 말하면서 지나가시겠습니까? 예수님의 제자들처럼 말입니다.

여러분은 1번입니까? 2번입니까? 어려운 사람들을 볼 때 우리 예수님을 믿는 사람들은 절대로 예수님의 제자들처럼 하면 안 됩니다. 남에게 부정적으로 함부로 말하면 절대 안 됩니다. 도와주지는 못할망정 그의 부모를 들먹이고 그 사람의 과거를 들먹이며 상처를 주는 말을 함부로 하는 것은 그 사람을 두 번 죽이는 일입니다.

그럼 우리는 어려움을 겪고 있는 사람들에게 어떻게 해야 할까요? 예수님처럼 해야 합니다. 길에서 구걸하는 맹인을 보신 예수님께서 어떻게 하셨습니까?

예수께서 대답하시되
이 사람이나 그 부모의 죄로 인한 것이 아니라
그에게서 하나님이 하시는 일을 나타내고자 하심이라.(3절)

예수님은 그 부모가 어떻다는 말씀을 하지 않으셨습니다. 그 사람의 과거 이야기도 하지 않으셨습니다. 그 사람의 미래에 대해서 말씀하셨습니다. 그 사람이 안고 있는 보지 못하는 장애가 결국은 하나님의 영광을 드러낼 것이라는 것입니다.

믿음이 없는 사람은 장애를 절망과 원망의 재료로 봅니다. 그래서 이렇게들 말합니다. "너는 보지도 못하잖아! 그래서 너는 할 수 없어. 너는 약점이 많잖아. 그러니 너는 안 돼! 못해!" 그런 말을 자주 듣는 사람은 '그래 나는 내 단점 때문에 소망이 없어. 나는 어쩔 수 없는 사람이야.'라고 생각합니다.

성도 여러분! 우리 예수님을 믿는 사람은 그렇게 부정적인 말을 해도 안 되고 스스로에게 그렇게 말해도 안 됩니다. 부정적인 말을 하는 사람들은 본인이 말한 대로 평생 무슨 일을 해도 안 됩니다. 평생 약점과 장애에 눌려 살다가 불행하게 생을 마치는 겁니다. 그러나 예수님처럼 장애를 하나님의 영광을 드러낼 재료로 여기는 사람은 안고 있는 장애 때문에 하나님께 더 큰 영광을 드러내는 것입니다. 본문의 맹인처럼 소경이요 고아였던 강영우 박사처럼 말입니다.

성도 여러분! 어려움을 안고 있는 사람이 옆에 있을 때 긍정적인 눈으로 그 사람을 보시기 바랍니다. 그 사람에게 말 한 마디라도 긍정적인 말을 해주시기 바랍니다. 위로가 되는 말을 해주시기 바랍니다. 나의 도움이 필요하다면 도울 수 있는 여러분이 되시기를 소원합니다. 그러면 하나님께서도 약점이 있는 나를 도와주실 것이고 장애가 있는 나에게 힘이 되어주실 줄 믿습니다. 약점을 안고도 믿음으로 살면 하나님께서 약점이 강점이 되게 해주십니다.

오늘 본문을 통해서 하나님께서 우리에게 주시는 세 번째 음성은 예수님의 말씀은 순종할 때 복된 일이 일어난다는 것입니다. 예수님께서 맹인에게 어떻게 하셨습니까?

땅에 침을 뱉어 진흙을 이겨 그의 눈에 바르시고
이르시되 실로암 못에 가서 씻으라.(6,7절)

고 하셨습니다. 예수님께서 여러분에게 이렇게 하셨다면 여러분은 어떻게 반응을 했을 것 같습니까? 제가 땅에 침을 뱉어 흙을 이겨 눈에 발라주면서 한강에 가서 씻으라고 했다면 여러분의 기분이 어떠하겠습니까?
'병을 고쳐주려면 약을 주든지 아니면 손으로 눈을 만지며 안수라도 해줄 일이지 침을 뱉어 흙에 이겨 눈에 발라주며 한강에 가서 씻으라고? 아이고 더러워. 이게 뭐하는 짓이야. 한강을 찾아가 씻으라고. 내가 앞을 못 보는 줄 모르나? 나 안 갈래.'
보통 사람들은 대부분 그렇게 반응할 것입니다. 그런데 본문에 나오는 사람은 달랐습니다. 미련하게 보일 정도로 예수님의 말씀 앞에 무조건 순종합니다. 예수님의 말씀 앞에 무조건 아멘 합니다. 바로 이런 다른 믿음 때문에 그가 남들이 경험하지 못하는 기적을 경험하게 된 것입니다. 할렐루야! 남다른 복을 받으려면 남과 달라야 합니다.
이런 원리는 지금도 마찬가지입니다. 우리 예수님은 예수님의 말씀 앞에 미련할 정도로 남달리 아멘 하고 순종하는 사람에게 지금도 살아 역사하시는 줄 믿습니다.
그것을 믿는다면 성경을 읽다가도 하나님께서 하라고 하시면 아멘 하고 순종하시기 바랍니다. 설교를 듣다가도 하나님께서 전도 작정하라 말씀하시면 두말 하지 말고 아멘 하고 순종하시길 바랍니다. 그래야 하나님께서 기뻐하십니다.

하나님 말씀 앞에 핑계하는 말을 하면 안 됩니다. "글쎄요. 아닌데요." 그러면 안 됩니다. 하나님 말씀 앞에는 조건 없이 "아멘" 하고 순종해야 합니다. 본문에 등장하는 맹인이 그렇게 했기 때문에 실로암 못에 갈 때에는 캄캄한 눈으로 물으며 더듬으며 갔지만 올 때에는 밝은 눈으로 올 수 있었습니다. 하나님의 말씀에 이렇게 순종하시다가 캄캄한 어둠이 떠나가고 밝은 빛을 경험하며 살아가는 여러분이 되시기를 주님의 이름으로 축원합니다.

오늘 본문을 통해서 하나님께서 우리에게 주시는 네 번째 음성은 예수님을 경험했으면 주변 사람들에게 예수님을 알려주는 사람이 되라는 것입니다. 예수님의 말씀에 순종해서 타고난 장애를 해결한 이 사람이 어떻게 하였습니까?

주변 사람들이 소경이었다가 보게 된 사람에게 찾아와 묻습니다. "어찌 된 일이요? 당신에게 무슨 일이 있었던 거요? 누가 당신에게 이런 일이 일어나게 했다는 말이요?" 우리에게도 그렇게 묻는 사람들이 많습니다. "당신 그만하면 성공하셨네요. 어떻게 그렇게 잘하셨어요? 자녀들 참 잘 되었네요. 어떻게 그렇게 잘되었지요?"

이런 질문을 받을 때 어떻게 대답합니까? "내가 얼마나 고생을 했는데요. 내 고생한 거 아무도 모를 겁니다. 그 애들이 노력한 결과지요. 남의 자식들 놀고 잠잘 때 우리 아이들 놀지도 못하고 자지도 못하고 노력한 보람이지요." 이렇게 말하면 그런 말을 듣는 사람들은 '아! 그 사람 참, 고생 많이 했구나. 그 집 아이들 열심히 공부한 결과로 그렇게 잘 됐구나.' 그렇게 생각할 겁니다.

그런 생각이 들도록 대답하면 안 됩니다. 사람이 고생은 하고 노력은 해도 남다른 결과를 안게 된 것은 하나님께서 도와주셨기 때문입니다. 그렇다면 칭찬받을 때 도우신 하나님을 드러내야 하고 보람된 일을 만났을 때 도우신 하나님을 자랑해야 할 줄 믿습니다. 맹인이었다가 보게 된 이 사람처럼 말입니다.

이 사람이 어떻게 하였는지 보시기 바랍니다. 소경이었다가 보게 된 이 사람에게 사람들이 찾아와 묻습니다. "어찌 된 일이요? 당신에게 무슨 일이 있었던 거요? 누가 당신에게 이런 일이 일어나게 했다는 말이요?"

그들이 묻되 그러면 네 눈이 어떻게 떠졌느냐
대답하되 예수라 하는 그 사람이 진흙을 이겨 내 눈에 바르고
나더러 실로암에 가서 씻으라 하기에 가서 씻었더니
보게 되었노라.(10,11절)

그럴 때 "알아서들 생각하세요." 라는 식으로 웃기만 하지 않았습니다. "운이 좋았나 보네요. 어쩌다 보니 보게 되었네요." 라고 하지 않았습니다. "예수라 하는 그 사람이 진흙을 이겨 내 눈에 바르고 나더러 실로암에 가서 씻으라 하기에 가서 씻었더니 이렇게 밝게 보게 되었습니다." 라고 확실하게 대답하였습니다.

그가 이렇게 말하는 것은 꾸며서 하는 말이 아닙니다. 사실을 사실대로 말한 것입니다. 그러기 때문에 그가 그렇게 말한 것이 당연한 일이라고 생각할지 모릅니다. 그러나 당시 상황은 그러지 않았습니다.

다음에 살펴볼 말씀입니다만 18-21절 말씀을 미리 보면 바리새인들이 그 부모에게도 묻습니다. "당신 아들이 맹인이었다가 보게 되었다는데 도대체 어떻게 보게 된 거요?" 그런데 그 부모는 예수님이 아들을 고쳐주셔서 보게 되었다는 말을 하지 않습니다. 왜 그랬을까요? 그 이유가 22절에 나옵니다.

그 부모가 이렇게 말한 것은
이미 유대인들이 누구든지 예수를 그리스도로 시인하는 자는
출교하기로 결의하였으므로 그들을 무서워함이러라.

예수님을 그리스도라고 시인하는 사람은 누구든지 출교하기로 결정하였기 때문이었습니다. 그 당시 유대교에서 출교를 당한다는 것은 생존권을 빼앗기는 일이나 마찬가지였습니다.

유대 사회에서 출교를 당한다는 것은 그 동네에서 살 수 없게 되고 다니던 직장을 다닐 수 없게 되고 친인척 간에도 배척을 받아야 하기 때문이었습니다. 그야말로 매장되는 일이 유대교 출교였습니다. 그래서 그 부모가 예수님이 자식을 고쳐주셨다는 말을 못한 겁니다. 그럼에도 불구하고 당사자인 그 사람은 그런 일에 겁내지 않았습니다. 맹인이었던 자기의 눈을 보게 해주신 예수님의 은혜가 너무 고마워서 예수님께서 자기에게 하신 일을 말하지 않을 수 없었습니다.

그래서 그는 사람들을 향해 담대하게 말합니다. "맹인이었던 나를 보게 하신 분은 예수님이십니다." "예수님이 나의 눈을 고쳐 보게 해주셨습니다." 이것이 그의 간증이었고, 그의 전도였습니다. 우리도 이런 신앙을 본받아야 할 줄 믿습니다. 왜냐하면 우리도 이 사람처럼 영적인 소경이었다가 예수님의 빛을 받아 영적인 눈이 열렸기 때문입니다.

하나님께서는 우리가 이렇게 전도하기를 원하십니다. 너희가 영적인 소경이었다가 예수님 때문에 영적인 눈이 열려 죄가 무엇인지를 볼 수 있게 되었고 하나님 예수님 성령님에 대해서 보게 되었고 이 땅에 살면서도 천국을 바라볼 수 있는 눈이 열렸으면 그렇게 눈을 열어 볼 것을 보게 하신 분이 누구인가를 주변 사람들에게 알리기를 원하십니다.

예수님이 나에게 어떻게 하셨는가를 간증하기를 원하시고 예수님이 나에게 주신 복이 얼마나 큰가에 대해서 전하기를 원하십니다.

예수님 때문에 구원을 받고도 다른 사람에게 쉬쉬하면 안 됩니다. 예수님의 인도를 받으며 살면서도 다른 사람에게 나와 함께하는 분이 예수님이신 것을 숨기며 살면 안 됩니다.

내가 아는 주변 사람에게 나를 구원해 주신 예수님을 알려주어야 합니다. 그래서 그들에게 내가 믿는 참 좋으신 예수님을 같이 믿자고 권해야 합니다. 그렇게 하는 것이 나를 구원해 주신 하나님 아버지를 가장 기쁘시게 해드리는 일이고 구원 받은 내가 해야 할 가장 보람된 일입니다.

ㅣ제 33 장

나의 목자이신 예수님

_ 요한복음 10장 1∼18절

오늘 본문을 배경으로 양에 대한 이야기를 하려고 합니다. 왜냐하면 본문 11절에 보면 예수님께서 말씀하시기를 "나는 목자다."라고 하셨고 "목자" 하면 양이 떠오르기 때문입니다.

예수님께서 사람들에게 자신에 대해서 설명하시면서 하필이면 양의 목자라고 비유하셨을까요? 그것은 사람들의 형편이 양과 흡사하고 예수님께서 사람들을 위해 하시는 일이 양들을 돌보는 목자가 하는 일과 비슷하기 때문입니다.

"목자"를 생각하면 "양"이 생각나는데 "양"하면 무엇이 생각나세요? 저는 "양" 이라는 말을 들으면 제가 선교사로 사역했던 뉴질랜드가 생각납니다. 왜냐하면 세계에서 양이 가장 많은 나라가 뉴질랜드이기 때문입니다.

뉴질랜드의 땅 면적은 남한의 약 5배 정도 되는데 인구는 400만 명 정도 밖에 안 됩니다. 그런데 양은 4천만 마리 정도가 있습니다. 양의 수가 그 나라 인구의 10배가 됩니다. 그래서 뉴질랜드 도심을 조금만 벗어나도 어디서나 양들을 볼 수 있고 뉴질랜드 여행을 하면 빠지지 않고 보는 것이 양들을 몰아 우리에 넣는 양몰이 쇼와 양털을 깎는 쇼입니다.

그리고 그곳 특산물로 가장 인기가 있는 것도 양 기름으로 만든 크림, 양털로 만든 이불 그리고 양고기입니다. 그래서 "뉴질랜드"하면 양이 생각나고 양 하면 뉴질랜드가 생각이 나는데 우리 예수님을 믿는 사람들은 양하면 뉴질랜드만 아니라 우리의 목자 되시는 예수님이 생각나야 합니다. 나는 양이고 예수님은 나의 목자이십니다.

예수님께서 우리의 목자가 되시고 우리는 양이라면 양의 모습은 어떨까요? 양은 우리가 일반적으로 아는 바와 같이 순합니다. 그래서 순한 사람을 양 같은 사람이라고 합니다. 예수님을 믿는 사람은 염소같이 주변 사람을 들이 받는 사람이 아니라 양같이 순한 성품을 가지려고 해야 할 줄 믿습니다.

그런데 양의 실제적인 모습을 보면 순한 반면에 지능은 다른 동물들에 비해 많이 떨어집니다. 양은 특히 방향 감각이 매우 약합니다. 그래서 집 가까운 곳에 두어도 양은 어디로 가야 할지를 모릅니다. 그래서 양에게는 목자가 반드시 필요한 것입니다.

무리를 보시고 민망히 여기시니
이는 저희가 목자 없는 양과 같이 고생하며 유리함이라. (마 9:36)

예수님께서 길을 잃고 방향을 모르고 방황하는 사람들을 길 잃은 양에 비유하셨습니다. 길을 잃은 양에게 목자가 필요하듯이 영적으로 죽은 사람에게도 목자가 필요하고 인생살이를 하다가 길을 잃은 사람에게도 목자가 필요하다는 겁니다.

그러면 길을 잃은 양과 같은 사람들을 바른 길로 인도할 목자가 과연 누구일까요? 본문에서 예수님께서 말씀하시기를 "너희는 양이요 나는 목자다."라고 하셨습니다.

예수님이 구원에 이르게 하는 길이요 예수님이 영생에 이르게 하는 생명이시기 때문입니다. 예수님만이 우리의 참 목자가 되심을 믿으시기를 소원합니다. 우리의 믿음의 선배인 다윗은 목동으로 양을 치면서 이 진리를 깨닫고 시편23편에서 고백하기를 "여호와는 나의 목자시니 내게 부족함이 없으리로다."라고 하였습니다.

이것을 깨닫는 사람은 지혜로운 사람입니다. 예수님이 나의 목자라고 고백하는 사람은 복 있는 사람입니다. 예수님을 목자로 믿고 따르는 사람은 험한 세상에 살아도 570장의 찬송을 부르며 살 수 있습니다.

주는 나를 기르시는 목자요 나는 주님의 귀한 어린양
푸른 풀밭 맑은 시냇물 가로 나를 늘 인도하여 주신다.
주는 나의 좋은 목자 나는 그의 어린양
철을 따라 꼴을 먹여 주시니 내게 부족함 전혀 없어라.

예수님을 여러분의 목자로 믿고 고백하다가 예수님 때문에 부족함이 없는 복된 삶을 사시기를 주님의 이름으로 축원합니다. 나는 예수님의 어린양이고 예수님은 나의 목자이십니다.

우리는 양이고 예수님은 양의 목자가 되신다는 말씀은 무슨 말씀일까요? 예수님은 인도자가 되신다는 말입니다. 사람은 누구나 지혜가 부족합니다. 당면한 문제를 해결하기에 부족하고 장래에 어떤 일이 일어날지 모릅니다.

내가 이러는 것이 옳은 일인가? 이러다가 내가 잘 못되는 것이 아닌가? 그나마 가진 것마저 잃는 것이 아닌가? 불안해합니다.

그래서 사람들마다 믿을 만한 인도자가 있었으면 하는 바람들이 있고 누군가 솔깃한 말을 할 때 이 사람이 나를 인도해 줄 것 같다는 생각이 들면 그를 인도자로 알고 따릅니다.

어렵게 모은 돈 투자하기도 하고 이럴까 저럴까 하다가 그 사람의 말을 믿고 중요한 일을 결정하기도 합니다. 그런데 주변 사람들을 믿고 했던 일들이 잘 되던가요? 결과가 좋을 수도 있지만 대부분의 경우 후회하는 일이 많습니다. 그 이유는 그 사람이 처음부터 속이려는 마음을 가지고 접근해서 그렇게 권하는데도 그것을 모르고 속아 넘어갔기 때문일 수도 있지만 그 보다 더 많은 경우는 그 사람도 그렇게 될 줄을 몰랐기 때문입니다.

그러기 때문에 성공적인 인생을 살려면 인도자를 잘 만나야 할 줄 믿습니다. 그래서 사람이 성공적인 인생을 살려면 인도자를 잘 만나야 합니다. 여러분의 자녀들이 성공적인 인생을 살기를 원한다면 인도자를 잘 만나도록 해야 합니다. 신앙생활도 잘하려면 인도자를 잘 만나야 합니다.

이민생활은 공항에서 어떤 사람을 만나느냐에 따라 달라진다는 말이 있습니다. 실제로 제가 뉴질랜드에 있으면서 보고 느낀 점도 그랬습니다. 공항에서 골프 치는 사람을 만나면 골프 치며 이민생활을 하고, 공항에서 낚시 좋아하는 사람을 만나면 낚시하며 지내고, 벌지는 못해도 가지고 온 돈 까먹지 않으려고 잔디를 깎고 청소를 하는 사람을 만나면 그 사람도 열심히 일하며 이민생활을 합니다.

여러분은 지금 누구를 따라가고 있습니까? 여러분의 자녀들은 지금 누구를 따라 가고 있다고 생각하십니까?

뉴질랜드 양 중에 "가룟 유다 양"이라는 양이 있습니다. 이 양은 덩치가 크고 경험이 많은 거세된 숫양입니다. 이 양이 하는 일은 여러 양들 앞에 서서 양들을 도살장으로 인도하는 양입니다.

도살장 주인이 그렇게 하라고 훈련시킨 양입니다. 이 양은 도살장 주인에게는 도움이 되는 양이지만 다른 양들에게는 죽음으로 인도하는 못된 양입니다. 그래서 "가룟 유다 양"이라고 이름 붙인 것입니다.

그런데 다른 양들이 그런 사실을 알지 못합니다. "가룟 유다 양"이 나타나 앞서면 모든 양들이 그를 따르는 겁니다. 그런데 어디로 가는지도 모르고 따라 가다보니 그곳이 잔잔한 시냇가 푸른 초장이 아니라 도축장인 겁니다.

오늘날 우리 시대에도 "가룟 유다 양"이 나타나 사람들을 미혹하고 있습니다. 이단들이 그런 사람들입니다. 불신 문화가 가룟 유다 같은 존재입니다. 황금만능주의 타락한 성문화가 그렇고 나만 아는 이기주의와 과학만능주의가 그렇습니다. 오늘날 많은 사람들이 이런 가룟 유다 양에게 속아 멸망의 길을 생명의 길인 줄 착각하고 따라가고 있습니다. 참된 목자가 누구인지 모르기 때문입니다.

저도 과거에 그랬던 사람이었습니다. 여러분도 과거에 그랬던 사람이었을 것입니다. 그런데 다행히도 우리는 하나님의 은혜를 힘입어 먼저 믿었던 사람이 우리를 기억했다가 예비신자로 품고 기도하다가 전도를 해서 우리의 참 목자이신 예수님을 만나 지금 우리가 하나님의 자녀로 살고 있는 줄 믿습니다.

이 일에 감사를 해야 합니다. 나를 자녀 삼아주신 하나님께 감사하고 나를 대신해 죽어주신 예수님께 감사하고 나에게 전도해 준 전도자에게 감사하시기를 바랍니다.

그 은혜에 감사하는 마음으로 우리도 가룟 유다 양을 따라가고 있는 예비 신자들을 찾아가 헛된 길을 가지 말라고 권해야 합니다. 헛된 길을 가지 말라고 붙잡아야 합니다. 그리고 우리의 참 인도자는 예수님이시라고 복음을 들려주어야 합니다. 우리의 참 인도자 예수님을 만나려면 은혜 충만한 축복의 동산인 우리교회에 와서 복음을 들어야 한다고 알려주고 데리고 이 자리에 나와야 합니다.

그래서 여러분을 통해 "가룟 유다 양"에게서 돌아서서 참된 목자이신 예수님께로 향하는 이들이 많아지기를 주님의 이름으로 축원합니다.

우리는 양이고 예수님은 양의 목자가 되신다는 말씀은 무슨 말씀일까요? 예수님이 우리의 '관리자'라는 말입니다.

여러분은 양들이 있는 그림이나 사진들을 자주 보셨을 것입니다. 양이 있는 곳이 어떤 곳이던가요? 양들이 있는 곳은 대개 잡초들이 우거진 곳이 아니라 잔디들이 넓게 펼쳐진 곳, 푸른 초장입니다.

왜 그럴까요? 그 이유를 아는 분들은 많지 않습니다. 그 이유는 이렇습니다. 양들은 평생을 먹고 마시고 소화시키는 일로 시간을 보냅니다. 그런데 들판에는 양들이 먹어서는 안 되는 독초가 있습니다. 캐머스라는 풀인데요. 이 풀은 백합과에 속한 식물로 보라색 꽃이 피는데 다른 풀과 다를 바 없지만 아주 강한 독이 있어 만약 양이 이 풀을 뜯어 먹으면 전신 마비가 되면서 주저앉아 죽고 만다고 합니다.

그런데도 양들은 이 풀을 구분하지 못합니다. 그러기 때문에 양을 방목할 때에는 목자가 양이 따라다니며 캐머스라는 풀을 제거해야 하고 그러는 것이 귀찮으면 아예 울타리를 치고 양이 먹기 쉬운 풀을 심어서 양을 그 안에서만 키우는 것입니다.

뉴질랜드 외곽에 가보면 도로와 주택지 외에는 어디나 양탄자를 깔아놓은 듯한 잔디밭이 있습니다. 그러나 그 넓은 잔디들이 그곳에 처음부터 있었던 것이 아닙니다. 사람들이 들판에 소와 양을 키우려고 짐승이 먹으면 안 될 캐머스 같은 풀들은 다 뽑아내고 소와 양이 먹기 좋은 풀들을 심어 가꾼 것들입니다.

살기 좋은 환경은 보존하고 가꾸는 사람에게 주어지는 것입니다. 우리도 주변 환경을 잘 보존하고 가꾸는 일에도 관심을 가져야 합니다. 분리수거를 잘 하는 것, 가능하면 세제를 적게 쓰는 것, 쓰레기를 적게 만드는 것도 하나님께서 우리에게 주신 환경을 지키는 일이 될 것입니다.

양들의 특성을 좀 더 살펴보면 양들은 한 곳에서 풀을 뜯어 먹다가 다른 곳으로 찾아가지 못 합니다. 그래서 양들은 머무는 곳에서 처음에는 잎을 뜯어 먹다가 잎을 다 뜯어먹으면 그곳에서 뿌리까지 먹고 그러다가 그곳에 더 먹을 것이 없으면 그 자리에서 굶어 죽는다고 합니다.

또 양들은 물이 있어도 그 물이 마셔야 할 물인지 마셔서는 안 될 물인지도 알지 못합니다. 그래서 고여 있는 썩은 물을 마시다가 탈이 나 죽는 양들이 많습니다. 그래서 양 옆에는 항상 목자가 있어야만 하는 것입니다.

또 다른 양의 특성은 스스로 청결하게 하지 못합니다. 일반적으로 양은 깨끗하고 귀엽다고들 느껴집니다만 그것은 어린양일 때 그렇고 다 자란 양은 냄새가 지독합니다.

털에 "니놀린"이라는 기름이 있어서도 그렇지만 공중에 날아다니는 먼지들이 기름에 붙어서 덩어리가 되고 거기에 배설물이 붙으면 떨어지지 않아 매우 지저분합니다. 거기에 파리가 알을 깝니다. 그러면 몸에 구더기가 생깁니다. 그래도 이 양은 씻을 줄을 모릅니다. 양은 스스로 몸을 정결하게 할 능력이 전혀 없기 때문입니다.

그래서 양은 누군가가 씻어주어야 하고, 누군가가 닦아 주어야 하고, 누군가가 더러운 것을 떼어주어야 합니다. 그래서 양은 목자가 관리하여 주지 않으면 더러운 그대로 살다가 결국 죽게 되어 있는 존재입니다.

우리가 양 같다는 말은 우리 사람이 그런 양과 다를 바 없다는 것입니다. 사람이 길을 나설 때 외모를 보면 깔끔합니다. 단정해 보입니다. 그런데 그 사람의 방도 그럴까요?

영적으로 보면 사람처럼 더러운 존재가 없습니다. 욕심으로 가득 차 있는 마음, 거짓된 입술, 가증스런 행동, 그러면서도 의로운 척하는 인간의 모습은 하나님께서 보실 때 더럽고 고약한 냄새가 나는 양과 같을 것입니다.

하나님께서는 그런 우리를 더럽고 냄새나는 모습으로 버려두지 않으셨습니다. 스스로 깎지 못하는 양의 더러운 털을 깎아주는 목자처럼 스스로 씻을 수 없는 더러운 죄를 하나님께서 대신 씻어 주어야겠다고 하셔서 하나님이신 예수님을 이 세상에 사람으로 보내셔서 우리 대신 십자가를 대신 지고 죽게 하신 것입니다.

그 은혜로 우리가 죄 용서를 받은 줄 믿습니다. 예수님을 믿어 죄 용서를 받은 우리는 어떻게 해야 합니까? 목욕을 했어도 생활하다보면 손과 발이 더러워져서 자주 씻어야 하듯이 지옥에 가야 하는 죄에서는 용서를 받았어도 죽는 날까지 자신을 살펴 말씀으로 먼지를 털어내고 예수님의 보혈로 때는 계속해서 씻어내는 영적인 관리를 해야 합니다.

정기적으로 의사를 찾아가 건강관리를 받으시는 분들이 있습니다. 정기적으로 피부 관리를 받으시는 분들이 있습니다. 과외를 하며 성적관리를 받는 학생들이 있습니다. 좋은 일입니다.

그런데 이보다 더 좋은 관리가 있습니다. 그것은 예수님의 관리를 받는 것입니다. 예수님의 관리를 받으시기 바랍니다.

예수님의 관리를 받는 방법은 정기적으로 예수님을 찾아가야 합니다. 예수님께 내 자신을 내 보여 드려야 합니다. 예수님께 나를 내려놓아야 합니다. 예수님께 내 짐을 내려놓아야 합니다. 예수님께 나를 맡겨야 합니다.

그러는 사람을 예수님께서 관리를 해주실 것입니다. 때는 씻어주실 것이고, 허물은 닦아주실 것이며, 부족은 채워주시고, 잘못된 것은 고쳐주실 것입니다.

우리는 양이고 예수님은 양의 목자가 되신다는 말씀은 무슨 말씀일까요? 예수님이 우리의 '보호자'라고 하는 말입니다.

양은 스스로 방어할 능력이 없는 동물입니다. 하나님께서 짐승들을 지으실 때 대부분의 다른 동물들에게는 자신을 보호할 수 있는 무기를 주셨습니다. 뿔이나, 이빨이나, 손톱이나 발톱, 빠른 발, 상대를 속이는 기술 같은 것입니다.

그런데 양은 공격 무기도 없습니다. 방어 무기도 없습니다. 양들은 맹수들이 달려들면 도망가지 못 하고 도리어 한 곳에 모입니다. 그래서 도리어 맹수의 먹이가 되기 쉽게 만들어 줍니다.

털이 크게 자란 양은 한번 넘어지면 넘어져서 발버둥을 치지만 스스로 일어나지 못합니다. 누군가가 일으켜 주어야 일어날 수 있습니다.

사람도 마찬가지입니다. 사람은 양에 비해 공격무기도 있고 방어무기도 있는 것 같습니다만 영적으로 보면 사람에게 마귀를 공격할 공격무기도 없고 방어무기도 없습니다. 사람이 죄를 지은 이후로 마귀를 대적할 무기를 상실해버렸기 때문입니다.

그래서 죄 아래 있는 사람을 마귀가 공격하면 사람은 무방비 상태로 당할 수밖에 없습니다.

그래서 양에게 보호자가 필요하듯이 사람에게도 보호자가 필요한 것입니다. 예수님은 우리의 목자이십니다. 예수님은 우리의 보호자가 되십니다. 그러기 때문에 아무리 위험한 처지에 이를지라도 예수님을 의지하기만 하면 예수님께서 안전한 피난처가 되어주십니다.

이런 하나님을 참으로 다양하게 경험한 우리의 믿음의 선배가 다윗입니다. 목자로 살면서 여호와는 나의 목자이신 것을 깨달았던 다윗이 사울에게 살해의 위협 속에 피난 생활을 하면서 여호와는 나의 보호자이심을 경험했습니다.

그래서 그가 시편 91편 2-7절에서 고백합니다.

나는 여호와를 향하여 말하기를
그는 나의 피난처요 나의 요새요
내가 의뢰하는 하나님이라 하리니
이는 그가 너를 새 사냥꾼의 올무에서와

심한 전염병에서 건지실 것임이로다
그가 너를 그의 깃으로 덮으시리니
네가 그의 날개 아래에 피하리로다
그의 진실함은 방패와 손 방패가 되시나니
너는 밤에 찾아오는 공포와 낮에 날아드는 화살과
어두울 때 퍼지는 전염병과
밝을 때 닥쳐오는 재앙을 두려워하지 아니하리로다
천 명이 네 왼쪽에서, 만 명이 네 오른쪽에서 엎드러지나
이 재앙이 네게 가까이 하지 못하리로다.

요즈음 우리는 국내외적으로 아니 개인적으로 불안한 때를 살고 있습니다. 그래서 불안한 마음을 달래기 위해 점쟁이를 찾아가는 사람들이 많고 예언기도를 받으려는 사람들이 많다고 하는데 그러면 더 불안해집니다. 불안할수록 목자 되신 예수님을 가까이 해야 할 줄 믿습니다. 장래가 염려될수록 보호자 되시는 하나님 품에 안겨야 할 줄 믿습니다.

예수님은 우리의 구원자이십니다.
예수님은 우리의 인도자이십니다.
예수님은 우리의 관리자이십니다.
예수님은 우리의 보호자이십니다.

우리는 이런 하나님의 자녀들입니다. 아버지는 자식이 할 수 없는 일을 할 수 있습니다. 아버지는 자식을 사랑하십니다. 힘들고 어려울수록 아버지를 가까이 하는 여러분이 되시기를 주님의 이름으로 축원합니다.

│제 34 장

양의 문이 되시는 예수님

_ 요한복음 10장 7~10절

하나님이신 예수님께서 이 세상에 오셨지만 당시 사람들은 예수님이 누구신지를 알아보지 못했습니다. 그래서 예수님께서는 사람들의 수준에 맞추어 예수님이 어떤 분이신가에 대해서 여러 비유를 들어 설명해 주셨습니다.

그 중에 하나가 "나는 양의 목자다."는 말씀입니다. 예수님께서 자신을 사람들에게 알리고자 하시면서 왜 하필이면 양의 목자라고 하셨을까요? 그 의미를 알고자 지난 시간에는 주로 양의 특성에 대해서 말씀을 드렸습니다.

양은 우리가 알기로 온순한 짐승이라는 장점이 있습니다. 그런데 양은 방향감각이 부족합니다. 분별력이 부족하고 스스로 깨끗하게 하지 못합니다. 상대를 해칠 공격할 무기도 없고 공격해오는 상대를 방어할 무기도 없습니다. 그래서 양은 스스로 살아갈 수 없는 짐승입니다.

그래서 양에게는 인도자가 필요하고 보호자가 필요하며 관리자가 필요합니다. 양에게 이런 역할을 해주는 사람을 목자라고 합니다.

사람들은 이런 사실을 잘 알고 있습니다. 그래서 예수님께서는 이런 관계에 비유해서 "너희는 양과 같은 사람들이고 나는 너희의 목자다."라고 말씀하신 것입니다.

그렇습니다. 우리는 각자 아는 것도 많고 능력도 많은 사람이라고 생각합니다. 그런 자신감을 가지고 사는 것이 좋기는 합니다만 따지고 보면 우리는 모르는 것이 너무 많은 무지한 존재들입니다. 할 수 없는 일들이 너무 많은 무능한 존재들입니다.

내 인생이지만 내가 지금 무엇을 해야 하며 내가 지금 어디로 가야 할지도 모르는 사람들입니다. 그러기 때문에 이런 우리에게도 인도자가 필요하고, 보호자가 필요하며, 관리자 목자가 필요한 것입니다.

그럼 우리 인생을 인도해 줄 목자가 누구일까요? 어떤 사람은 말하기를 요즘 세상에 누구를 믿고 따르겠는가? 나는 나를 믿고 살아간다고 합니다.

전도관 천부교 – 박태선, JMS 애천교회 – 정명석, 영생교주 – 조희성, 통일교– 문선명, 하나님의 교회 – 장길자 안상홍, 장막성전 –유재열, 신천지 – 이만희와 같은 이단들이 있습니다. 이들이 과연 우리 인생들을 바른 데로 인도할 목자가 될까요? 지나고 나니 그들의 정체가 이미 드러났잖아요? 사람들이 믿고 따르는 이들이 바로 뉴질랜드에서 양들을 도살장으로 이끄는 가룻 유다 양과 같은 사람들이라는 사실 말입니다. 이들이 얼마나 위험한 사람들인가에 대해 예수님께서 이런 말씀을 하셨습니다.

> 문을 통하여 양의 우리에 들어가지 아니하고
> 다른 데로 넘어가는 자는 절도며 강도요.(요 10:1)

> 삯꾼은 목자가 아니요 양도 제 양이 아니라…(요 10:12)

그러기 때문에 누구든지 이런 자들을 목자로 알고 따라가면 저주, 멸망, 지옥, 영벌을 받게 됩니다. 그럼 우리의 참된 목자가 누구일까요?

문으로 들어가는 이는 양의 목자라.(요 10:2)

정상적인 문을 통하여 양의 우리에 들어가는 자가 참 목자인데 그가 누구인가?

그러므로 예수께서 다시 이르시되
내가 진실로 진실로 너희에게 말하노니
나는 양의 문이라.(요 10:7)

예수님이 양의 문이시라는 겁니다. 양들이 안전하게 쉴 수 있는 곳으로 인도하는 문, 양의 문이 되시는 분이 예수님이십니다. 할렐루야! 그래서 예수님께서 요한복음 14장 6절에서 말씀하시기를 "예수께서 이르시되 내가 곧 길이요 진리요 생명이니 나로 말미암지 않고는 아버지께로 올 자가 없느니라."고 하셨습니다.

다른 이로서는 구원을 얻을 수 없나니
천하 인간에 구원을 얻을 만한 다른 이름을
우리에게 주신 일이 없음이니라 하였더라.(행 4:12)

예수님만이 양과 같은 우리들을 하나님께 인도하는 유일한 길이요. 영생에 이르는 유일한 길이십니다. 그래서 예수님께서 9절에서 말씀을 하십니다.

내가 문이니 누구든지 나로 말미암아 들어가면 구원을 받고 또는 들어가며 나오며 꼴을 얻으리라.

나로 말미암아 들어가면 구원을 받을 것이다. 그러기 때문에 예수님을 믿어야 하고 예수님을 믿는 사람들은 이 세상에 사는 동안 예수님의 문을 들어가고 나오는 일을 반복해야 합니다.

이 세상에서 예수님을 믿는 사람들이 출입해야 할 문은 교회입니다. 예수님을 믿는 성도들이 교회를 양의 문으로 알고 믿음으로 교회 출입을 하면 들어가며 나오며 꼴을 얻게 될 줄 믿습니다. 예배를 통해 영혼의 꼴을 잘 먹는 사람은 영혼이 건강해지고 영혼이 건강하게 된 사람은 영혼이 건강함과 같이 육신도 건강하게 될 것입니다. 이런 복을 받는 여러분이 되시기를 주님의 이름으로 축원합니다.

내가 온 것은 양으로 생명을 얻게 하고
더 풍성히 얻게 하려는 것이라.(10절)

또 사람들이 예수님을 구원에 이르는 문으로 알고 믿고 예배를 통해 말씀을 들으며 살면 죽었던 영혼이 살아나 영생을 얻을 뿐만 아니라 우리의 영적인 생명이 더 풍성해질 줄 믿습니다. 그러기 위해 예수님께서 우리에게 특별한 예식을 정해주셨습니다. 그것은 세례식과 성찬식입니다. 이 두 가지를 기독교의 성례라고 합니다. 기독교의 성례는 세례식과 성찬식이 있습니다. 먼저 세례식입니다.

세례란 우리말 사전에 '신앙생활에 들어선 사람에게 모든 죄악을 씻는 표시로 베푸는 의식'이라고 되어 있습니다. 한문으로는 씻을 세(洗), 예식 예(禮)를 써서 씻는 예식이라는 뜻입니다.

무엇을 씻는 예식일까요? 몸을 씻는 예식이라면 목욕, 세족식입니다. 하지만 세례식은 몸을 씻는 예식이 아니라 죄를 씻는 예식입니다.

죄는 어떻게 씻을까요? 몸은 비누로 씻고 물로 씻습니다. 죄는 죄를 다루시는 분의 법대로 해야 합니다. 학생들의 죄를 다루는 분은 교장 선생님입니다. 학칙에 따라 학생들의 죄를 다룹니다. 국민들의 죄를 다루는 분은 대통령입니다. 헌법에 따라 국민들의 죄를 다룹니다. 사람들의 죄는 사람들을 지으시고 생사화복을 주관하시는 분이신 하나님께서 성경 말씀을 따라 다루십니다.

하나님께서 죄를 다루시는 기준은 무엇일까요?

> 그가 빛 가운데 계신 것같이 우리도 빛 가운데
> 행하면 우리가 서로 사귐이 있고
> 그 아들 예수의 피가 우리를 모든 죄에서
> 깨끗하게 하실 것이요.(요일 1:7)

누구든지 예수님께서 자신을 구원해 주시려고 자기 대신 십자가에 달려 죽임 당하신 것을 믿는 사람은 예수님께서 십자가에서 흘리신 보혈의 능력이 나타나 어떤 죄라도 씻겨 지고 용서가 되는 것입니다. 여기서 중요한 것은 예수님께서 나를 구원해 주시려고 내 죄를 대신 지시고 십자가에 죽임을 당하셨다는 것을 믿어야 하는 것입니다.

믿으려면 복음을 들어야 하고 복음을 듣고 마음으로 믿어지면 공개적으로 믿음을 고백할 수 있어야 합니다. 그런 후에 세례를 받아야 합니다. 그러기 위해 복음을 듣는 기간이 필요합니다. 그 기간에 있는 교인이 거치는 과정이 학습과정입니다. 그리스도의 복음을 듣고 배우는 과정이라는 겁니다. 오늘 학습과정에 입문하기 위해 사전 교육을 받고 오늘 공회 앞에서 서약하게 됩니다.

성찬식은 거룩한 음식을 나누는 예식입니다. 이것은 예수님께서 만드신 제도입니다. 예수님께서 세상 끝날까지 지키라고 명하신 예식입니다.

성찬식에 사용되는 음식은 떡과 포도주입니다.

떡은 예수님께서 우리 죄를 용서해 주시려고 몸소 십자가를 지시고 고난당하심을 기념하는 음식입니다. 떡(빵)이 찢겨지고 잘라지듯 예수님께서 나를 구원해 주시려고 고난당하신 몸을 의미합니다.

포도주는 예수님께서 우리 죄를 용서해 주시려고 몸소 십자가를 지시고 피 흘려 죽임 당하신 것을 기념하는 음식입니다. 그러기 때문에 우리가 받는 것은 떡과 포도주에 불과하지만 영적으로 보면 성찬식을 통해 받는 떡과 포도주는 하나님이신 예수님께서 내 죄 때문에 상하고 찢기신 몸이며 내 대신 죽임 당하신 피며 생명인 것입니다.

그래서 이런 영적이 의미를 모르고 먹고 마시는 것은 배가 부르는 것도 아니고 목이 시원해질 정도도 아닌 아무 의미가 없는 것이 될 것입니다. 그래서 교회법에서 규정하기를 성찬식은 적어도 세례를 받은 교인만 참여하도록 되어 있습니다.

우리가 받게 될 포도주는 예수님께서 우리 죄 때문에 십자가에서 흘리신 피를 의미합니다. 죄의 삯은 사망이라고 하는 법에 따라 죄인인 우리는 저주의 십자가에 피를 흘리며 육신은 죽임을 당해야 하고 영혼은 지옥에 가서 영벌을 받아야 합니다.

그런데 우리의 그 피 흘림과 그 죽음을 예수님께서 대신해 주셨습니다. 그 은혜로 우리가 지금 이렇게 죄 용서를 받아 하나님의 자녀로 천국을 맛보며 사는 복을 누리고 있는 것입니다.

예수님께서 내 죄 때문에 죽임을 당하셨으니
나도 죄에 대해서는 죽으리라
예수님께서 나를 위해 피 흘려 죽으셨으니
나도 주님을 위해 죽음을 각오하고 주님을 따르리라.

그러기 때문에 우리가 이 잔을 받을 때 각오를 해야 합니다. 그래서 이 성찬식을 통해 영적인 새 출발을 하시기를 주님의 이름으로 축원합니다.

| 제 35 장

선한 목자이신 예수님

_ 요한복음 10장 11~18절

    여러분도 잘 아시겠지만 기독교에는 두 가지 큰 절기가 있습니다. 첫째, 예수님께서 이 세상에 오신 것을 기념하는 성탄절이고, 또 하나는, 예수님께서 우리의 죄를 짊어지시고 십자가에서 우리 대신 죽으셨다가 3일 만에 다시 살아나신 부활절입니다. 금년 성탄절은 12월 25일로 8개월 후에 올 것이고 금년 부활절은 바로 오늘입니다.

    새가족 여러분이 교회를 오셔도 부활절에 나오신 것을 보면 예수님께서 죽임을 당하셨다가 다시 살아나신 것처럼 여러분들도 영육 간에 부활하도록 복을 주시려고 하나님께서 여러분을 이 자리로 인도해 주신 줄 믿습니다.

    성경 말씀은 어느 말씀이나 다 하나님의 말씀입니다만 그 중에서도 전체 성경말씀을 요약한 말씀이 요한복음 3장 16절인데 그 내용을 보면 이렇습니다.

> 하나님이 세상을 이처럼 사랑하사 독생자를 주셨으니
> 이는 그를 믿는 자마다 멸망하지 않고
> 영생을 얻게 하려 하심이라.

예수님은 하나님의 독생자이신데 하나님께서 죄를 지은 사람들의 죄를 용서해 주시고 멸망당하지 않고 영생을 얻게 하시려고 아들 예수님을 이 세상에 보내셨습니다. 그래서 이 땅에 오신 예수님께서 33년 동안 사람들과 함께 사셨는데 그 당시 사람들은 예수님이 누구신지를 알아보지 못했습니다. 그래서 그들은 예수님을 믿지도 않았습니다.

그래서 예수님께서 사람들의 수준에 맞추어 예수님 자신이 어떤 분이신가에 대해서 여러 가지 비유로 설명해 주셨습니다. 요한복음에 7가지의 비유가 나오는데 오늘 본문에 "I am the good shepherd. 나는 선한 목자라"고 말씀하셨습니다.

예수님께서는 하필이면 왜 자신을 "선한 목자"에 비유하셨을까요? 이에 대해서 알고자 우리는 지난 시간에도 양의 특성에 대해서 말씀을 드렸습니다만 여러분께서 아시는 바와 같이 양은 성질이 매우 온순한 동물이고 아주 착하고 귀엽습니다. 그러나 양은 방향감각이 매우 약합니다. 그래서 우리에서 멀지 않은 곳에 있어도 스스로 우리를 찾아가지 못합니다. 양은 분별력이 부족합니다. 그래서 뜯어 먹어야 할 풀과 뜯어 먹어서는 안 되는 풀도 분간하지 못합니다. 털이 자라 엉클어지고 더러워져도 스스로 깨끗하게 하지 못합니다. 상대를 공격할 무기도 없고 자기를 공격해오는 상대를 방어할 무기도 없습니다. 넘어져도 스스로 일어나지 못할 만큼 당면한 문제를 스스로 해결하지 못합니다.

양이 온순한 짐승이기는 하지만 이런 약한 점들이 있어서 양에게는 인도자가 필요하고 보호자가 필요하며 관리자가 필요합니다. 양에게 이런 역할을 해주는 사람을 '목자'라고 합니다. 그래서 양이 있는 그림을 보면 양 옆에 목자가 있는 겁니다.

당시 사람들은 유목민들이었기 때문에 이런 일들을 누구보다 잘 알고 있었습니다. 그래서 예수님께서 그들이 알아듣기 쉽게 말씀하시기를 '너희가 스스로 생각하기에 온전하고 똑똑한 것 같지만 스스로 가야할

할 길도 모르고 마땅히 해야 할 일도 모르고 당면한 문제도 스스로 해결할 능력도 부족한 존재가 너희 아니냐? 그래서 양에게 목자가 필요하듯이 너희에게도 인생길을 인도해주고 보호해주며 관리해줄 목자가 필요하다'는 겁니다.

양에게 목자가 필요하듯이 사람에게도 목자가 필요합니다. 사람은 목자를 따라 살아야 합니다.

세상에 가장 무서운 것 네 가지가 있다고 합니다. 전쟁, 전염병, 기근 그리고 남성분들에게 묻겠습니다. 세상에서 가장 무서운 4번째가 무엇인지 아세요? 마누라라고 합니다.

사람이 어릴 때는 부모님을 따라 살고 선생님을 따라 살아도 남성들의 경우 나이가 들수록 마누라를 따라 살지 않으면 노년이 고달프기 때문입니다. 누가 웃자고 한 이야기입니다만 현실적으로 일리도 있는 말이기도 합니다. 그렇다면 여러분은 인생살이를 누구를 따라 살고 있다고 생각하십니까? 여러분의 목자는 누구라고 생각하십니까? 어떤 사람은 "내가 요즘 세상 누구를 믿고 따르겠어. 나는 내 자신을 믿고 살아."라고 말합니다.

어떤 사람은 돈을 목자로 알고 돈만을 따라 사는 사람이 있습니다. 유행 따라 사는 사람이 있고 명예와 권력을 목자로 알고 명예와 권력을 따라 사는 사람도 있습니다.

지금도 이만희를 목자로 알고 따르는 사람들도 있습니다. 기독교 이단 신천지에 속고 있는 사람들 말입니다.

사랑하는 성도 여러분! 한 번밖에 없는 소중한 인생을 그런 사람들을 따라 살아도 될까요? 성경에 이런 말씀이 있습니다.

만일 소경이 소경을 인도하면
둘이 다 구덩이에 빠지리라.(마 15:14)

소경이 소경을 데리고 길을 가거나 소경이 소경을 목자로 알고 따르면 소경도 구덩이에 빠지고 소경을 따르던 다른 소경도 함께 구덩이에 빠진다는 말입니다.

그러기 때문에 우리가 아무나 목자로 삼고 따라서는 안 됩니다. 돈을 따라 살아서도 안 되고 명예와 권력을 따라 인생을 살아서도 안 됩니다. 선한 목자를 만나 따라 살아야 합니다. 할렐루야!

목자를 따르되 목자를 잘 만나야 합니다. 선한 목자를 만나야 합니다. 그렇다면 우리의 선한 목자란 과연 누구일까요?

나는 선한 목자라.(11절)

예수님이야말로 모든 사람들이 따라야 할 선한 목자이십니다. 할렐루야! 예수님이 우리의 선한 목자인지 아닌지 어떻게 알 수 있을까요? 그것을 알 수 있는 방법이 있습니다.

나는 선한 목자라
선한 목자는 양들을 위하여 목숨을 버리거니와
삯꾼은 목자가 아니요 양도 제 양이 아니라
이리가 오는 것을 보면 양을 버리고 달아나나니
이리가 양을 물어 가고 또 헤치느니라.(11,12절)

목자라고 다 같은 목자가 아닙니다. 선한 목자가 있고 삯꾼 목자가 있습니다. 달리 표현하면 진짜 목자가 있고 가짜 목자가 있습니다. 그러면 진짜 목자와 가짜 목자는 어떻게 구분할까요? 그것을 분간하는 방법은 간단합니다. 양을 해치려는 이리가 왔을 때 어떻게 하는 것을 보면 금방 알 수 있습니다.

이리가 왔을 때 자기 살겠다고 양을 두고 도망가는 목자는 가짜고, 삯꾼입니다. 그러나 이리가 왔을 때 양을 살리기 위해 자기가 대신 죽는 목자가 진짜 목자요 선한 목자입니다.

그럼 예수님은 어떤 분이셨을까요? 성령으로 동정녀에게 잉태되어 죄없이 태어나신 예수님께서 죄 없이 사셨지만 죽으실 때에는 죄인으로 십자가 형틀에 죽임을 당해 죽으셨습니다.

예수님이 지은 죄 때문이 아니라 죄인으로 태어나 죄인으로 살다가 지옥 갈 우리 사람들의 죄를 예수님께서 대신 지시고 우리를 대신해서 죽임을 당하신 것입니다.

세상에 종교도 많고 교주도 많습니다만 자기를 따르는 교인들을 살려주려고 자신이 대신 죽은 교주는 없습니다. 그들도 죄인이기 때문에 그렇게 한들 소용도 없는 일이긴 하지만 그래도 자기를 따르는 교인들을 대신해 죽임을 당한 교주는 없습니다. 그러나 예수님은 죄가 없음에도 불구하고 죄인들의 죄를 대신 지시고 죄인들을 대신해서 죽임을 당하셨습니다.

이것만 보아도 예수님은 가짜 목자, 삯꾼 목자가 아니라 참 목자이신 것이 분명합니다. 예수님은 선한 목자이시고 참 목자이십니다.

그래서 예수님이야말로 이 세상 모든 사람들이 존경할 만한 분이시고 따를 만한 가치가 있는 모든 사람의 구주가 되시는 분이신 것입니다. 할렐루야!

그런데 예수님께서 하신 특별한 일이 또 있습니다. 그것이 무엇인지 고린도전서 15장 6-8절을 보시기 바랍니다.

성경대로 그리스도께서 우리 죄를 위하여 죽으시고
장사 지낸 바 되셨다가 성경대로 사흘 만에 다시 살아나사
게바에게 보이시고 후에 열두 제자에게와
그 후에 오백여 형제에게 일시에 보이셨나니.

예수님은 죽임을 당하셨다가 다시 살아나셨습니다. 그래서 예수님의 무덤은 비어 있습니다. 세상 모든 종교의 교주들은 죽은 이후 그들의 시체가 그들의 무덤 속에 있습니다. 이것은 무엇을 말합니까? 그들이 도덕적으로 윤리적으로 본이 되게 살기는 했어도 죽음의 문제는 해결하지 못했다는 증거입니다.

그러나 기독교는 예수님께서 죽었다가 다시 살아나심으로 죽음의 문제를 해결한 생명의 종교인 것입니다. 예수님을 믿는 기독교는 죽음의 문제를 해결하는 생명의 종교입니다. 예수님은 우리가 따라야 할 선한 목자이십니다.

그렇다면 우리는 이런 예수님에 대해서 어떻게 해야 할까요? 앞에서 소개해 드린 성경 말씀 중에 가장 중요한 말씀인 요한복음 3장 16절을 다시 보시기 바랍니다.

하나님이 세상을 이처럼 사랑하사 독생자를 주셨으니
이는 그를 믿는 자마다 멸망하지 않고
영생을 얻게 하려 하심이라.

예수님을 믿어야 죄 용서를 받고 구원을 받을 수 있습니다. 그럼 예수님을 어떻게 믿을 수 있을까요? 예수님을 믿는 방법은 어렵지 않습니다. 예수님께서 요한계시록 3장 20절에서 가르쳐주셨습니다.

볼지어다 내가 문 밖에 서서 두드리노니
누구든지 내 음성을 듣고 문을 열면
내가 그에게로 들어가 그와 더불어 먹고
그는 나와 더불어 먹으리라.

"내가 너희의 마음 문 앞에 서서 마음을 열라고 두드리고 있을 것이니 마음을 열어라. 그러면 내가 너의 마음속에 들어가 너와 함께 동고동락하리라." 이 말씀을 들으시고 지금 이 순간 여러분의 마음 문을 예수님께 여시기를 주님의 이름으로 축원합니다.

모든 관계는 마음을 여는 데에서부터 시작합니다. 사춘기에 마음 문을 닫아버린 아이에게 말이 통하던가요? 자식이 마음 문을 닫아버리면 부모가 아무리 좋은 말을 해도 말이 통하지 않습니다. 부부 간에도 마찬가지입니다. 마음을 열고 대화를 해야 합니다. 이웃 간에도 마찬가지입니다. 마음을 열고 지내야 합니다.

사랑하는 새 가족 여러분! 성도 여러분! 예수님께 여러분의 마음 문을 여시기 바랍니다. 그리고 예수님께 이렇게 기도해보세요.

예수님! 지금까지 예수님에 대해 잘 몰랐습니다.
그러나 오늘 설교말씀을 통해
예수님이 하나님의 독생자라는 것과
예수님께서 저의 죄를 제 대신 지시고
십자가에 죽임을 당하셨다는 알았습니다.

그리고 예수님이 저의 목자라는 것도 알았습니다.

예수님 감사합니다.
제 마음 문을 열고 예수님을 제 마음에 저의 주인으로 모십니다.

이제부터 저의 목자 되신 예수님을 따라 살겠습니다.
저의 인생을 인도해주세요.

어려운 시대를 살아가는 저를 도와주세요.

저도 이제부터

예수님의 인도를 받으며 살겠습니다.

교회 예배에 출석하여 말씀을 들으며 살겠습니다.

예수님의 이름으로 기도드립니다. 아멘!

마음 문을 열고 이렇게 기도한 여러분에게 영적으로 놀라운 일이 일어났습니다.

영접하는 자 곧 그 이름을 믿는 자들에게는

하나님의 자녀가 되는 권세를 주셨으니

이는 혈통으로나 육정으로나 사람의 뜻으로 나지 아니하고

오직 하나님께로부터 난 자들이니라.(요 1:12-13)

예수님을 영접한 여러분은 이제부터 하나님의 자녀가 되었습니다. 여러분이 하나님의 자녀가 되었다는 것은 큰 권세를 받은 것입니다. 여러분은 이제부터 하나님을 아버지라고 부를 수 있는 권세가 주어졌고 언제든지 하나님께 기도할 수 있는 권세가 주어졌습니다.

여러분은 이제 죽은 영혼이 살아났고 영생을 얻게 되었으며 천국 백성이 되었습니다. 여러분은 이제 하나님의 자녀로서 하나님 아버지께서 주시는 복을 받아 누리를 수 있는 권세를 얻게 되었습니다. 할렐루야!

그렇다면 이런 복을 받아 하나님의 자녀가 된 사람들은 어떻게 살아야 할까요? 이제부터 여러분은 하나님의 자녀답게 살아야 합니다. 하나님을 가까이 하며 살아야 합니다.

예배를 드리는 것이 하나님을 가까이 하는 것입니다. 기도하는 것이 하나님을 가까이 하는 것입니다. 성경말씀을 읽고 들으며 사는 것이 하나

님을 가까이 하는 것입니다.

이렇게 하나님을 가까이 하는 사람에게 하나님께서는 목자가 되어 주십니다. 인생길을 동해해주십니다. 힘들고 어려울 때 도와주십니다. 외로울 때 함께해 주십니다. 그래서 예수님을 믿는 사람들은 시편 23편의 말씀처럼 음침한 골짜기 같은 세상을 살지라도 부족함이 없는 삶을 사는 것입니다.

예수님을 믿는 여러분이 바로 그런 사람인 줄 믿습니다. 그러므로 하나님의 자녀가 된 여러분은 이제부터 천국을 바라보며 사셔야 합니다. 우리 함께 천국행 열차에 올라탔으니 우리 인생의 종착역인 천국 역에 이를 때까지 다시 내리지 말고 함께 가면서 험한 세상 속에서 살아도 예수님 때문에 즐겁고 행복한 여러분이 되시기를 주님의 이름으로 축원합니다.